elefante

CONSELHO EDITORIAL
Bianca Oliveira
João Peres
Tadeu Breda

EDIÇÃO
Tadeu Breda

ASSISTÊNCIA DE EDIÇÃO
Fabiana Medina

PREPARAÇÃO
Erika Nakahata

REVISÃO
Laila Guilherme

IMAGEM DA CAPA
Capitaniá de Goyás [1750-1775]
Biblioteca Nacional de Portugal

DIREÇÃO DE ARTE
Bianca Oliveira

ASSISTÊNCIA DE ARTE
Daniela Taira
Sidney Schunck

Luma Ribeiro Prado

Cativas litigantes

Demandas indígenas
por liberdade na
Amazônia portuguesa
[1706–1759]

Prefácio 9

Agradecimentos 17

Lista de abreviaturas e siglas 19

Mapa dos lugares e povos mencionados no livro 20

Introdução 23

Conclusão 215

Notas 221

Apêndice 313

Anexo 315

Referências 317

Sobre a autora 333

1
De cativos a litigantes: pressupostos para o acesso indígena aos tribunais 36

"Livres por nascimento" e "injustamente cativados": legislação indigenista nas demandas indígenas por liberdade 43

Miseráveis em direito e procurador dos índios: a categoria jurídica dos indígenas e seus representantes nos tribunais 67

Os tribunais das Juntas das Missões de São Luís do Maranhão e de Belém do Pará: instâncias de acolhimento das demandas indígenas por liberdade 85

Considerações finais 93

2
Litigantes: mulheres; mamelucos, cafuzos e mulatos; aldeados 96

Litigantes em números 99

Cativos, em grande parte "injustamente cativados" 111

Cativas litigantes: condições para o acesso indígena aos tribunais e expectativas na adesão da via institucional como forma de resistência à exploração do trabalho 116

Mulheres 135

Mamelucos, cafuzos, mulatos 145

Aldeados 154

Considerações finais 163

3
Livres para "uzar de sua liberdade": mulheres e homens indígenas entre trabalho escravo e trabalho livre compulsório 166

Estratégias dos litigantes e dos réus nos pleitos por liberdade indígena 168

Despachos e sentenças 187

Cativas, litigantes, livres 196

Considerações finais 210

[...] e nesta parte são mais bem-afortunados os salvagens, porque não têm quem lhes perturbe a sua paz, nem os obriguem ao trabalho, mais do que eles querem, e o preciso para as suas searas, que fazem assim.

— João Daniel, *Tesouro descoberto no Maximo rio Amazonas* (2004 [1776])

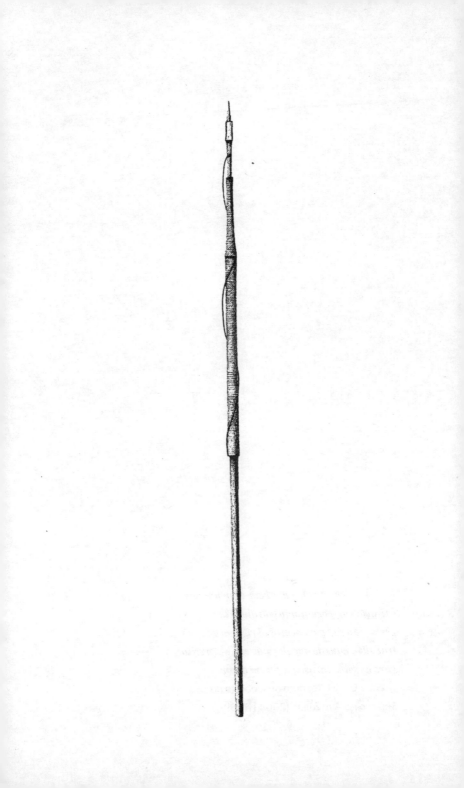

Prefácio

Samuel Barbosa

1. Em junho de 1739, a indígena Antonia peticionou à Junta das Missões do Maranhão para requerer "o direito de sua liberdade". Alegava ter sido trazida dos Sertões "donde nasceo Livre de sua Natureza e que fora reduzida a injusto cativeiro" por um morador de São Luís. Anos depois, foi vendida e permaneceu sob poder do novo senhor "sem repugnancia pello bom tratamento que elle lhe dava". Depois foi doada a quem a tratava com "crueldade", motivando assim o pedido de intervenção da Junta. Foram assim chamados os três senhores para que apresentassem o fundamento do "direito de escravidão" que pretendiam ter.[1]

Histórias como a de Antonia estão no centro deste livro de Luma Ribeiro Prado, resultado de seu mestrado, defendido em 2019 na USP, sob orientação de Carlos Alberto Zeron. Trata-se de uma valiosa contribuição à compreensão dos conflitos implicados nas formas de trabalho compulsório na Amazônia portuguesa na primeira metade do século XVIII. Com base nos assentos das Juntas das Missões de São Luís e Belém e na legislação, a autora lança luz sobre a agência das "cativas litigantes" que se valeram de canais institucionais (especialmente as Juntas e o rei) para melhorar as condições de trabalho, trocar de senhor, ganhar maior autonomia, preservar a família, livrar-se de sevícias (como Antonia). O uso da Justiça pelos indígenas é interpretado dentro do enquadramento das disputas entre colonos, religiosos e Coroa pelo controle e pela exploração do trabalho dos nativos. Se o espaço colonial amazônico impunha a compulsoriedade do trabalho, afora as fugas e outros expedientes de resistência, estavam em construção canais institucionais para o indígena lutar para "uzar de sua liberdade".

O livro explora diferentes aspectos sociais, institucionais e jurídicos com base em 160 demandas por liberdade, envolvendo pelo menos 330 nativos, entre 1706 e 1759. Ficamos sabendo que as cativas litigantes eram índias urbanas, que residiam em Belém, São Luís e suas adjacências. As demandas provocadas por mulheres somam mais que o dobro daquelas provocadas por homens. Do lado dos réus, cerca de 80% eram homens. Além dos colonos, foram demandados religiosos seculares e regulares (jesuítas, carmelitas, mercedários e capuchinhos) e funcionários da administração (inclusive o provedor-mor da Fazenda Real do Maranhão). Órfãos representados por tutores, mulheres e viúvas também responderam sobre a posse de cativos. A extensão do cativeiro indígena ali é sabida; o livro permite acessar flagrantes particulares e reveladores dessa sociedade.

O estudo dos casos permitiu localizar e analisar as disputas em torno das razões do cativeiro e do trabalho compulsório: guerras justas, resgates, descimentos, amarrações, nascimento de ventre escravo. Igualmente, indiciam-se formas de controle do trabalho: repartições, administração particular, aldeamento, escravidão por condição. Esses tópicos, mais e mais aprofundados pela pesquisa recente, estão representados no rico acervo de casos discutidos no livro.

Compõe o estudo o funcionamento das instituições, exemplificado na atuação do procurador dos índios. A propósito, um achado da pesquisa é que, no mais das vezes, os indígenas peticionaram diretamente, sem a representação do procurador; do mesmo modo, a resposta dos réus era feita sem mediação. Como discute a autora, a bem da verdade, essas instituições estavam em construção, e a iniciativa dos índios, as denúncias sobre a exploração do trabalho, deu lastro a tal empresa.

Digno de atenção é o estudo das estratégias dos senhores e dos índios. De um lado, há um amplo leque de expedientes: recorrer a outras instâncias para reverter decisões desfavoráveis, demorar na resposta às demandas, enviar os litigantes para propriedades afastadas, vender o nativo durante o litígio, reconhecer a condição de forro do litigante, mas pedir seu serviço como administrado etc. Do lado dos índios, há o recurso a petições coletivas, o uso do repertório normativo disponível, a invocação de ascendência importante na aldeia de origem. Do maior interesse é a mobilização das categorias fluidas de "mameluco", "cafuzo" e "mulato" nas estratégias judiciais no contexto da lei de 1755. Os senhores empregavam as categorias propícias para ressaltar a origem africana e manter o cativeiro do escravizado, enquanto os trabalhadores invocavam descender de mãe índia para ganhar a liberdade.

O livro fornece ainda importantes elementos para aprofundar aspectos pontuais, como a doação do filho em extrema necessidade, o privilégio processual de miseráveis, o estatuto de escravo por condição, o trabalho das índias (amas) de leite. Não por último, a autora explora o significado de expressões coevas como "liberdade", "forro", "livre de sua natureza", "livre e isenta de cativeiro", "conservados em sua liberdade", bem como delineia os efeitos do que chamou "liberdade jurídica".

Esse sumário de temas é um breve indicativo do que poderá ser conferido na leitura deste apreciável e minucioso trabalho de pesquisa.

2. A Junta das Missões deu decisão favorável a Antonia. Resolveu que ela era "forra e livre de captiveiro". Após ouvir a suplicante e "ponderar as razoens" dos senhores, os deputados motivaram o julgamento, declarando que não apareceu "fundamento algum para que conforme as Leys e Ordens de sua Magestade se possa julgar por justo seu captiveyro".

O estudo do direito colonial anterior às reformas ilustradas, ao constitucionalismo e às codificações impõe desafios consideráveis. O risco de anacronismo é grande. É tentador, por exemplo, ler a decisão da Junta com as categorias do direito posterior, minimizando as descontinuidades, como se se tratasse sem mais da aplicação das regras da lei aos fatos. Durante muito tempo, o conjunto da legislação indigenista foi caracterizado como contraditório e incoerente, o que pressupõe um ideal de sistematicidade e consistência de época posterior.

Uma sugestão produtiva é destacar a centralidade do caso na configuração da normatividade colonial (Victor Tau). As leis respondem, não raro expressamente, a casos e circunstâncias. As regras trazem índices dos contextos e razões que justificam a lei, não são regras gerais formuladas com abstração como será o típico da forma-código. As leis, como nunca mais depois, se parecem com as sentenças, afinal o rei é antes de tudo um juiz. A questão-chave para o rei e para quem tenha jurisdição (como as Juntas) é saber qual a justiça do caso (António M. Hespanha). Para tanto, é preciso receber informações, ponderar razões, descobrir (*ars inveniendi*) as premissas para decidir. O repertório para a invenção das premissas tem várias fontes: a literatura letrada (civil e canônica), a tópica da teologia moral, os estilos, os costumes e as leis. O direito é enquadrado pela retórica e pela teologia política. Assim, decidir se o cativeiro é lícito ou ilícito não é a aplicação de regras legisladas que existem acabadas *ex ante*, mas o resultado de um juízo que mobiliza *topoi*, presunções, ônus e privilégios. Extrapolando o símile de padre Vieira/Eduardo Viveiros de Castro, o direito colonial não é o direito-mármore dos códigos e da lei liberal, é o direito-murta do juízo de equidade, inconstante, que exige permanente cultivo e adaptação às circunstâncias e à ordem dada.

O livro traz valiosos subsídios para compreender o uso (cultivo) do direito colonial. Encontramos o uso da tópica do direito natural, o privilégio processual dos miseráveis, a presunção da liberdade natural e o ônus de provar o título (causa e documento) do cativeiro. Também podemos acompanhar a adaptação da legislação aos casos e indicações de como a legislação resulta dos casos.

Em suma, a questão mais geral é a da produção de conhecimento normativo (Thomas Duve). É saber como são inventadas localmente, a partir de um repertório disponível, as razões para o juízo justo. É saber como o conhecimento normativo é conhecido e compartilhado, não só entre letrados e oficiais, mas entre os litigantes; como é traduzido; o papel dos escrivães e dos apoiadores (Caroline Cunill). O livro não tem como esgotar todas essas questões, mas traz elementos profícuos.

Em meio à exploração massiva do trabalho indígena, o número de casos levados às Juntas pode parecer à primeira vista bem diminuto — questão levantada pela própria autora. É preciso ressaltar, porém, que os casos são qualitativamente importantes: uma janela para conhecer mais sobre as disputas acerca das condições de trabalho dos nativos, além de iluminarem diversos aspectos da história social e do direito. Além disso, não se pode menosprezar os efeitos multiplicadores das decisões. Elas confirmam expectativas, cultivam uma tópica que pode ser usada em outros contextos. Um caso gera rumor, produz informação que pode ser aproveitada por outros cativos. O mameluco Xavier foi vendido para ser embarcado para Lisboa, mas o comprador recusou a transação porque não havia um título para justificar o cativeiro. A necessidade do título, com efeito, é uma expectativa fortalecida em todo caso em que se discute a questão.

3. O livro de Luma Prado vem se somar às importantes pesquisas acadêmicas de etno-história das últimas décadas que levantaram o interdito de que, para os indígenas, não há história, só há etnografia (Varnhagen). Contudo, eles não só têm história,

como também ela adentra o período colonial e a pós-independência. Estes estudos que reencontram o indígena são, em grande medida, afins ao protagonismo do próprio movimento indígena na esfera pública. O conhecimento acadêmico vem compor a rica ecologia de saberes sobre/dos povos indígenas. Nessa conjuntura, a Constituição de 1988 é seguramente um emblema do maior significado. Antes, o índio era o gentio a ser cristianizado; depois, gente sob tutela, em condição transitória, em vias de ser assimilado (vassalo, depois cidadão). Foi tomado como resquício do passado, a caminho da extinção e integração à comunhão nacional. Sob o prisma constitucional, o projeto normativo é o de assegurar a reprodução física e cultural dos povos indígenas; conferir o direito ao futuro e à forma de vida tradicional.

Com efeito, a Constituição conferiu legitimidade processual aos índios, suas comunidades e organizações para ingressarem em juízo em defesa de seus direitos e interesses (art. 232). A representação da Funai deixou de ser obrigatória. Este livro revela que uma legitimidade desse tipo já existia na Amazônia portuguesa do século XVIII. Sem dúvida as conjunturas têm muitas diferenças e especificidades próprias, mas o conhecimento do passado, das circunstâncias que possibilitam, mas também limitam, a luta indígena por meio das instituições e do direito, pode ser apropriado e ressignificado pelos povos tradicionais contemporâneos, tarefa que cabe às Antonias, Annas, Ângelas, Catarinas, Esperanças, Hilárias, Vitórias. Ontem e hoje, há uma miríade de formas de resistência, "*the weapons of the weak*", como chama James Scott, recuperado recentemente por Deborah Duprat em importante manifestação contrária à tese do marco temporal no caso em que o STF equivocadamente anulou a demarcação da Terra Indígena Limão Verde, do povo Terena.[2] *Mutatis mutandis*, a história deste livro tem, não resta dúvida, ressonância no presente.

SAMUEL BARBOSA é professor da Faculdade de Direito da Universidade de São Paulo (USP) e pesquisador do Conselho Nacional de Desenvolvimento Científico e Tecnológico (CNPq) e do Maria Sibylla Merian Centre Conviviality-Inequality in Latin America (Mecila). Foi presidente do Instituto Brasileiro de História do Direito (IBHD) entre 2016 e 2019. É um dos coordenadores da Rede de História do Direito, sediada no Instituto de Estudos Brasileiros (IEB) da USP. É doutor pela Faculdade de Direito da USP e mestre em Ciências da Religião e Antigo Testamento pela Universidade Metodista de São Paulo. Foi pesquisador-visitante em diversas ocasiões no Instituto Max-Planck de História do Direito e Teoria do Direito (Frankfurt, Alemanha), onde fez o pós-doutorado, e na Universidade de Colônia (Alemanha).

Agradecimentos

Agradeço à Coordenação de Aperfeiçoamento de Pessoal de Nível Superior (Capes) e à Fundação de Amparo à Pesquisa do Estado de São Paulo (Fapesp — processo nº 2016/18462-9), que ofereceram o suporte material sem o qual a pesquisa não teria sido possível. Sou grata também ao Prêmio História Social da Universidade de São Paulo (USP) pelo copatrocínio desta publicação.

Registro meu agradecimento ao professor orientador deste trabalho, Carlos Zeron. Aos professores Rafael Chambouleyron, Jaime Valenzuela Márquez, Marcia Mello e Camila Dias, agradeço pelas críticas e pelas sugestões que me permitiram dar a forma final a esta obra. Sou grata ainda aos trabalhadores da Faculdade de Filosofia, Letras e Ciências Humanas da USP e de todas as instituições de pesquisa que frequentei, bem como aos especialistas com os quais dialoguei. Dentre eles, destaco Fernanda Aires Bombardi, com quem teço uma privilegiada interlocução e a quem agradeço pela elaboração do mapa contido neste livro.

Pesquisa se faz em diálogo. Portanto, expresso meus agradecimentos aos pesquisadores dos Seminários de Teoria e Metodologia da Pesquisa Histórica, do Grupo de Pesquisa sobre o Trabalho nas Américas — Laborindio (CNPq/USP) e dos Seminários de Escrita Acadêmica em História. Sou especialmente grata à Julia Ahmed e à Diana Pellegrini pela revisão e pela preparação do texto da dissertação. Agradeço também à equipe e aos colaboradores externos da Editora Elefante pela transformação da dissertação em livro.

Registro um agradecimento especial à professora Antonia Terra e aos professores-pesquisadores do Laboratório de Ensino e Material Didático pela reflexão conjunta sobre ensino de história e pela oportunidade de levar algumas das fontes desta pesquisa para as escolas.

Lista de abreviaturas e siglas

ABN   Anais da Biblioteca Nacional
AHU   Arquivo Histórico Ultramarino
AN   Arquivo Nacional
ANTT   Arquivo Nacional Torre do Tombo
APEM   Arquivo Público do Estado do Maranhão
APEP   Arquivo Público do Estado do Pará
BNP   Biblioteca Nacional de Portugal

Observações

Nas citações documentais, a grafia original foi mantida. Mas, para melhor entendimento do leitor, separei as palavras indevidamente grafadas unidas e uni sílabas ou letras grafadas separadas. Atualizei elementos dissonantes (por exemplo, *j* para *i* etc.) e adicionei letras (que não foram sinalizadas, para dar mais fluidez à leitura) e palavras (sinalizadas por colchetes). Os trechos ilegíveis ou corroídos estão em destaque, e as palavras de leitura incerta foram escritas entre colchetes. Cabe acrescentar que, em parte da documentação, tive acesso apenas à transcrição e não ao original manuscrito, o que pode ser conferido na seção de referências. Quando foi possível decifrar inteiramente a grafia, ou quando encontrei referência na bibliografia ou correspondência com nomes contemporâneos, atualizei os nomes próprios; quando não, mantive o registro das fontes tendo em vista a possibilidade de esclarecimento futuro. Os termos e nomes em línguas indígenas também foram escritos conforme registro das fontes.

Mapa dos lugares e povos mencionados no livro

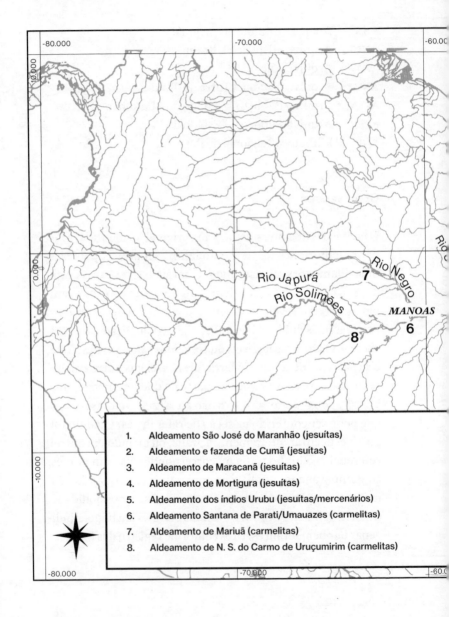

1. Aldeamento São José do Maranhão (jesuítas)
2. Aldeamento e fazenda de Cumã (jesuítas)
3. Aldeamento de Maracanã (jesuítas)
4. Aldeamento de Mortigura (jesuítas)
5. Aldeamento dos índios Urubu (jesuítas/mercenários)
6. Aldeamento Santana de Parati/Umauazes (carmelitas)
7. Aldeamento de Mariuã (carmelitas)
8. Aldeamento de N. S. do Carmo de Uruçumirim (carmelitas)

Mapa desenvolvido por Fernanda Aires Bombardi. As cidades e os aldeamentos foram localizados por meio do Google Maps.

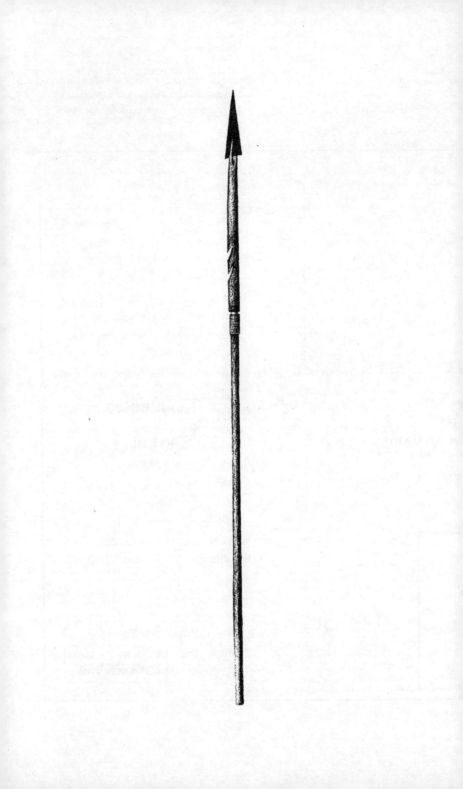

Introdução

No começo do século XVIII, a "índia" Inês vivia na missão de Nossa Senhora do Carmo de Urucumirim.[1] Seu nome em português derivou do batismo a que foi submetida, marcando o início de seu processo de redução. Como aldeada, deveria ser instruída na doutrina cristã pelos missionários e cumprir os sacramentos da religião. O do matrimônio foi logo posto em prática, uma vez que esteve casada durante um bom tempo com um companheiro do mesmo aldeamento. Inês roçava mandioca e tecia algodão. Eventualmente, trabalhava como ama de leite e em outras ocasiões como farinheira, em casa ou fazenda de algum colono. As idas e vindas de seu companheiro costumavam ser mais frequentes. De tempos em tempos, um morador, que deveria apresentar licença aos missionários, dirigia-se até Urucumirim para buscá-lo e, na maioria das vezes, passava de quatro a seis meses no sertão[2] na recolha de cacau, salsaparrilha, cravo e outras drogas, ou ainda empenhado nas tropas de resgate ou de guerra.

O marido não voltou de uma dessas repartições. Inês, à vista disso viúva e descontente com a vida naquele aldeamento, fugiu carregando seu irmão Pedro, ainda criança, para a missão de Santana de Paratari, estabelecida em uma ilha de mesmo nome no rio Solimões.[3] Lá conviveu com os Umauazes,[4] que, por conta de graves desavenças, sublevaram-se, acabando por assassinar o missionário do aldeamento, frei Manuel de Santa Tereza, e o Principal Manutã.[5] A instabilidade do levante decerto impactou a indígena, que abandonou, igualmente, Paratari. Contudo, nessa ocasião, Inês teve de dirigir-se sozinha para o sertão, posto que um religioso secular havia subtraído o pequeno Pedro do aldeamento para servi-lo em sua feitoria.

Thomé Marquez, um colono que fazia cacau por aquelas bandas, encontrou a "índia" forasteira e reconduziu-a a seu aldeamento de origem, entregando-a a frei Timóteo de Santa Bárbara. O carmelita, recém-chegado a Urucumirim, perguntou ao Principal e aos demais aldeados se Inês lhes era familiar. Responderam afirmativamente, acrescentando, ademais, que a mulher havia tido morada e mantivera casamento ali por muitos anos. Segundo o frei, a "índia" Inês confirmou sua trajetória e prosseguiu dizendo que estava desenganada com a violência e a tirania daquelas bandas e, mesmo pertencendo àquele aldeamento, não desejava permanecer ali e, como ouvira dizer que o missionário partia para a cidade do Pará,[6] gostaria de acompanhá-lo, desde que antes recuperasse seu irmão pequeno. Frei Timóteo consentiu na reintegração dos irmãos; entretanto, fez questão de asseverar que, ao contrário do que dissera Inês, Pedro não deveria estar em feitoria de secular algum, visto ser proibido aos religiosos conservar "peças" em suas casas para lhes servirem. Juntos, então, a "índia" e seu irmão mais novo deixaram os sertões do rio Amazonas acompanhando frei Timóteo e foram viver na capitania do Maranhão.[7]

Se Germana, por sua vez, de seus quatro para cinco anos fosse capaz de vislumbrar o futuro, possivelmente não imaginaria que pudesse ter uma trajetória similar à dos irmãos Inês e Pedro. A pequena nasceu na aldeia do Principal Marauoni, nas margens do Japurá,[8] e o curso de sua vida variou conforme o novo fluxo imposto àquele rio pela chegada de um número cada vez maior de expedições de guerra e de resgate. As tropas haviam devassado de pouco em pouco as comunidades indígenas das proximidades de Belém e, naqueles anos iniciais do século XVIII, dirigiam-se prioritariamente aos vales dos rios Negro, Branco, Solimões e Japurá, recrutando indígenas para o trabalho escravo (Farage, 1991, p. 61).[9]

O Principal Marauoni testemunhou, cada vez mais, a chegada de tropas à aldeia e os ataques das expedições clandestinas, responsáveis pela realização de assaltos e de amarrações.[10] Provavelmente para evitar o despovoamento completo de sua localidade, o chefe solicitou o estabelecimento de um aldeamento a certos missionários carmelitas que estavam pela região. O mesmo frei responsável por Inês e Pedro, Timóteo de Santa Bárbara, foi levantar cruz, dizer missa e passar carta de missão, conforme a demanda do Principal. O carmelita estava adoentado e, sem demora, necessitava locomover-se à cidade para curar-se. Mas, antes da despedida, conforme relatou o missionário, o Principal entregou-lhe a menina Germana, por lhe parecer a criança possuir "sangue de branco", devendo por isso ser levada a viver em "terra de branco" para aprender com eles. Atendendo ao pedido, o frei carregou-a consigo e, depois de batizada, foi entregue à mesma "índia" Inês, dali por diante sua mãe adotiva.

A trajetória de Inês e Pedro encontrou-se com a de Germana na embarcação que os retirou do sertão. Eles seguiram juntos pelo curso do rio Amazonas, passando por Belém e fazendo provável parada na aldeia de Maracanã,[11] a fim de se abastecerem, prosseguindo até afinal tomarem assento na nova morada de frei Timóteo de Santa Bárbara, o convento carmelita de Santo Antônio de Alcântara,[12] na capitania do Maranhão. Todavia, a estada da mulher e das crianças na vila, localizada nas cercanias de São Luís, parece ter sido ainda mais tortuosa do que as águas que as conduziram até lá. O laço entre elas foi manchado pela experiência partilhada do cativeiro ao qual foram subjugadas e cristalizado por intermédio da denúncia que moveram contra frei Timóteo e os carmelitas do convento. É por isso que temos acesso a fragmentos de suas histórias.[13]

Através de um requerimento enviado ao rei D. João V (que governou de 1706 a 1750), a "índia" Inês e as crianças Pedro e Germana[14] expuseram que haviam "descido" voluntariamente de suas terras como "livres e isentas de todo o cativeiro" e não deviam, por esse respeito, estar sujeitas a ninguém nem serem reputadas como cativas, de maneira que ansiavam ser "conservadas na sua liberdade".[15] Frei Timóteo, tornado réu do processo, apresentou certificado de justificação, alegando que, apesar da denúncia, jamais teria tratado Inês e as crianças como escravas, pois reconhecia desde o início que eram "forras, livres e isentas de todo o cativeiro". Legitimava seu testemunho dizendo que em toda a sua vida teve bom procedimento e que suas ações não motivavam escândalo algum, o que poderia ser, inclusive, atestado pelos moradores da vila de Alcântara.[16]

Apesar da declaração do carmelita, o Conselho Ultramarino, em seu parecer para o governador do Estado do Maranhão, considerou que os "índios do sertão" deveriam ser conservados em sua liberdade. O posicionamento de D. João V também foi favorável aos nativos. Em carta régia de 1729, resolveu que os "índios" deveriam livrar-se do cativeiro ao qual estavam sendo injustamente submetidos. E, reportando-se ao governador do Estado do Maranhão, Alexandre de Souza Freire (1728-1732), o monarca alertou para a prática de retirada de "índios livres" dos espaços de missão para trabalhar como escravos nas fazendas administradas pelas ordens religiosas, dizendo que

> muitas vezes ainda que semilhantes se achem izentos [e] forros nos Conventos desse Estado os passão para as suas fazendas sem atenção a serem livres com grande prejuizo da sua liberdade, representando-me que he tal o abuso que se observa entre todos os Missionarios dotados de grande fazenda e feitorias por que por este meio se poderá em todo o tempo averiguar se forão repartidos como livres, ou como captivos, por ser mui conveniente que se observe esta desposição.[17]

A demanda por liberdade[18] de Inês e das crianças Pedro e Germana, portanto, aponta para a prática ilícita de redução ao cativeiro realizada por missionários, indicando-nos um contexto de escravização generalizada. Por meio da denúncia que moveram, da certidão de justificação apresentada por frei Timóteo, tornado réu de um processo de liberdade, e das respostas ao caso por parte do Conselho Ultramarino e do rei, podemos conhecer um pouco da história desses trabalhadores que viveram entre a liberdade e a escravidão.

Outras "índias" e "índios", "mamelucas" e "mamelucos", mais "cafuzas" e "cafuzos" e ainda "mulatas" e "mulatos" mobilizaram — assim como Inês, Pedro e Germana — as instâncias jurídico-administrativas das capitanias do Pará e do Maranhão, chegando a atingir o rei, em Portugal, a fim de melhorar suas sofridas condições de vida no cativeiro. As querelas nas ouvidorias, nos tribunais das Juntas e na metrópole apresentam-se como oportunidades privilegiadas para entender um pouco mais do funcionamento dessas instituições e do posicionamento de seus partícipes no que tange à questão da liberdade indígena, como também permitem investigar as condições do cativeiro, e a consciência que os litigantes tinham de suas situações, suas reclamações e seus projetos de futuro. Ademais, a análise das demandas indígenas por liberdade é um ponto de partida para a exploração do mundo do trabalho na Amazônia sob colonização portuguesa.

Levando tudo isso em consideração, este trabalho toma tais demandas como objeto de estudo e os litigantes como sujeitos preferenciais de observação, sendo dois os principais interesses que guiam a investigação. No início da pesquisa, o objetivo resumia-se a entender o uso que ameríndios fizeram dos mecanismos jurídicos na Amazônia colonial. Essa preocupação centrava-se num interesse pelo protagonismo indígena associado a um fascínio pela conquista da liberdade. Saltava aos olhos a existência de mulheres e homens indígenas, em cativeiro, que haviam mobilizado recursos jurídicos e obtido a liberdade. Trata-se, por certo, de um ato extraordinário.

Porém, ao longo da investigação, percebi que o problema formulado exclusivamente dessa maneira recortava e deformava a realidade passada. Recortava porque, ainda que mulheres e homens indígenas fossem sujeitos e tivessem acessado os tribunais, estavam inseridos num contexto desfavorável: uma sociedade escravista, na qual colonos e Coroa — sujeitos de maior poder — disputavam a exploração da mão de obra nativa. E deformava porque o pomo da discórdia entre colonos e Coroa não residia na liberdade *versus* a escravidão indígena, mas centrava-se na disputa pelo controle da força de trabalho dos originários.

Situado o problema, passei a considerar como objetivo complementar a compreensão da via institucional como modalidade de resistência à exploração do trabalho. Com isso, acredito que foi possível centrar a investigação nos cativos sem perder de vista os processos históricos e a dimensão estrutural da análise. O problema central deixou de ser a liberdade indígena e passou a ser o cativeiro indígena, as formas de resistência à escravidão e as ações dos trabalhadores, tendo em vista a melhoria de suas condições de trabalho e de vida. Por certo, não deixei de reconhecer que as e os indígenas foram sujeitos que acessaram os tribunais, mas procurei não descolar as trajetórias particulares da dinâmica colonial na qual estavam inseridas.

O cenário da investigação é a Amazônia sob colonização portuguesa, ou seja, os territórios que estavam sendo colonizados ao norte do estado do Brasil que não faziam parte dele. Lanço mão da denominação Amazônia (colonial) portuguesa por conta da variação denominativa e, por certo, administrativa da região no período de trabalho: a saber, com o governo de Francisco Xavier de Mendonça Furtado (1751-1759), foi definida uma nova capital, Belém, e o que antes era chamado de Estado do Maranhão e Grão-Pará (1654-1751) foi extinto, sendo recriado no Estado do Grão-Pará e Maranhão

(1751-1774).[19] O Estado era composto de quatro capitanias reais — Cabo do Norte (inicialmente privada), Pará, Maranhão e Piauí — e mais quatro capitanias e duas vilas privadas: na parte ocidental, Caeté, Cametá, Joanes e vila de Vigia; na oriental, capitania de Tapuitapera e vila de Icatu. São Luís e Belém — as capitais das capitanias — são o foco da análise, pois sediavam os tribunais das Juntas das Missões e as ouvidorias gerais, onde os cativos conformaram-se em litigantes.

Já o recorte temporal está assentado nas fontes. Sendo assim, o primeiro registro de demanda indígena por liberdade encontrado data de 1706, e, por isso, esse ano é o marco inicial. O marco final não fixa correspondentemente o fim das demandas; pelo contrário, registra a continuidade das denúncias de cativeiro ilícito em tempos de abolição legal da escravidão indígena. A data limite é 1759, por corresponder ao último ano da administração de Mendonça Furtado. Poder-se-ia pensar, então, que se trata de um recorte político. No entanto, ele se justifica novamente pela documentação. Tendo como pressuposto que as leis não bastam para criar realidade, a investigação ficaria empobrecida se se restringisse a 1755, ano de decreto da Lei de Liberdade dos Índios. Incluir, portanto, o governo de transição da legalidade para a proibição do cativeiro ameríndio permite que seja explorado um momento no qual conviveram trabalho escravo (legal e ilegal) e trabalho livre indígenas. Poderia também estender essa data até a entrada do século XIX, pois há notícias de demandas indígenas contra a escravidão até pelo menos o fim do Setecentos. Mas avançar na administração pombalina multiplicaria as variáveis — como o novo regime de trabalho indígena, o maior afluxo de trabalhadores escravizados africanos e a atuação cada vez maior de "mamelucos", "cafuzos" e "mulatos" — que provavelmente não seriam tratadas a contento num estudo desta proporção. Por tudo isso, o recorte temporal é de 1706 a 1759.

Trata-se, portanto, de dez governos,[20] 53 anos, período no qual as atividades econômicas fundavam-se na exploração da força de trabalho indígena; no qual o recrutamento de trabalhadores consistia por si em uma atividade lucrativa; no qual centenas de mulheres e homens foram conduzidos de maneira mais ou menos forçada para os aldeamentos, fazendas e cidades coloniais; no qual os invasores europeus, somados aos nativos, mestiços e imigrantes forçados africanos, construíram um espaço colonial. Nesse período, a constante foi a exploração da mão de obra indígena. A lei de 6 de junho de 1755 alterou o regime de exploração do trabalho nativo e, por isso, marca uma clivagem, altera os referenciais legais para os sujeitos em cativeiro — e, apesar de não ter fixado um limite temporal para a pesquisa, é inegável que seja um marco, uma vez que se pretende explorar o uso da via jurídica, a instrumentalização das leis.

Foram analisados 160 registros de demandas por liberdade, o que corresponde a pelo menos 330 litigantes, porque as demandas por liberdade apresentavam uma abrangência significativa, podendo um pedido referir-se a bem mais do que um sujeito. Para obter esse volume documental, tomei como fontes quatro códices dos tribunais das Juntas das Missões que atuaram na Amazônia portuguesa: o códice 1, "Livros de assentos, despachos e sentenças que se determinaram em cada Junta de Missões na cidade de São Luís do Maranhão — 1738-1777", do Arquivo Público do Estado do Maranhão; o códice 10, "Alvarás, regimentos e termos da Junta das Missões, 1720-1740", do Arquivo Público do Estado do Pará; o códice 23, "Termos da Junta das Missões", também do Arquivo Público do Estado do Pará; e o "Livro dos termos das Juntas das Missões que se dariam nesta capitania do Pará em que se julgavam as liberdades dos índios, cujas Juntas foram extintas com a Lei de Liberdade que se publicou nesta cidade aos 29 de maio de 1756", recolhido na biblioteca James Ford

30

Bell e transcrito na dissertação de mestrado de Paul Wojtalewicz (1993, p. 84-185).[21] Trata-se de atas das sessões das Juntas das Missões, que, como veremos, eram uma das instâncias de apreciação das demandas indígenas por liberdade. São registros de reuniões que, entre vários assuntos de interesse colonial, tais como a concessão de autorização às tropas que iam ao sertão escravizar indígenas (chamadas tropas de resgate) e a fiscalização dos aldeamentos sob administração dos missionários, deliberavam sobre o cativeiro e a liberdade de indígenas e de seus descendentes.

Associei a tal documentação a análise não sistemática de casos encontrados nos avulsos do Maranhão e do Pará do Arquivo Histórico Ultramarino, na coleção Pombalina da Biblioteca Nacional de Portugal e nos documentos dos Anais da Biblioteca Nacional.[22] Assim, o *corpus* documental deste livro é constituído tanto por registros de petições, requerimentos e apelações, como por indicações de processos e autos fragmentados e completos. Por um lado, tais registros são difusos e lacunares e estão dispersos em vários fundos, e, por outro, devido às características das fontes — manuscritas e em estado de conservação precário —, apresentam dificuldades e limites de leitura. Trata-se de registros sumários — fornecem poucos dados sobre os indígenas, indicando geralmente o pedido e o modo de escravização, e o gênero; trazem também marcos de diferenciação "étnica" (índios, mamelucos, cafuzos, mulatos) e, em raros casos, a comunidade ou rio de origem.

Em associação a essas fontes, analisei documentação legislativa e de cunho administrativo, correspondendo a cartas e ordens régias, leis, alvarás, diretórios. Documentação descendente produzida para regulamentar a prática jurídica colonial, capaz de fornecer o quadro de possibilidades de ação dos indígenas em âmbito institucional. Tais documentos estão disponíveis nos Anais da Biblioteca Nacional, nos volumes 66 e 67, chamados de Livro Grosso do Maranhão I e II, assim como nos dois tomos organizados por Leda Naud (1970, 1971), "Documentos sobre o índio brasileiro". A articulação desses dois conjuntos documentais forneceu os subsídios necessários para a compreensão do uso da Justiça por indígenas, tanto pela determinação das possibilidades de ação quanto pela prática em si. Procurei, com o cotejamento dos grupos, enfrentar a questão dessa modalidade de agência indígena representada pela atuação nas justiças, bem como compreender o funcionamento das instituições em relação à questão da liberdade indígena.

A estrutura do texto acompanha o caminho jurídico de uma demanda indígena por liberdade. Primeiramente, são investigadas as instituições administrativo-jurídicas coloniais que se abriram à ação indígena; posteriormente, os cativos que se tornaram litigantes entram em cena; por fim, dão-se a ver os trâmites jurídicos e os despachos. Há ainda três questões transversais ao texto: liberdade e escravidão, legislação e prática, além da dialética entre sujeito e estrutura.

A questão-guia do capítulo 1 é: como os indígenas acessavam os tribunais? Assim, buscando as normas de legitimação da escravidão nativa — notadamente o direito natural e a legislação indigenista —, verifica-se como elas foram mobilizadas nas ações por liberdade e como as demandas estavam sempre vinculadas às denúncias de cativeiro ilícito. Depois disso, são apresentados a categoria jurídica do indígena, de miserável em direito, e o cargo de procurador dos índios, responsável pela representação dos indígenas e de seus descendentes cativados nos tribunais. Então, passa-se ao tribunal da Junta das Missões, uma das instituições responsáveis por acolher e dar prosseguimento às ações por liberdade. Ao longo do capítulo, situo as demandas indígenas por liberdade no contexto de que faziam parte e verifico os interesses da Coroa na abertura das instituições aos cativos.

No capítulo 2, respondo à questão: quem eram os litigantes? Para isso, perscruto os sujeitos através da análise dos registros de seus litígios nas instâncias jurídico-administrativas coloniais e metropolitanas. Após apresentar a quantidade dos litigantes e contextualizá-los nas estimativas do volume de trabalhadores escravizados na Amazônia portuguesa, são exploradas as condições materiais que facilitavam o acesso indígena às instituições e as expectativas dos litigantes quando aderiram à via institucional procurando melhorar suas condições de vida e de trabalho. Com a preocupação de nos aproximarmos dos litigantes, eles são organizados em três subgrupos: mulheres; na sequência, mamelucos, cafuzos, mulatos; e, por fim, aldeados. Descrevo, então, trajetórias representativas de cada um desses subgrupos, através do cotejamento de fontes de diversas naturezas, e procuro entendê-los partindo de questões motivadas por cada um deles.

No capítulo 3, pretendo responder a duas questões: como se davam os processos por liberdade? Eles eram bem-sucedidos? Se no capítulo 2 apresento os litigantes organizados em subgrupos e seus argumentos na disputa pela liberdade, no último capítulo dou a conhecer os proprietários e suas estratégias de defesa nos tribunais. Depois disso, exploro os despachos e as sentenças. Então, são avaliadas as conquistas jurídicas dos litigantes retomando suas demandas e colocando-as em contraste com as resoluções dos tribunais, para saber, afinal, se os pedidos das mulheres e dos homens indígenas e de seus descendentes foram atendidos e avaliar a via institucional como estratégia de resistência à exploração do trabalho.

Encerrando este item introdutório, cabem duas notas sobre a redação. Ao longo do texto, o leitor encontrará os termos "ameríndio", mulheres, homens e povos "originários", "índia" e "índio" sendo empregados para se referir aos habitantes nativos dos sertões do rio Amazonas, seus afluentes e igarapés e das cidades, vilas, aldeamentos, fazendas, fortificações da Amazônia colonial. Utilizo o termo "ameríndio" para designar de maneira mais objetiva os povos nativos das três Américas, diferenciando-os dos nativos de outros continentes (África e Ásia, por exemplo), grupos com que os europeus também travaram contato na modernidade. Já as expressões "mulheres indígenas", "homens indígenas", "mulheres originárias", "homens originários" e "povos originários" são utilizadas para atender às demandas da luta indígena contemporânea, uma vez que considera "índio" uma categoria reificadora, homogeneizadora e depreciativa, embora reconheça que, na boca dos próprios indígenas, o mesmo termo "índio" serviu e pode servir à luta política.[23] Ao utilizar as palavras "índio" e "índia" — amplamente encontradas nas fontes e, na maioria das vezes, os únicos indícios que permitem identificar os sujeitos retratados como indígenas — em algumas passagens, não pretendo desrespeitar o movimento indígena, mas evitar maquiar a generalização que tais termos carregam, pois penso que ela é indicativa do processo de introdução dos ameríndios na sociedade colonial e de sua redução à condição de trabalhadores superexplorados. Tais termos colonizadores são usados entre aspas em citações documentais e paráfrases. Por fim, flexiono gênero para tratar dos sujeitos desta investigação. Falar em "índias e índios", em vez de generalizar no masculino "índios" ou "indígenas", serve não apenas para nos lembrarmos de que as mulheres indígenas existiam, mas também e sobretudo para dar espaço às questões suscitadas pela predominância de mulheres entre os litigantes.

1

De cativos a litigantes: pressupostos para o acesso indígena aos tribunais

"Três índios" nasceram no cativeiro de Gregório da Costa Goulart. Eles eram "produto" de "algumas peças"[1] extraídas do sertão pelo carmelita André da Costa, quando missionou nas aldeias dos rios Negro e Solimões. Frei André, de retorno à capitania do Maranhão e com licença dos prelados — conforme declarou à hora de sua morte —, resolveu doá-las a seu irmão, Gregório, já nosso conhecido. Os "três índios", nascidos "peças", desgostosos da vida que levavam naquele senhorio, fugiram. Não se sabe quanto tempo viveram nas ruas, se enfrentaram dificuldades para se abrigar, se passaram fome ou se tudo já estava arquitetado e acordado com os seus; o fato é que em maio de 1738 serviam em fazenda dos carmelitas.[2] Talvez nessas propriedades tivessem parentes e amigos lá do sertão de seus pais, que igualmente foram trazidos para São Luís pelos carmelitas, ou apenas tenham optado por servir[3] e se esconder em terras mais afastadas da cidade.

Se estar em trânsito gerava certos riscos aos fugitivos, fixar-se no território, por sua vez, apresentava outra série de dificuldades, ainda mais considerando as diminutas dimensões de São Luís no século XVIII. Assim, não demorou muito para que Gregório Goulart tomasse conhecimento do paradeiro de seus trabalhadores. Quer seja pelo desgaste do domínio senhorial, quer seja pelo fracasso de uma negociação ou pela diplomacia com os carmelitas, ocorreu que o senhor acionou as justiças para que as "três peças" fossem obrigadas a voltar para o seu plantel. E existem registros da apreciação do caso pelos deputados da Junta das Missões de São Luís do Maranhão datados de 31 de maio de 1738.

Em resposta ao pedido de restituição de propriedade de Gregório Goulart e defendendo os companheiros de ordem da acusação implícita de acoitar escravos fugidos, o prior de Nossa Senhora do Monte do Carmo replicou que o suplicante declarasse "se pedia as peças mencionadas como forras, ou como escravas, e nesse segundo caso apresentasse os títulos de escravidão". O suposto proprietário anunciou que as reclamava por cativas, como constava na declaração de seu irmão.

Os deputados examinaram a demanda, os pronunciamentos de uma e outra parte, bem como a papelada comprobatória de Gregório Goulart, e encaminharam seus votos. João Rodrigues Covette, arcipreste de São Luís do Maranhão, manifestou-se favorável à restituição dos três escravos ao suplicante; para ele, a questão da doação e da liberdade das "peças" deveria ser apurada em juízo competente. O capucho João da Purificação concordou com o governador do bispado, acrescentando apenas que — depois da entrega dos foragidos ao proprietário — aos indígenas estaria reservado o direito de requerer, em qualquer momento, o que lhes parecesse a respeito da sua liberdade. Diogo Freire da Cunha, ouvidor-geral, declarou que,

> como o Supplicante se achava de posse dos Indio mencionados, o que não nega o Reverendíssimo Supplicado, antes de outra averiguação se devem mandar restituir, porque fica sendo mão exemplo ausentaremse os Indios por sua propria autoridade do poder das pessoas em que estavão, com bom, ou mão titulo; e em quanto a validade das doacções, como este não he o ponto principal de que aqui se trata, nem pertence a este Tribunal, se não por via de appellação conhecer dos casos que direm rellação as Liberdades dos Indios, devem estar partes Litigar este direyto em Juiso competente, ficando sempre o direyto salvo aos Indios para tratarem da sua Liberdade.[4]

Contrastando com o coro, o jesuíta Carlos Pereira seguiu a pista apontada pelo prior do Carmo e concentrou sua atenção na documentação em que frei André atestava a doação fraterna dos cativos. Quem sabe o retorno dos indígenas desencaminhados à fazenda sob administração dos carmelitas, responsáveis também pela introdução de seus ascendentes na sociedade colonial, tenha feito o padre desconfiar do justo título de cativeiro e de doação deles. Assim, o inaciano analisou a papelada e concluiu em seu voto que frei André havia doado as "peças" "com pretexto de forras", não como escravas.[5] Além do mais, para o jesuíta, as licenças dos companheiros de ordem e a própria doação seriam nulas e de nenhum vigor, enfatizando que era certo em direito que ninguém poderia doar aquilo de que não seria senhor. Desse modo, concluiu Carlos Pereira, os "índios" eram livres e deveriam ser recolhidos à aldeia ou ao distrito a que pertencessem.

Em diálogo com o jesuíta, Feliciano Ribeiro Marinho, mercedário, destacou a confusão dos autos — de uma parte consideravam os "índios forros", de outra os assumiam como cativos —, sendo de parecer que, em outra oportunidade, se interpusesse recurso para tratar da legitimidade da doação. O governador-geral, João de Abreu Castelo Branco (que governou de 1737 a 1747), por sua vez, posicionou-se em conformidade com aquele primeiro voto do governador do bispado, acrescentando, ademais, que se passasse ordem ao procurador dos índios para que, por seu intermédio, os indígenas escravizados buscassem a liberdade.

Como a maioria dos votos estava de acordo com a restituição dos nativos ao suplicante, a despeito de o jesuíta Carlos Pereira ter garantido que eles haviam sido doados como forros, desconsiderando ainda um auto de devassa anterior, de 1722, no qual os mesmos frei André da Costa e seu irmão Gregório da Costa Goulart haviam sido acusados de escravizadores ilegais[6] e sem haver tido preocupação alguma em tomar depoimento dos indígenas — como se podia fazer[7] —, determinou-se que fossem devolvidos a Gregório da Costa Goulart e fosse ordenado ao procurador dos índios demandar pelos cativos em juízo competente.[8]

Ao pedido de restituição da propriedade do senhor, o réu contrapôs a restituição da liberdade dos cativos. Todavia, a estratégia da defesa não foi bem-sucedida, uma vez que tanto a contenda quanto o despacho priorizaram a disputa pela propriedade escrava, fornecendo apenas subsídios para que se tratasse da questão da liberdade indígena. A determinação final foi o retorno dos fugitivos ao seu senhorio; somente após o restabelecimento da posse do proprietário, os indígenas poderiam, se fosse o caso e se tivessem condições, questionar outra vez o cativeiro, desde que — e isso nos será particularmente importante — seguissem os caminhos e os protocolos adequados. Ou seja: sem fugas, não mais por sua própria autoridade, senão pela via institucional e através da intermediação do procurador dos índios. Por conseguinte, a sentença é reveladora do peso da propriedade e do peso da liberdade no jogo de forças da Amazônia portuguesa setecentista. E os votos dos membros do tribunal, por sua vez, apresentam a possibilidade e indicam o caminho de acesso indígena às instituições, o que me servirá de guia na construção deste capítulo. Repassemos, assim, as posições dos deputados da Junta das Missões de São Luís do Maranhão no que concerne à disputa pela liberdade.

Como vimos, João Rodrigues Covette, governador do bispado e o primeiro a se pronunciar, afirmou que a doação e a liberdade das "peças" deveriam ser liquidadas em juízo competente, evidenciando a existência de um foro responsável por tratar da liberdade indígena. Já o jesuíta Carlos Pereira questionou a legitimidade da doação dos escravizados, destacando, por seu turno, as normas que regulavam a justa escravidão. Frei Feliciano Ribeiro Marinho, da Ordem das Mercês, indicou que a questão da liberdade deveria ser tratada por pessoas versadas no assunto, marcando a existência de um grupo responsável por arbitrar tal disputa. O franciscano João da Purificação tratou de votar a favor da restituição da propriedade, assinalando ainda que, depois da entrega ao proprietário, os escravizados teriam o direito salvaguardado de demandar por liberdade nos tribunais. Aqui, além da legislação indigenista, o padre tocou no direito natural.

O voto do ouvidor-geral Diogo Freire foi taxativo. Para ele, pouco importou se os títulos de escravidão eram legítimos; o problema principal foi tratar da restituição dos trabalhadores escravizados a seu senhor, uma vez que a fuga dos indígenas poderia servir de mau exemplo aos demais cativos. Ele reiterou ainda os pronunciamentos dos antecessores ao afirmar o direito dos escravizados de tratarem da liberdade e indicou a existência de um tribunal responsável por resolver esse ponto. No parecer do ouvidor, encarregado da administração da Justiça no Estado do Maranhão e Grão-Pará, notamos preocupação em controlar as reações ao cativeiro. Assim, a contrariedade ao domínio senhorial não poderia manifestar-se em ações da "própria autoridade" dos cativos, mas elas deveriam se adequar à estrutura institucional disponível. O governador, por sua vez, conformou-se com os votos antecedentes. Outrossim, apresentou-nos uma figura essencial, o procurador dos índios, responsável pela representação das "peças" nos tribunais. Os dois últimos votos, portanto, trataram de caracterizar a personalidade jurídica do indígena, reputado incapaz de se autodeterminar e, por consequência, carente de um procurador que o representasse nos processos judiciais.

Neste capítulo, apresentarei os pressupostos que autorizavam o acesso indígena aos foros coloniais. Em primeiro lugar, a legislação indigenista, que regulamentava o cativeiro, evidenciando o desvio à norma e, por consequência, ao mesmo tempo abrindo espaço à possibilidade de delação de práticas ilícitas. Em seguida, a categoria jurídica do indígena de miserável em direito, que condicionava o recurso aos tribunais à assistência de um procurador, cargo que será tratado na sequência. E, então, o tribunal das Juntas das Missões, uma das instâncias jurídicas de fiscalização local, responsável também por acolher e dar prosseguimento aos litígios por liberdade indígena. O cumprimento desse percurso permitirá que respondamos à seguinte questão: como poderia se dar o acesso aos tribunais de mulheres e homens indígenas e de seus descendentes em cativeiro?

Somado a isso, interessa a esta pesquisa compreender os motivos que levaram à abertura das instituições aos indígenas. Preocupação que conduzirá nosso olhar da via institucional propriamente dita para o contexto que tornou possível que indígenas em cativeiro demandassem por liberdade nos tribunais. Será importante situar o lugar de interstício dos litigantes e da disputa pela liberdade, para não incorrer no risco de superdimensionar as ações e as demandas dos cativos.[9] Nesse sentido, a construção institucional do acesso indígena aos tribunais, no que diz respeito à contenda da liberdade, terá como pano de fundo a disputa coetânea pela força de trabalho nativa e a preocupação metropolitana de enquadramento dos costumes e das práticas dos moradores, em especial no que tange à escravização e à exploração da mão de obra indígena.[10] Isso quer dizer que, embora o foco da análise esteja na agência das e dos indígenas pela via institucional, não perderei de vista sua relação com os processos históricos e a dimensão estrutural da análise.[11]

"Livres por nascimento" e "injustamente cativados": legislação indigenista nas demandas indígenas por liberdade

Nesta seção, em primeiro lugar, conheceremos e examinaremos a estrutura das demandas indígenas por liberdade. Foi possível identificar um padrão e variações argumentativas dos pedidos através da análise sistemática das atas das Juntas das Missões. E, para justificar tal classificação, destacarei casos representativos de cada um deles. Por meio do exame das demandas, verificaremos que as leis fundamentavam e abriam caminho para que nativos levassem seus senhores aos tribunais. O que nos conduzirá ao segundo movimento da seção, quando nos aproximaremos da lógica de regulamentação do cativeiro indígena na Amazônia portuguesa ao longo do século XVIII. Não se tratará apenas de uma reconstituição normativa, mas de uma oportunidade de acompanharmos, pela alteração das leis, os embates entre Coroa, colonos e indígenas escravizados. A propósito, nesta pesquisa, as leis indigenistas são entendidas como registro das disputas entre os interesses da administração colonial e dos moradores no que tange à exploração do trabalho indígena. Se nas leis será possível perceber, por um lado, investidas metropolitanas de orientação das práticas escravistas dos moradores no âmbito da administração colonial, por outro notaremos sua flexibilização frente aos interesses dos particulares; os desvios normativos dos moradores serão lidos como persistência de suas práticas escravistas autônomas, e, para a economia deste capítulo,[12] destacarei a faceta de delação dos abusos dos colonos contida nas ações de liberdade indígenas. No movimento final da seção, constataremos que o descumprimento da norma não era exclusividade dos moradores, já que os funcionários coloniais poderiam agir com leniência ou, também eles, descumprir as determinações legais, chegando até a reiterar um domínio senhorial injusto. Comecemos o percurso com a análise de uma demanda por liberdade.

Anna, "índia do sertão", propôs[13] um requerimento ao tribunal da Junta das Missões de Belém do Grão-Pará, em que expunha que:

> contra as Leys de Sua Magestade fora extrahida do Sertão, e sem titulo algum veyo para poder do Padre Miguel Angelo Vigario Geral do Pará, o qual a mandou a seu cunhado Antônio Gbs Toviisco Morador na Cidade de São Luís do Maranhão, em cuja companhia assistira a Supplicante com titulo de escrava; e porque o dito Reverendo Padre reconhecendo, que a Supplicante era Livre por naturesa, succedendo vir a esta cidade, e nella declarando ao dito seu cunhado o Refferido he prometeo mandar em Lugar da Supplicante que era livre outra India legitimamente escrava, e que com effeyto assim comprio, como constava por Cartas do dito Reverendo Padre porque fes a tal remessa; e porque he era necessário a supplicante declarara sua Liberdade. Pedia que nesta Junta se declarasse a Supplicante por Livre de escravidão para poder usar de sua Liberdade.[14]

Os deputados reunidos em 24 de maio de 1738 determinaram em conjunto que a parte respondesse no termo de cinco dias. E, com efeito, assim se despachou. Contudo, é impossível acompanhar o desfecho do caso, pois na documentação consultada não encontrei a defesa do réu nem dentro, nem fora do prazo estipulado pelo tribunal.[15]

Já no início da demanda, Anna denunciou que a tropa de guerra ou de resgate que a reduziu ao cativeiro — não se sabe exatamente qual dessas modalidades — realizou-se à revelia das leis e das ordens régias. Por consequência, afirmou que havia descido do sertão sem legítimo certificado de escravidão, apesar de ter servido a Antônio Toviisco com título, dando a entender sua origem duvidosa. A argumentação ganhou peso ao demonstrar que o vigário-geral do Pará, seu primeiro proprietário, havia reconhecido sua liberdade natural e, para não desfalcar o senhorio do cunhado Antônio, havia remetido outra indígena para ocupar seu lugar, desta vez "legitimamente escrava". E para que Anna pudesse, afinal, "usar de sua Liberdade", precavendo-se de possíveis ameaças de reescravização, pedia ao tribunal da Junta das Missões que atestasse que era livre por direito civil.[16]

Nesse requerimento, notamos uma série de palavras e expressões que exprimiam sentidos demarcados e exerciam funções determinadas, como é o caso de: "Livre por naturesa", "contra as Leys de Sua Magestade", "sem titulo algum", "com titulo de escrava", "Livre de escravidão". A primeira expressão mais o pronome "sua" contido no trecho "usar de sua Liberdade" e o verbo "reconhecer" aliado à mesma tópica "Livre por naturesa" são tributários do direito natural, enquanto as demais remetem em especial à legislação indigenista. Constatamos, com isso, que a "índia da terra" precisou sustentar duplamente sua liberdade, afirmando, em primeiro lugar, que era "Livre por naturesa" e, em segundo lugar, "Livre de escravidão". Ou seja, Anna declarou que nasceu em liberdade e que deveria viver em liberdade,[17] para tanto denunciou que havia sido reduzida ao cativeiro de maneira ilícita, em contraposição às leis e ordens de Sua Majestade.

Essa dupla afirmação de liberdade — de origem e por direito civil —, a última sempre vinculada à denúncia de descumprimento da legislação indigenista, configurava a estrutura-padrão das demandas indígenas por liberdade até a lei de 1755. Após a declaração da abolição irrestrita do cativeiro ameríndio,[18] a justaposição das liberdades deixou progressivamente de ser o recurso mais utilizado, ao passo que o caráter de delação das demandas foi acentuado.[19] A fórmula, então, resumia-se à remissão ao dispositivo legal conjugada à comprovação da ascendência indígena — como no caso do "mameluco" José Florindo, declarado livre "por ser filho da India Josefa e neto da india Ignes em conformidade da respectiva Ley novissima das Liberdades"[20] —, porque as próprias leis passaram a afirmar a liberdade indígena de nascimento e reafirmá-la em contexto.

A essa estrutura argumentativa padrão das demandas, eventualmente, eram adicionados elementos comprobatórios de naturalidade, tal qual na petição da "negra"[21] Antônia, filha da indígena Páscoa, que se dizia "livre por sua natureza, por ser a dita sua mãe da nação Arapium", tendo sido levada como cativa a Belém contra as leis de Sua Majestade e, portanto, pedia que se "julgasse forra pelas razões requeridas".[22] Assim como na demanda das irmãs Catarina, Domingas e Teodora, que alegavam ser "de natureza e nascimento forras, sua avô [sic] oriunda dos Sertões do rio das Amazonas".[23] Tanto Antônia, descendente de mãe originária da confluência do rio Arapium com o grande Tapajós, quanto as irmãs, cujos antepassados provinham das margens do rio das Amazonas, complementaram a afirmação da liberdade natural com o resgate do lugar de origem de suas ascendentes, corroborando, dessa forma, o ingresso recente na sociedade colonial e, consequentemente, no cativeiro — e indicando-nos que os modos de extração do sertão e de inserção desses sujeitos nas áreas colonizadas deveriam respeitar as normas e, portanto, eram determinantes na resolução dos litígios por liberdade.

Outra variação discursiva é a adição de reforços de argumento relacionados à denúncia de maus-tratos, como conferimos no pedido da "índia" Ângela de Jesus, que se dizia "de nascimento forra e filha da principal família que ha nesses Sertões"[24] e expôs ter descido para trabalhar como livre em obra pública, denunciando, à vista disso, que estaria sendo tratada como "vil escrava", servindo sob coação — mediante "uso de força e violência" — na fazenda do provedor José de Souza de Azevedo. O mesmo ocorreu no pedido de Antônia, que igualmente teria alegado haver nascido "livre de sua natureza" e ter sido reduzida a injusto cativeiro por Diogo Freire. Depois disso, ela afirmou ter passado ao domínio de Antônio Vieira, com o qual permanecera "sem repugnância pelo bom tratamento que ele lhe dava". Até ter sido doada a Cipriano Pavão, que, de maneira contrastante, a tratava de modo cruel, levando-a, como alegou na petição, a requerer o direito de sua liberdade nos tribunais. Ou ainda na demanda da "índia" Esperança, que, mesmo sendo "livre de sua natureza", havia sido apanhada na aldeia de Mortigura e submetida ao poder de Sebastião Gomes. O proprietário fajuto constrangia a aldeada a servi-lo aplicando-lhe, ademais, maus-tratos, de modo que a mulher moveu petição almejando livrar-se de dita autoridade.[25]

Essas fórmulas jurídicas, na gramática maleável do direito, continham lugares-comuns que não apresentavam apenas caráter retórico; pelo contrário, implicavam procedimentos nos litígios por liberdade. De tal maneira que, para resolver o caso da "negra" Antônia, a Junta das Missões de Belém do Grão-Pará determinou que o responsável por reduzir ao cativeiro a mãe da trabalhadora escravizada, Paulo Ferreira Ribeiro, deveria se defender no tribunal. Ele deu por certo o conteúdo da demanda, e a indígena foi posta em liberdade.[26] No caso de Catarina, Domingas e Teodora, o suposto senhor não pôde oferecer à vista dos partícipes do tribunal registro algum de escravidão — prova requerida pelos deputados —, e os "índios" foram igualmente considerados livres, ficando vetado, dessa maneira, que fossem repartidos em inventário.[27] O rei D. João V ordenou que se deferisse o pedido de liberdade da "índia" Ângela de Jesus caso suas razões fossem consideradas fidedignas pelas autoridades locais.[28] Os deputados que apreciaram a demanda da "índia" Antônia, por sua vez, determinaram que ela era "forra e livre de cativeiro",[29] já que o morador que a extraiu do sertão, Cipriano Pavão, tampouco possuía título que atestasse a justiça de sua escravidão.[30] O mesmo ocorreu no despacho da "índia" Esperança. O suposto proprietário, Sebastião Gomes, não tinha em seu poder o registro do cativeiro da indígena e, apesar de ter alegado o seu paradeiro — segundo o vendedor da mulher, o soldado Protássio do Rosário, o certificado estaria com o padre Antônio da Silva —, perdeu sua propriedade, tendo o tribunal acrescentado que ele poderia apelar da decisão desde que apresentasse o tal título.[31] A exigência de os proprietários demonstrarem os certificados de escravização indica-nos, desde já, que a liberdade era presumida e a escravidão é que precisava ser provada.

Após conhecermos a estrutura-padrão das demandas indígenas e percebermos que seu conteúdo acumulava função retórica e procedimental, o que nos permitiu notar que a prática jurídica dos litígios apresentava efeito social, resultando na determinação de permanência ou de abandono do cativeiro, convém retomar o caso da "índia da terra" Anna para melhor entendê-lo, bem como para nos aproximarmos da lógica de regulamentação da escravidão indígena na Amazônia portuguesa do século XVIII.

O sucesso de Anna — "livre por naturesa", escravizada em desacordo com as "Leys de Sua Magestade", que "sem titulo algum" passou ao cativeiro — conviveu com o malfadado destino de "outra índia", cujo nome sequer se sabe, considerada "legitimamente escrava" e designada a substituir a primeira no plantel de Antônio Toviisco. O despacho conferiu liberdade a Anna e cativeiro, por determinação civil, à "outra índia". O *corpus* jurídico colonial português considerava ambas livres por nascimento[32] ao mesmo tempo que permitia a escravização indígena em determinadas situações históricas; por isso o tribunal das Juntas isentou Anna do cativeiro, restituindo-lhe a liberdade, ao passo que habilitou o cativeiro da indígena substituta. Assim, notamos que o concurso simultâneo da lei natural e da lei positiva para alcançar o fim da liberdade, operacional na retórica dos litigantes, revela a própria lógica de legitimação do cativeiro indígena na Amazônia portuguesa setecentista.

Dessa maneira, a partir de agora mudarei o foco da análise: sairemos da superfície formal das demandas para atingir seus fundamentos legais, já que o jogo argumentativo entre direito natural e legislação indigenista estava presente na regulação da escravidão e, por isso, informava os litígios indígenas. Assim, as leis naturais e as leis civis, quando tomadas pelos trabalhadores escravizados ou por seus procuradores, tornaram-se uma das premissas para o acesso indígena aos tribunais.

Cabe ressaltar que o direito colonial na Amazônia portuguesa constituiu-se como uma trama tecida por fios diversos e, por vezes, interseccionados: o direito natural, o direito romano, o direito canônico, o direito oficial do reino (Ordenações Filipinas e legislação específica) e o direito consuetudinário, os chamados "usos e costumes da terra".[33] No entanto, as demandas por liberdade, como vimos, e a escravidão indígena, como veremos, remetem particularmente a dois desses fios: o direito natural e a legislação indigenista. Isso porque os juristas ibéricos buscaram no direito natural e no direito comum europeu os fundamentos para a formulação das leis modernas sobre a escravidão,[34] e, por extensão, esses foram os institutos mobilizados pelos litigantes nas disputas por liberdade. É por isso que a exposição será circunscrita a tais vertentes do direito colonial português, tratando das demais apenas na medida em que dialogam com o tema. Vale dizer ainda que tratarei do direito natural e do civil apenas o necessário para conseguirmos identificar suas ocorrências na legislação e compreender seus usos nas denúncias de desvio normativo vinculadas às ações de liberdade. Não cuidarei, portanto, de reconstituir suas genealogias.

No Setecentos, a regulamentação da escravidão indígena cabia ao direito civil, dado que, ao longo dos séculos XVI e XVII, não sem muita discussão, havia se estabelecido um consenso de que os ameríndios eram homens[35] e, dessa maneira, livres por natureza. Sendo assim, apenas em certas circunstâncias previstas em lei poderiam ser reduzidos ao cativeiro.[36] Caso a escravização fosse realizada à revelia das normativas, mulheres e homens indígenas poderiam recorrer aos tribunais — movendo ações — para que a liberdade lhes fosse restituída. Apesar de a normatização caber ao direito civil, ela deitava raízes no direito natural. E, por isso, os indígenas mobilizavam-no ao alegar que tinham nascido livres e ao solicitar a restituição desse estado original. Somente nessas fórmulas o direito natural era mobilizado, uma vez que, reitero, tendo estabelecido a liberdade de origem dos indígenas, as disputas ocorriam, no campo do direito civil, nas exceções ao estado de liberdade natural.

Logo, caminhando para o direito civil, vemos que a tradicional convenção que previa a possibilidade de escravidão era o butim de guerra. Uma vez que os homens de maior virtude e mérito naturalmente venceriam os conflitos, os bens tomados e os inimigos aprisionados conformariam espólios de guerra justa. Para conservar a vida, tais prisioneiros serviam como escravos.[37] A partir dessa convenção, a tradição jurídica romana e a jurisprudência medieval definiram quatro títulos legítimos de redução ao cativeiro: a guerra justa, a comutação de pena de morte, a venda de si ou da progenitura, em caso de extrema necessidade, e o nascimento (Zeron, 2011a, p. 109).[38] De acordo com Carlos Zeron,

> Tais títulos legítimos reduziam a escravidão a casos codificados, e por eles pretendia-se interpretar e julgar a diversidade de situações suscitadas pela expansão europeia e pela colonização [...]
> § A despeito dessas limitações evidentes, os justos títulos encerravam uma codificação jurídica e, atrelada a esta, uma dimensão histórica que permitiram fundar o debate sobre a escravidão moderna sobre bases diferentes daquelas consideradas pelos

autores que refletiam exclusivamente a partir da aplicação da categoria aristotélica de servidão natural. (Zeron, 2011a, p. 206)

Volto a dizer, portanto, que a escravidão moderna legitimou-se com base em convenções — costumeiras e positivas — atreladas às circunstâncias históricas. Por não se tratar de um dado natural, seus marcos legais poderiam ser modificados a depender da conjuntura. Assim, verificaremos, a partir de agora, as principais determinações e alterações na legislação sobre o cativeiro indígena da Amazônia portuguesa, e, na medida do possível, irei confrontá-las com a prática social através da apresentação de demandas por liberdade que, como adiantei, denunciavam desvios normativos.[39] Os quatro títulos sobreditos forneciam as coordenadas de legitimação da escravidão moderna, enquanto a legislação indigenista — normativa específica —tratou de codificar aqueles institutos, notadamente os de guerra justa e resgate.[40]

Uma das primeiras normas de regulamentação da exploração do trabalho indígena[41] ocupou-se de uma espécie de administração particular.[42] Trata-se da lei de 1647, que extinguiu os administradores e anulou as administrações que já haviam sido concedidas, declarou a liberdade dos ameríndios, determinou que recebessem remuneração pelo serviço realizado e, ainda, denunciou os maus-tratos que os moradores dispensavam aos seus administrados, que, de acordo com a letra da lei, morriam de fome ou de trabalho excessivo, ou fugiam para o sertão — conteúdo que descortina o cativeiro travestido em administração particular. A normativa veio acompanhada de um alvará que previa que as câmaras fixassem o valor do pagamento diário dos indígenas.[43] Esse par de dispositivos legais registra o momento inicial de colonização portuguesa na Amazônia, no qual o número reduzido de missionários e de aldeamentos e a presença incipiente de membros da administração colonial geraram um campo aberto para a ação dos moradores, que capitanearam o recrutamento de mão de obra no sertão. Nesse sentido, a lei de 1647 revela, por um lado, os abusos dos colonos na exploração do trabalho indígena e, por outro, a tendência centralizadora metropolitana voltada à contenção da investida autônoma dos particulares no recrutamento e na exploração da mão de obra originária — e, por consequência, ao afastamento do acúmulo de poder nas mãos dos colonos.[44]

Esse processo progressivo de regulamentação da mão de obra e o esforço metropolitano em controlar a exploração do trabalho indígena começaram em 1647 e podem ser acompanhados pelas leis que se seguem. Assim, em provisão de 1653, o rei reconheceu que a determinação da liberdade indígena, expressa no diploma de 1652, não foi respeitada pelos moradores[45] e retomou a permissão do cativeiro nos casos de guerra justa e resgate. Mas agora a escravização teria sua justiça avaliada pelos oficiais da câmara, cujos exames de cativeiro deveriam ser também aprovados pelo ouvidor ou pelo desembargador. Em caso de guerra justa, os camarários deveriam observar se havia sido declarada de acordo com os seguintes critérios: impedimento da pregação do evangelho, obstrução do direito de passagem, omissão de proteção e ameaça aos vassalos e suas fazendas, associação com os inimigos do rei, quebra de acordos celebrados[46] e realização de práticas antropofágicas. Havia também a possibilidade de resgate[47] de prisioneiros à corda de grupos nativos — que, supostamente, seriam consumidos em rituais antropofágicos — e daqueles que seriam vendidos a outros povos.[48] Os exames de cativeiro, de responsabilidade dos oficiais da Coroa, atuariam, portanto, como instrumentos de controle das práticas escravistas.[49]

A partir de 1655, os critérios de legitimidade do cativeiro foram sintetizados e passaram a integrar o substrato da normativa indigenista para a Amazônia portuguesa. Dessa forma, a lei de 9 de abril reiterou a legitimidade da guerra justa e do resgate em quatro casos: guerras defensivas e ofensivas,[50] guerras por impedimento da pregação do Evangelho, resgate de prisioneiros à corda e resgate de prisioneiros de guerra de grupos nativos. Os cativos das guerras — em sua maioria, mulheres e crianças — eram transformados em escravos dos vencedores, desde que fosse verificada a justiça do confronto bélico. Os resgatados de corda eram considerados escravos legítimos. Quanto aos cativos de grupos indígenas, havia que se provar a justiça das guerras intertribais para que fossem considerados absolutamente escravos. Em caso de dúvida ou se fosse comprovada a injustiça desses conflitos, mesmo assim os resgatados deveriam servir por cinco anos a fim de ressarcir os custos do resgate. Passado o tempo, a norma previa que fossem conduzidos às aldeias "dos livres".[51]

Vale dizer que a relativização da justiça da guerra (intertribal) foi justificada pela necessidade de satisfazer os gastos com machados, foices, e também cachaça, tecidos indianos e europeus, velas e avelórios empregados nos resgates. Ao apreciar a justiça de um "cativeiro duvidoso" na junta de letrados de 1655, o padre Antônio Vieira explicitou a lógica da escravidão por condição:

> E de serem estes homens julgados por cativos, se segue a eles um dano tão grave e irreparável, como é ficarem por cativos toda a vida, eles e seus descendentes. E, pelo contrário, de serem julgados livres só se podia seguir perderem os compradores o preço que deram por eles; quanto mais que nem esse preço se perde, porque por ele hão de servir os ditos índios cinco anos na forma da lei. (Vieira, 1951, p. 62)

A preocupação em restituir os gastos dos resgates à Fazenda Real e aos moradores autorizou esse regime inédito de cativeiro e sitiou os resgatados pela escravização.[52] É o que fica patente no voto do governador-geral André Vidal de Negreiros (1655--1656), colega de junta de Vieira, que chegou a considerar que:

53

> Os índios que forem tomados em guerra justa, diz a lei que fiquem cativos para sempre; os que forem tomados em guerra injusta, diz a mesma lei que sirvam por cinco anos; logo, os que foram tomados em guerra duvidosa, é bem que sirvam mais algum tempo; e também porque os índios novos nos primeiros dois anos, por serem boçais e por virem mal tratados, não fazem serviço considerável. (Vieira, 1951, p. 64-5)

Vieira contra-argumentou que os anos de serviço não se baseavam na injustiça ou na dúvida da guerra, mas no preço que se pagou pelo resgate: "e como o preço em um e outro caso sempre é o mesmo, sempre deve ser também o mesmo serviço" (Vieira, 1951, p. 65).

Na figura jurídica "escravo de condição" estava contida uma expectativa dos jesuítas, particularmente de Vieira, em receber nos aldeamentos os nativos que sobrevivessem ao desgaste do trabalho e às doenças após os cinco anos vividos em cativeiro. Porém, junto com o historiador Carlos Zeron, podemos dizer que

> fica evidente a relação de força extremamente desfavorável aos jesuítas e à Coroa, relativamente aos moradores, na disputa pelo controle dos índios descidos do sertão. Pois, para dizê-lo brevemente, os "escravos de condição" eram o fruto de uma negociação em que os moradores que investissem algum capital na compra desses índios tinham seu valor ressarcido em troca desses cinco anos de serviço, fosse o índio escravo legítimo ou não; somente depois desse prazo seriam eventualmente entregues aos aldeamentos reais geridos pelos jesuítas. (Zeron, 2016, p. 243-4)

Situação desfavorável aos jesuítas e à Coroa corroborada quando notamos em reunião de Junta que os colonos nem mesmo respeitavam o tempo de concessão dos indígenas como escravos. Essa abertura legal à escravização duvidosa e explicitamente injusta, ainda que tenha abarcado, de maneira justificada, uma prática colonial desviante, não deu conta de regular por completo a escravização, abrindo mais uma frente para abusos. É o que vem denunciado em uma carta régia de 1734 a respeito dos escravos de condição. Nela, D. João V, tentando garantir a provisoriedade dessa modalidade de cativeiro, recomendou que os "índios" que estivessem temporariamente cativos fossem matriculados em livro de posse do procurador dos índios. Com esse registro, o procurador poderia lançar mão da lista de "índios" de condição, caso os senhores esticassem os cinco anos de serviço ou estendessem aos filhos o cativeiro transitório dos pais.[53]

Em reunião de Junta de 26 de agosto de 1744, conferimos que a aplicação dessa lei implicava a geração de um termo de compromisso pelo tribunal, posteriormente em posse do senhor, declarando a aldeia à qual o "índio" deveria ser enviado passado o tempo de serviço. Disso, então, se fazia uma obrigação que deveria ser entregue ao patrono e ao missionário da aldeia escolhida. Todo o trâmite era, enfim, registrado em assento no livro do procurador dos índios.[54]

Considerando a reincidência das contravenções e as interpretações incorretas das cláusulas de guerra justa por parte dos moradores, indicando nas entrelinhas o poderio dos colonos e a ausência de mecanismos locais de fiscalização efetivos, o rei outorgou a Lei de Liberdade de 1680, determinando a proibição total da escravização de "índios", inclusive nas formas da lei de 1655. Por conseguinte, todos os indígenas que se encontrassem em cativeiro deveriam ser mandados às "aldeas dos índios catholicos e livres", onde deveriam ser reduzidos à fé e servir ao reino, conservando sua liberdade natural e recebendo bom tratamento, enquanto os nativos inimigos nas guerras justas não mais se tornariam escravos, senão prisioneiros, como aqueles das guerras entre católicos.[55]

O contrapeso da declaração da liberdade indígena irrestrita foi a promessa da introdução de trabalhadores escravizados africanos. Porém, os moradores ficaram insatisfeitos com a oferta de cativos trazidos da Guiné pela Companhia de Comércio do Maranhão, criada em 1682. A carência de braço cativo, o preço elevado dos trabalhadores escravizados africanos e o descontentamento gerado pelo exclusivo comercial metropolitano impulsionaram o levante conhecido como Revolta de Beckman, ocorrido em 1684 e 1685, que reivindicava o fim do monopólio régio, a expulsão dos jesuítas, maior representatividade política aos moradores e a retomada da legalidade da escravização de mulheres e homens indígenas.[56]

Além da reação belicosa, os colonos enviaram missivas ao rei em que se queixavam da "pobreza em que se achavão aquelles moradores por falta de escravos".[57] Eles também enfrentaram, por um lado, a ameaça de serem aprisionados no Limoeiro,[58] mas, por outro, contaram com a falta de fiscalização local e, muitas vezes, foram favorecidos pela conivência das autoridades coloniais, tratando, assim, de descumprir a determinação da liberdade indígena. É possível capturar alguns desses desvios normativos dos moradores nas denúncias de escravização ilícita vinculadas às demandas por liberdade, como no pleito da "cafuza" Isabel e seus filhos, que acompanharemos a seguir. É importante esclarecer nosso entendimento de que, nas ações por liberdade relatadas a partir de agora, os indígenas e seus descendentes atuaram em um cenário centrado na disputa pelo controle da exploração de seus corpos e de seus serviços. Eles são os sujeitos subalternizados que agiram institucionalmente no sentido de atenuar sua exploração, mas os protagonistas das disputas são os membros das instituições da administração e da Justiça (representantes locais dos interesses da Coroa e, em alguma medida, de seus próprios interesses) e os moradores.

Dito isso, conheçamos Isabel, que não se contentou com a sentença desfavorável ao seu pedido de liberdade, conferida pelo ouvidor-geral, e apelou em segunda instância. Assim, em reunião de Junta de Missões de Belém, em 21 de junho de 1751, os deputados avaliaram os documentos e os testemunhos de seu processo por liberdade e votaram.

O padre Lourenço Alvares Roxo, que ocupou cadeira devido à ausência do bispo, concordou com o exame do caso pela ouvidoria. Todos os demais deputados opuseram-se à sentença da primeira instância, pois julgaram que a "cafuza" tinha dado provas suficientes de que seus pais haviam sido levados ao cativeiro durante a vigência da Lei de Liberdade de 1680. Nesse sentido, o reitor da Companhia de Jesus considerou que a decisão do ouvidor fora

> fundada em mera presumpção que por Sy Só não podia fazer prova em Direito, e muito menos em Causa de Liberdade, aonde ainda em duvida segundo o direito, se deve estar pella Liberdade, alem do que nos mesmos autos se prova pellos documentos do Réu não haver dúvida na Sua Liberdade, dizendo que o [título] que tinha para possuir por Sua escrava, em huma Guerra que fisera o Senhor Gomes Freire, no qual tempo estava a prohibição de 1680, de escravos ainda de Guerra justa, e Resgates, cuja Revogação da dita Ley viera em 1688, Governando ja o Senhor Artur de Sa.[59]

O prior do convento do Carmo, o padre regente do hospício de São Boaventura e o comissário-geral do convento de Nossa Senhora das Mercês foram do "mesmo votto em tudo e por tudo". O padre comissário da província de Santo Antônio reiterou o mesmo parecer. E ainda somou prova, pois, segundo ele, as testemunhas juradas teriam afirmado que os pais da "cafuza" Isabel foram repartidos entre os moradores, o que indicava escravização ilícita, pois os prisioneiros de guerras justas deveriam ser vendidos como escravos em praça pública.[60] O último a se pronunciar, Francisco Pedro de Mendonça Gurjão (1747-1751), governador e capitão-geral do Estado, deu credibilidade à certidão apresentada que atestava que Antônio de Miranda, avô do réu, retirou os pais da apelante de suas terras e os levou cativos para Belém em 1686 — portanto, nos tempos em que a Lei de Liberdade de 1680 estava em vigor.

Dessa forma, os documentos e os testemunhos da "cafuza" Isabel provaram que a guerra na qual seus pais haviam sido reduzidos ao cativeiro ocorrera em período de vigência da proibição da escravidão indígena e que, portanto, nem eles, nem ela e seus filhos poderiam permanecer em cativeiro. Os membros da Junta das Missões de Belém, com exceção de Lourenço Alvares Roxo, convenceram-se da veracidade das provas e, por isso, decidiram revogar a sentença do ouvidor juiz das liberdades.[61] Assim, a "cafuza" Isabel, mobilizando a legislação indigenista, denunciou na Justiça os desvios de seu senhor e obteve a liberdade para si e seus filhos.

Essa e outras denúncias associadas a demandas por liberdade atestam que a lei de 1680 era impraticável. Tal ineficácia na aplicação da norma, relacionada à pressão dos colonos — ansiosos por mão de obra —, e o propósito de restituição da ordem social — após a repressão da Revolta de Beckman — levaram a administração portuguesa a modificar mais uma vez sua política indigenista para a Amazônia. Junto com Tamyris Neves, podemos dizer que alterações como essas nas leis "demonstra[m] o quanto os grupos coloniais exerciam forte pressão perante o Reino, afetando diretamente as mudanças na legislação, que não podem ser pensadas como medidas externas, que vinham do ultramar sem levar em conta os conflitos internos da colônia" (Neves, 2012, p. 260). No Regimento das Missões de 1686, ao mesmo tempo que o governo espiritual, temporal e político dos "índios" foi destinado aos missionários (padres da Companhia de Jesus e de

Santo Antônio), a quantidade de "índios" repartidos aumentou, devendo ser em número suficiente tanto para cuidar da segurança do Estado e defesa das cidades quanto para servir aos moradores e entrar pelo sertão. Sendo assim, os missionários passaram a ser os responsáveis pelos descimentos, pela conservação e pelo aumento do número de indígenas nos aldeamentos, e também pela repartição dos aldeados para trabalharem nas fazendas dos moradores e em obras públicas.[62] Ou seja, o regimento, além de cuidar do "bem das almas", apresentou-se como um regulamento do comércio e serviço dos indígenas.

Em seguida, foi apresentado o alvará de lei de 1688, que, aplacando os descontentamentos dos moradores, restabeleceu a legalidade do cativeiro indígena nos casos de guerra justa e resgate. Em relação à guerra justa, o alvará retomava a lei de 1655, enfatizando a necessidade de o governador e o ouvidor prestarem contas por escrito, anualmente, sobre a justiça das guerras a fim de que os cativeiros fossem considerados legítimos. No que diz respeito aos resgates, o alvará inovou permitindo que fossem realizados somente por conta da Fazenda Real e por meio de tropas de resgate oficiais expedidas para esse fim, com saída todos os anos para os sertões.[63] Os "índios" resgatados seriam conduzidos às câmaras de São Luís e de Belém para serem repartidos aos moradores, mediante pagamento. Com isso, os funcionários da administração colonial — associados ao superior das Missões, responsável por indicar o cabo e os demais trabalhadores das tropas — seriam legalmente os intermediários da escravização dos nativos na modalidade de resgate, e os cofres públicos teriam exclusividade no lucro obtido com o comércio de indígenas escravizados.

Contudo, o envio regular de tropas de resgate, conforme dispunha a lei de 1688, foi avaliado como insuficiente pelos moradores. Tanto que eles se puseram a organizar tropas clandestinas sob as vistas grossas do governo local. Com o passar do tempo, a legislação, que já não era cumprida, foi se tornando cada vez mais flexível aos interesses dos colonos, e as tropas privadas — financiadas e organizadas pelos próprios colonos — começaram a ser autorizadas pela esfera local.[64]

A incapacidade de controle efetivo do cumprimento das normas desde o reino fez com que a administração portuguesa robustecesse paulatinamente as instituições locais de fiscalização, como a Junta das Missões, que se tornaram centrais tanto na concessão de autorizações para a entrada de tropas escravistas no sertão, quanto na averiguação da justiça dos cativeiros e no acolhimento de denúncias de escravização ilícita (Mello, 2006, p. 59-60). Além do poder institucional, os sujeitos — moradores, procuradores dos índios e até mesmo os cativos — foram estimulados a se engajar na fiscalização da norma. No alvará de 1691, o rei D. Pedro II (1683-1706) verificou que "quasi todos os moradores" haviam descumprido a normativa de 1688, de forma que o Estado entraria em ruína se fosse tirada devassa e se castigasse a todos os contraventores. Diante desse cenário, a alternativa que restou ao monarca foi passar por cima das próprias leis. Para contornar a situação, concedeu perdão geral aos infratores e declarou a liberdade dos "índios" cativados de maneira ilícita.[65] E, para não perpetuar o fracasso do cumprimento da lei de 1688, o rei determinou que:

> pagaraõ aos Indios em dobro o serviço que lhe tiverem feyto, o qual se avaliarà conforme o uso da terra, e assim também o preço dos mesmos Indios em dobro que na mesma fòrma seraõ avaliados, a metade para o custo dos resgates, que tenho [o rei] permittido, e mandado fazer pela nova Ley de vinte e oyto de abril, de seiscentos oytenta e oyto, e a outra metade para os denunciantes; e sendo os mesmos Indios que denunciem a injustiça dos seus cativeyros (como podem fazer) será para elles a dita a metade, e seraõ presos, e degradados por tempo de seis mezes para uma das

Fortalezas do Estado, depois de satisfeytas as penas pecuniarias, e as sentéças destas penas se proferiraõ pelo Ouvidor geral, com parecer do Governador, e se executaráõ, sem appelaçaõ [...].[66]

Ao som de caixas, a nova regra foi publicada na praça de São Luís do Maranhão e nos pontos de referência de suas imediações. A notícia de que a denúncia de práticas escravistas poderia aumentar os rendimentos dos delatores possivelmente estimulou a uns ao passo que intimidou a outros. Considerando que o alarde do rei fincava lastro na insubordinação persistente e geral dos moradores, mulheres e homens indígenas vitimados pelo cativeiro — pelo ilegítimo cativeiro — se aplicaram a denunciar seus possuidores, pois, além da retribuição monetária, a liberdade apresentava-se no horizonte — já que a norma também previa que eles seriam declarados livres, prontamente retirados do cativeiro e distribuídos pelas aldeias. Os senhores, por seu lado, com certeza tomaram medidas para frear as delações. Não iremos tão longe se pensarmos que a ameaça de exposição pública da contravenção, seguida de convocação no tribunal como réu — caso corresse o processo —, poderia expor não só o contraventor, mas também o delator, a vexações e constrangimentos, facilitados pela convivência sob o mesmo teto de delatores e contraventores, de cativos e senhores. O cumprimento da prerrogativa da lei quebrava, portanto, com a autoridade senhorial e abalava a relação senhor-escravo.

Apesar dos riscos, o "índio" Thomé levou o seu senhor, José Barbosa, ao tribunal em outubro de 1754, em ação de liberdade. Os deputados, como de praxe, exigiram que o suposto proprietário apresentasse o certificado de escravidão daquele que seria de sua posse. O senhor ofereceu à vista dos deputados um papel, porém a sentença do tribunal foi favorável ao "índio":

> não so porque asim se prezume em duvida, mas tambem porque sendo chamado a junta o Procurador da Camara André Vieira Furtado declarou este debaixo dos Santos Evangelhos que o conhecera na aldeya de [Mariuã], e em outras partes sempre por forro, não obstante o mostrar o dito Joze Barboza hũ papel que dis ser registo do dito indio; porque o dito papel chamado registo não consta que o fizese, e se acha subscrito pello dito Joze Barbosa, o que mas parece suspeitozo; e ainda mais, por não ter a asignatura do Cabo da Tropa, e outras rezoens que se ponderarão nesta mesma junta.[67]

A sentença concluiu que José Barbosa descumpria a lei de 1688 ao manter o indígena Thomé em cativeiro a despeito de deter título de escravidão. O constrangimento público, a promessa de perda do bem e, em menor medida, o vislumbre da punição — já que não encontrei indício de que as penas previstas pelo alvará de 1691 tenham sido efetivamente aplicadas — podem ter incitado a fraude do registro. Porém, a impostura foi contrariada por testemunho fiável e desmascarada pela avaliação do tribunal, e José Barbosa recebeu a pecha de contraventor e de impostor.[68]

Contudo, é importante destacar que os litigantes tampouco podiam fiar-se cegamente ao cumprimento das normas pelos tribunais das Juntas das Missões. Esse foi o caso da "índia" Francisca. Em 1739, o procurador dos índios Antônio de Faria e Quevedo alegou que a mulher fora "extrahida" do sertão em expedição de recolha de cacau conduzida por Manoel de Góis, não em tropa de guerra ou de resgate, mas "pela Ley de seiscentos, e oitenta e outo não tem lugar a escravidão sem Registro, pelo que se deve a Apelada julgar livre e isenta de cativeiro".[69] Tal alegação fez com que a indígena obtivesse sentença favorável na ouvidoria. Entretanto, a proprietária, Anna de Fonte, recorreu às Juntas das Missões de Belém, que, por sua vez, revogaram a decisão da primeira instância.

A justificativa do novo despacho ancorou-se, sobretudo, no descrédito das testemunhas da trabalhadora escravizada. Elas foram consideradas pelos deputados pessoas com interesse direto no processo — Angélico de Barros e Ignácio Caldeira Lisboa de Castelo Branco, respectivamente companheiro e patrono de Francisca — ou pouco fiáveis por se tratar de nativos e, ainda mais agravante, prostitutas — "índia" Apolinária, que havia descido na mesma tropa que Francisca e se tornado meretriz. Os partícipes da Junta reiteraram em tribunal a tópica de que os indígenas eram "faltos de verdade e inclinados a mentira inconstantes, e de pouca fé", acrescentando ainda que poderiam ser corrompidos a testemunhar em falso, como havia considerado Juan de Solórzano Pereira,[70] o que contribuiu para a invalidação do testemunho de Apolinária, não obstante terem dado credibilidade ao de Pedro e ao de outro "índio",[71] que testemunharam em favor da ré, dona Anna de Fonte.[72]

Desse modo, é possível deduzir que, nesse dia, na balança do tribunal das Juntas das Missões de Belém do Grão-Pará, pesou mais o prestígio social de Anna de Fonte e de suas testemunhas — em sua maioria homens mais velhos, com sobrenomes e cargos na administração colonial[73] — do que as provas documentais e testemunhais da indígena Francisca, pois, além do descrédito a alguns depoimentos, seu certificado de escravidão não foi em nenhum momento apresentado. Portanto, a despeito de o procurador ter denunciado e dado provas do descumprimento da legislação indigenista, a decisão das Juntas — ao contrário da proferida pela ouvidoria — foi tomada em clara contradição com o alvará de 1688. Notamos, com isso, que a letra da lei às vezes poderia ser insuficiente na resolução dos casos e que o peso e os valores dos sujeitos em litígio — indígenas e proprietários — e de suas redes de apoio e aliança poderiam ser determinantes na tomada de decisão dos partícipes das instituições reguladoras — moradores e religiosos, que naturalmente não ficavam indiferentes às tramas coloniais.

Esse sistema legal, que buscava administrar a escravidão indígena e, em alguma medida, coibir suas correspondentes infrações, permaneceu, grosso modo,[74] até 1755, quando a chamada Lei de Liberdade proibiu, definitivamente, todas as formas de cativeiro nativo, excetuando os indígenas filhos de mulheres negras escravizadas.[75] Outorgada nos tempos de Sebastião José de Carvalho e Melo (secretário de Estado do rei D. José I), futuro Marquês de Pombal, essa lei fazia parte de um conjunto de providências destinadas ao fortalecimento do poder da Coroa portuguesa, ao incentivo das práticas agrícolas e mercantis e à redução do poder dos missionários.[76] Com respeito à política indigenista, objetivava a transformação dos indígenas em vassalos do rei. Mais além do trabalho livre, estavam o incentivo aos matrimônios mistos, a abstração da administração temporal dos aldeamentos indígenas dos jesuítas, a obrigatoriedade de todos os nativos terem sobrenomes, a proibição de que andassem nus, a interdição da língua geral, a obrigação ao trabalho e a valorização do comércio do sertão.[77] Todas essas determinações modificaram a condição sociojurídica de mulheres e de homens ameríndios incluídos no sistema colonial, desencadeando outras formas de exercício de tutela sobre as populações indígenas aldeadas, de exploração de mão de obra ameríndia por particulares e de realização de denúncias pelos indígenas, que, apesar da lei, seguiam sendo tratados como escravos.[78]

Tal qual a ação de liberdade de Vitória, apreciada pelo tribunal das Juntas em 6 de abril de 1758. A "índia" precisou entrar em juízo, em tempos de abolição da escravidão indígena, para conseguir livrar-se do cativeiro do capitão-mor José Garcês do Amaral — nem mesmo um membro da administração se furtava a desrespeitar a determinação legal de 6 de junho.[79] De modo que a "índia" fora julgada "Livre por não haver duvida ser aquella digo ser realmente India".[80]

Situação parecida ocorreu com Raimunda Mameluca, que, em 8 de abril de 1758, teve sua demanda apreciada pelo tribunal das Juntas das Missões de São Luís do Maranhão. Nesse dia, fora declarada "livre por [ser] oriunda de India em conformidade da nova Ley de Liberdade". Foi igualmente necessário entrar na Justiça para assegurar o cumprimento da lei, ainda que fosse filha de mulher indígena, o que lhe deveria conferir imediata liberdade.[81] Além destes dois casos, encontrei registro de mais ocorrências do tipo — que serão trabalhadas no próximo capítulo —, nas quais indígenas, ou descendentes de mães originárias, permaneceram cativados em período de abolição e tiveram que entrar na Justiça para que a lei fosse respeitada.

A abertura legal das instituições aos indígenas, acompanhada do incentivo dado às mulheres e aos homens cativos para que denunciassem as práticas clandestinas de seus senhores, só pode ser entendida no contexto de disputa pelo acesso e controle da força de trabalho nativa. Nesse conflito de interesses, a alteração nas leis registra o jogo de forças entre Coroa e colonos, ao passo que as demandas por liberdade marcam, por um lado, a reincidência de escravizações ilícitas efetuadas pelos colonos e, por outro, a mobilização dos trabalhadores escravizados contra as irregularidades de seus cativeiros. Numa sociedade fundada na exploração da mão de obra nativa e dominada pela lógica colonial do lucro por meio da violência, a via institucional aparece como um débil recurso de fiscalização da distante autoridade real e, como argumentarei nos próximos capítulos, como uma estratégia circunscrita e limitada de contraposição ao cativeiro.

Nesta seção, em primeiro lugar, exploramos a estrutura argumentativa de uma demanda por liberdade indígena. Depois disso, acompanhamos a sucessão normativa ao mesmo tempo que notamos a persistência de práticas escravistas que extravasavam as determinações legais. E, em contraponto, vislumbramos ações reguladoras estatais no sentido de controlar as formas de arregimentação e exploração do trabalho indígena, cujos lucros — lembremos — escapavam aos cofres da Coroa. São elas: a alteração nas leis, propriamente; a convocação (prevendo recompensas) da população, dos cativos e, em particular, dos procuradores dos índios a delatar práticas escravistas desviantes; o fortalecimento e o estabelecimento de instâncias locais de fiscalização, entre elas o tribunal das Juntas das Missões, pronto para fiscalizar a prática dos cativeiros indígenas.

Notamos também que, embora o direito natural e a legislação indigenista fizessem parte do repertório jurídico dos sujeitos em cativeiro e de seus procuradores, abrindo caminho para litigarem nos tribunais, eles não forneceram marcos imperiosos para as ações dos colonos. Tampouco guiavam necessariamente as resoluções dos pleitos, já que, na tensão entre norma e prática, os sujeitos posicionavam-se em relação à lei diferentemente e de acordo com seus pertencimentos de grupo e interesses: os colonos, procurando preservar ou intensificar seus lucros, tendiam a descumpri-las; os indígenas, no sentido de atenuar suas agruras, poderiam mobilizá-las; os membros da administração colonial deveriam executá-las com exatidão, porém poderiam vacilar, dada a pressão das redes de poder locais e seus interesses particulares. Portanto, apesar de as normas terem aberto caminho para as demandas indígenas, e ainda que o conhecimento e o uso da legislação tenham sido uma das premissas para o acesso aos tribunais, não havia necessariamente garantia de cumprimento dessas mesmas leis por agentes sociais imbricados com o cativeiro indígena, fossem eles moradores, fossem eles partícipes das instituições.[82]

Agora travaremos contato com o cargo criado para fiscalizar a normativa indigenista: o já mencionado procurador dos índios. Mas, antes que ele entre definitivamente em cena, exploraremos a categoria jurídica de "miserável em direito", atribuída aos ameríndios, a qual condicionava o acesso dos nativos à Justiça a um representante legal.

Miseráveis em direito e procurador dos índios: a categoria jurídica[83] dos indígenas e seus representantes nos tribunais[84]

As "índias" Catarina, Domingas e Teodora nasceram e viveram em casa de d. Anna Rodrigues Sameira e Francisco Deiró em São Luís do Maranhão. Lá também nasceu, residiu e morreu Cecília, mãe delas. Já Maria, a avó, era "natural do sertão das Amazonas, donde todo o gentio he livre de natureza conforme as Leis e Ordens de Vossa Magestade", mas havia sido trazida para trabalhar na morada do casal, onde faleceu. Essas três gerações de mulheres serviram a maior parte da vida a Francisco e sua esposa, e não há notícia de que tenham reclamado do tratamento que a família lhes dispensava.

No entanto, com a morte de d. Anna, fez-se partilha de seus bens — incluídos os do marido, também defunto —, e as três irmãs e seus filhos foram arrolados como escravos no inventário da viúva. Como não havia título algum capaz de atestar o cativeiro da avó Maria, matriz da linhagem nativa, as netas, assim que se viram ameaçadas, procuraram meios para preservar sua liberdade e a de seus descendentes. José Pires, filho e herdeiro do casal, percebeu o murmurinho e, temendo o desfalque em seu legado, fez cessão de herança e vendeu as "índias" a Manoel Gaspar Neves.

O morador, bem relacionado, com aspirações ambiciosas na carreira administrativa[85] e possivelmente avisado do temperamento insubmisso de suas novas propriedades, usou de influência e de força para mantê-las em cativeiro. Ele chegou até a ameaçar mandá-las para suas propriedades no interior, onde elas teriam mais dificuldade de recorrer às instituições para se defender. As irmãs, vendo-se "oprimidas e vexadas", superaram o estranhamento do novo hábitat e o peso da vigilância redobrada de seu mais novo senhor e trataram de mobilizar sua rede de aliança e amizade. Valeram-se, então, da proteção do governador João da Maia da Gama (1722-1728), que, de seu lado, passou portaria determinando que, para permanecerem em segurança, fossem depositadas em casa do procurador dos índios, Manoel da Silva de Andrade.

A despeito do cumprimento do depósito, as opressões e as vexações não deram trégua e ainda foram estendidas ao procurador das indígenas. Ele recusou a ordem de entrega das irmãs ao ouvidor-geral, Mathias da Silva Freitas, e, por isso, foi aprisionado na cadeia pública de São Luís e teve seus bens subtraídos e penhorados, enquanto as "índias" foram retiradas de sua guarda e conduzidas ao domínio de Gaspar Neves. Em resposta a essas agruras, o procurador, por detrás das grades, encaminhou um requerimento por escrito às Juntas das Missões de São Luís requerendo remédio pronto para o caso e diluição dos inconvenientes pelos quais passava apenas por exercer suas atribuições.

Em sessão de 27 de fevereiro de 1726, o governador, João da Maia da Gama, que presidia o tribunal, determinou que os deputados votassem nove pontos para pôr termo à disputa. Dentre eles, interessa-nos particularmente o sétimo ponto, que questionava se a execução da sentença — não obstante o procurador ter se comprometido a "provar de facto, e de direito as liberdades destas Indias por dyreito natural de seus nascimentos e pedir os titulos da escravidam" — não levaria as "índias" à "injusta possessaõ da Escravidam", o que consistiria em dano irreparável. Ao votar, os deputados deveriam considerar como agravante o fato de as "índias" serem "pessoas mizeraveis". Assim sendo, não teriam recursos, tampouco representante na corte, para remeter o caso à última instância, como também havia que se considerar o prejuízo que poderia se dar pela demora dos trâmites burocráticos intercontinentais. De modo que os deputados decidiram que seria melhor que elas ficassem na posse da liberdade — a mesma liberdade natural —, já que não existia, até aquele momento, título de escravidão justo ou presuntivo que pudesse comprovar o contrário.[86]

Na apreciação desse caso, chama a atenção a situação desfavorável dos indígenas em cativeiro, o atributo de "miserável" dispensado às mulheres indígenas, bem como a assessoria jurídica e o tratamento processual correspondentes a essa qualificação: a saber, a exigência de celeridade nos trâmites burocráticos e a intermediação do procurador dos índios. Analisando a documentação, percebi que não se tratava de uma qualidade exclusiva das irmãs, mas de uma característica atribuída a determinado grupo, como podemos constatar na resolução do caso da "mameluca" Ignácia e seu irmão José, moradores da vila de Tapuitapera. Eles haviam sido declarados forros em testamento de Sebastião da Costa, mas com a condição de servir como "isentos de cativeiro" aos filhos do defunto. Na tentativa de se livrarem dessa cláusula, moveram petição, que foi confrontada com a demanda dos herdeiros, Manuel da Costa Couto e Tomas da Costa. Os deputados, em reunião do dia 10 de maio de 1738, invalidaram a verba testamentária e decidiram que os "mamelucos" deveriam viver em liberdade donde melhor lhes parecesse. O governador-geral João de Abreu Castelo Branco concordou com a sentença e declarou que "nas causas dos Indios por serem pessoas Miseraveis manda Sua Magestade se proceda Summariamente, evitando se a demora, e despesas de litigios, especialmente quando a verdade esta manifesta, e notoria".[87] Com isso, verificamos que Catarina, Domingas, Teodora, Ignácia e José eram "índios" ou descendiam de "índias" e, por isso, foram considerados miseráveis e, como tais, deveriam contar com resoluções sumárias, isto é, resoluções que dispensavam os ápices do direito, prescindiam de alegações escritas, contentando-se apenas com o registro das sentenças.[88] Dessa maneira, suas causas seriam resolvidas com maior agilidade, o que abreviaria os sofrimentos de um cativeiro injusto e pouparia os gastos de um longo processo.

Assim, notamos que a afirmação da humanidade e da liberdade natural dos ameríndios na bula papal de 1537 foi apenas o passo inicial na classificação dos nativos americanos.[89] Na medida em que eles passaram a integrar (forçosamente) uma sociedade de Antigo Regime, era preciso ainda situá-los em estados a fim de que fossem definidas as suas faculdades — suas características e seus privilégios — e suas utilidades — suas atribuições e suas funções na sociedade e economia coloniais. Nesse sentido, a categoria jurídica de miserável, oriunda da tradição de acomodação legal romana e cristã, foi aplicada aos indígenas americanos, integrando-os no ordenamento jurídico moderno.[90]

Em sua dimensão histórica, essa condição de miserável significava carestia. Não é difícil entender que o deslocamento (para os aldeamentos) ou a desintegração (pela atuação de redes de escravização) das comunidades Manao, Mura, entre outras, e a introdução forçada desses indivíduos na base da sociedade colonial como mão de obra escrava ou exercendo outras formas de trabalho compulsório tenham marcado os ameríndios pela pobreza. Quer seja um aldeado que deveria receber duas varas de pano (cerca de dois metros do tecido de algodão) por salário a ser administrado pelo missionário da aldeia, quer seja um trabalhador escravizado a quem o senhor deveria, por lei, garantir o sustento, a vestimenta, a assistência à saúde, a morada e nada além disso, ambos teriam dificuldades materiais para custear uma ação judicial. Caso houvesse a oportunidade de se ausentar num dia de trabalho ou caso residisse nas redondezas do tribunal e fosse possível deixar por um período o serviço para entrar com demanda na Justiça, haveria ainda os custos do deslocamento às instituições; haveria também o pagamento do escrivão, o custeio das sessões, o salário do advogado... quantias que cresciam proporcionalmente à escalada das instâncias, ficando quase insustentáveis nos tribunais superiores do reino.

Ser miserável dizia respeito a outras desvantagens em relação aos demais súditos do Império português, tais como desvantagens socioculturais representadas pelo estranhamento do recurso às instituições e pela ignorância do modo de funcionamento das instâncias coloniais — poderíamos sintetizá-las como ausência de cultura jurídica. Considere-se ainda que trabalhadores escravizados estariam prejudicados em sua capacidade de ação por sofrerem limites ou privação de deslocamento — conforme vimos na forçosa mudança de senhorio das irmãs Catarina, Domingas e Teodora —, também por se sentirem exauridos com o trabalho forçado, como ainda por estarem sujeitos a sofrer ameaças, sevícias e violências de todo tipo.

Porém, no Antigo Regime, estavam previstas compensações para tais desvantagens. Nesse sentido, os miseráveis não estariam completamente desamparados, já que o oposto complementar da miséria seria a misericórdia. Assim, a essa que era "hũa pena d'alma, originada da representação das miserias alheyas",[91] cabia não apenas empatia para com o próximo, mas também uma inclinação a ajudá-lo. Portanto, havia um significado social do pobre na sociedade moderna, o que implicava cuidados e deveres para com eles e para com os dignos de misericórdia. Segundo o historiador António Manuel Hespanha (2010, p. 233), os "pobres tinham um direito reconhecido a ser auxiliados, o que correspondia o dever das pessoas comuns (ou das corporações, como misericórdias, câmaras, tribunais) de os ajudar". Essa noção orgânica da sociedade de Antigo Regime europeia inspirou o ordenamento da realidade americana, como conferimos nas seguintes considerações de Juan de Solórzano Pereira (1776, p. 209) em *Política indiana*:

> comparemos esses cuidados aos pés do corpo da República, como dissemos no capítulo V deste livro, e sejam tão humildes e submetidos como queremos, isso os coloca nas mãos de Deus e dos que na terra o representam, como diz David, para que os

amparem e defendam com sua autoridade e cuidado. § E se esses pés sustentam e carregam o peso de todo o corpo, é importante olhar por eles e trazê-los bem calçados e protegidos, e retirar quantos obstáculos haja que os ocasione caída: pois nela perigam os demais membros e, ainda, a cabeça.

Esse princípio compensatório da sociedade de desiguais dispunha também que fossem reconhecidos privilégios de foro aos pobres e outras pessoas miseráveis[92] — os estrangeiros, os doentes, os camponeses, as prostitutas, os expostos, os velhos, os mercadores (em atividade), os sem trabalho —, permitindo-lhes avocar as causas em que interviessem para o tribunal de corte e entendendo-se que a grandeza de alma do rei criaria uma situação mais favorável no tribunal (Hespanha, 2010, p. 247). Os "índios" Martinho Lopes da Fonseca e Damásio Pereira valeram-se da condição de miseráveis no requerimento que enviaram a D. João V, pedindo a "real proteção" de suas esposas, as nossas conhecidas "índias" Catarina e Domingas Rodrigues, por serem elas "tam pobres, como Mizeráveis".[93]

Por outro lado, "miserável", além de descrever uma condição histórica, sintetizou uma categoria ontológica. O conceito aplicado aos ameríndios não apenas condensava características externas e contextuais — a falta de recursos, a ignorância dos códigos jurídicos e as aflições do cativeiro —, mas fixava nos nativos do Novo Mundo uma condição que seria intrínseca e insuperável: a incapacidade civil. Com isso, às mulheres e aos homens indígenas foi imputada ausência de plena capacidade jurídica, falta de autodeterminação, aproximando-os da categoria não só dos pobres europeus, mas também de outros grupos considerados de capacidade jurídica relativa: os órfãos, as mulheres, os dementes, os rústicos.[94] Assim, notamos que, na sociedade de estamentos, os privilégios processuais recaíam sobre as pessoas que, por condição social, diferença de idade ou outros fatores, estivessem em desvantagem para clamar por justiça. E a compensação dessa incompletude de personalidade jurídica, no caso dos ameríndios, veio pela figura que acoplava amparo legal e representação na Justiça, o procurador dos índios. Logo, a expressão jurídica da concepção política do "índio menor" — que deveria ser tutelado — era a categoria do "índio miserável em direito" — que necessitava de um procurador, de um representante considerado juridicamente capaz de amparar e tratar dos interesses indígenas.

Em síntese, a condição de miserável em direito atribuída aos ameríndios, em primeiro lugar, significou o esforço de captura pelo ordenamento jurídico de um agrupamento antes alheio às instituições, e, é importante precisar, a extensão da ordem jurídica incorporou os indígenas numa sociedade de estamentos. Assim sendo, admitiu-os numa posição inferior numa sociedade de desiguais. Em segundo lugar, a imposição da categoria de miserável aos indígenas carregava uma ambiguidade: se, por um lado, vinha acompanhada de compensações para que desprivilegiados alçassem a Justiça — expressas pela brevidade processual e pelo privilégio de foro —, por outro lado, impunha-se como registro de uma deficiência, um limite — identificado pela capacidade jurídica relativa, dependente da intermediação, na Justiça, do procurador dos índios.[95]

Antes de alcançarmos essa figura, resta adicionar uma variável à categorização dos indígenas: a escravidão, pois os litigantes não eram apenas indígenas considerados miseráveis, mas indígenas escravizados que denunciaram no tribunal o cativeiro ilícito de que eram reféns. Entretanto, a escravidão caracterizava-se, no âmbito das justiças, pela proscrição da personalidade jurídica do escravo, o que inviabilizaria demandas judiciais.[96] Porém, as demandas por liberdade de indígenas escravizados existiram e são, justamente, fontes desta pesquisa. Assim, é provável que a injustiça do cativeiro — "dano irreparável" — habilitasse escravizados a demandar na Justiça, o que fica patente na proposta de regimento para o procurador dos índios:

> A causa mais relevante que podem ter os Índios é a da sua Liberdade quando algum a proclamar, o ouvirá com toda a atenção, e achando que é feito Escravos fora das Tropas Legitimas de Resgates, ou de guerra, contra as Leis requererá ao Doutor Ouvidor Geral Juiz das Liberdades (emquanto Sua Magestade não declara se tem tirado esta jurisdição conferida no Regimento e Provisões aos Governadores do Estado) mande depositar o dito Índio em sua casa, como em alguns tempos foi estilo, e é de direito nestes ingênuos, e que por sua natureza, e nascimento são livres, e como tais, e por serem pessoas miseráveis, sejam julgadas sumarissimamente, citada a parte para presentar título de cativeiro, que são as certidões, ou Registros, que se costumam dar dos legitimos Escravos, e sem elas se devam julgar os Índios forros na forma da Lei.[97]

Somadas a importância da matéria da liberdade e a condenação da injustiça dos cativeiros, para compreender as ações de mulheres e homens indígenas cativos devemos considerar que eles eram potenciais vassalos do rei de Portugal. Ademais, havia, tradicionalmente, um precedente de entrada na Justiça de escravizados, registrado por Juan de Solórzano Pereira no seguinte trecho: "a lei dos atenienses, que até mesmo aos escravos dava ação de injúria, se alguém injustamente os maltratasse, ordenava que fossem admitidas suas queixas e acusações como as dos homens livres, como é referido por Ateneu" (Pereira, 1776, p. 209). Além disso, na tradição jurídica portuguesa, havia o oficio de mamposteiro-mor dos cativos, que deveria ficar a cargo de procurar saber como eram realizados os resgates, recolher esmolas para recuperar a liberdade dos resgatados e, ainda, exercer "uma função judicial, recebendo os agravos ou executando as penas das causas relacionadas aos cativos".[98] E, como vimos, o próprio rei havia convocado os indígenas em cativeiro ilícito a denunciarem seus senhores.

As mulheres e os homens escravizados e litigantes carregavam ainda outra ambiguidade: a de serem, ao mesmo tempo, cristãos e bens comerciáveis. O historiador Valenzuela Márquez descreve a situação ambígua de um indígena escravizado e litigante na América hispânica que pode ajudar a iluminar a de um indígena escravizado que demandou nos tribunais na Amazônia de colonização portuguesa:

> Neles se julgava um equilíbrio legal bastante particular e de evidente tensão ideológica e jurídica, entre a "proteção" devida ao índio como súdito "miserável" da Coroa e cristão batizado pela Igreja, por um lado, e sua submissão em caráter de bem semovente e comerciável, por outro [...] na América hispânica, tanto os escravos negros como os escravos índios recorreram àquela capacidade de litígio que os conferia a condição de "vassalos cristãos" e de "pessoas" — além de serem considerados bens comerciáveis. Isso lhes permitia ingressar em uma dimensão religiosa e jurídica hispânica que previa certas capacidades legais, dentre as quais estava ingressar nos tribunais como testemunhos e litigantes de sua escravidão e aproveitar assim as oportunidades que o sistema tinha ou foi ajustando com o passar do tempo.[99] (Valenzuela Márquez, 2017, p. 338-9)

Feitas as considerações a respeito da categoria de miserável, passemos ao procurador dos índios. O cargo foi criado em assento em 1566, no Estado do Brasil, e, no Estado do Maranhão, verifica-se sua presença a partir do século XVII. Como dito, os colonos investidos do ofício foram incumbidos de defender e de representar mulheres e homens indígenas na Justiça — essa é, inclusive, a justificativa corrente na historiografia.[100] A partir dessa afirmação, chego a duas considerações: de que os indígenas viviam sob ameaças e de que a proteção a eles deveria expressar-se no âmbito jurídico — e não pelo uso de força e violência.[101] Porém, apesar de não subestimar os perigos pelos quais os indígenas passavam na colônia e não ignorar que a sociedade de estamentos procurava equilibrar--se com base em medidas compensatórias, não estou plenamente convencida de que a administração portuguesa tenha se dado o trabalho de criar um cargo que estaria a serviço exclusivo da proteção de um grupo subalternizado: os ameríndios. Penso que essa justificativa talvez precise ser complementada. Assim, investigarei as motivações e os interesses implicados na criação do cargo e na atuação dos procuradores dos índios através da análise conjugada de legislação e contexto.

Foi a Junta de 1566 que introduziu o cargo de procurador dos índios na América portuguesa. Ela foi convocada pelo regente infante-cardeal D. Henrique (1562-1568) em resposta às queixas remetidas da colônia sobre as bexigas, a intensificação da exploração da mão de obra nas lavouras de cana das capitanias da Bahia e de Pernambuco, as guerras de resistência indígena e a mortandade derivada disso tudo. Em meio a tantos prejuízos que assolavam os ameríndios, o regente determinou que se concentrasse a atenção na problemática dos escravos mal havidos, mas de maneira que se garantisse a preservação de "gente com que se granjeiem as fazendas e se cultive a terra".

Partindo dessa orientação, os seis pontos tratados pelas autoridades reunidas voltaram-se à regulação de práticas escravistas ilícitas. Naquela altura, segundo os partícipes da Junta, era preciso controlar os "índios" fugidos e devolver aos proprietários aqueles que tivessem título legítimo de escravidão e aqueles outros forros que desejavam trabalhar para os moradores. Era necessário também reduzir a escravização pela prática extensiva de casar "índios" livres com cativos.[102] O registro de cativeiro — "escrito do Senhor governador ou ouvidor geral" — deveria ser tomado como prerrogativa das transações comerciais e da posse dos trabalhadores escravizados pelos colonos.

E apenas em dois casos a escravidão indígena foi aceita como legítima: a guerra justa e a venda de si e de descendentes em caso de extrema necessidade. Para fazer cumprir tais instruções, junto ao ouvidor — que deveria visitar regularmente as aldeias — foi instituído o cargo de procurador dos índios com competente salário, "porque a justiça dos Indios perece muitas vezes por falta de quem por elles procure".[103] Desse modo, dentre as ameaças que arruinavam as e os indígenas — as doenças, as guerras, a exploração do trabalho —, a administração colonial centrou seus esforços no controle da escravização ilícita através da enunciação de princípios ordenadores e da investidura *in loco* de fiscais das normas.

Diretrizes semelhantes são encontradas no alvará e regimento de 26 de julho de 1596. Nele, D. Filipe I (1581-1598) responsabilizou os jesuítas pela política indigenista, dotando-os da condução dos aldeamentos, em nível espiritual e temporal. E determinou que, em associação com os padres, atuassem um procurador do "gentio" e um juiz — este seria responsável pelas causas entre nativos e colonos e aquele, por inspecionar a lei, podendo requerer conforme o bem dos ameríndios, cujas causas deveriam ser favorecidas pelo governador e mais justiças (Thomas, 1982, p. 225-6).

Voltando-nos exclusivamente para o Estado do Maranhão, deparamo-nos com o procurador dos índios na supracitada lei de 9 de abril de 1655. Como já conferimos na seção anterior, o dispositivo regulamentou o cativeiro indígena nas formas da guerra justa e do resgate. Ademais, o governador, o ouvidor, o provedor da fazenda e os prelados das religiões foram incumbidos de apreciar os casos duvidosos e eleger um procurador para secundar os indígenas em suas causas — a preocupação aqui residia em isentar os julgamentos de interesses particulares.[104] Longe de exercer uma função jurisdicional, verifica-se, mais uma vez, que os procuradores dos índios eram convocados a atuar como fiscais da norma, como observadores dos procedimentos. Em caso de identificarem alguma anomalia ou se porventura recebessem notícia de irregularidades, deveriam recomendar e encaminhar a situação às instâncias competentes.

De acordo com o que se sabe até agora, esses foram os dispositivos normativos que mencionaram explicitamente o cargo de procurador dos índios na América portuguesa. Eles, em suma, determinaram que a principal responsabilidade desses oficiais seria defender os indígenas de injustiças; para isso, indicaram a via jurídica como caminho conveniente e, dessa forma, elegeram como bandeira o cumprimento das normas e como principal inimigo o cativeiro ilícito. Assim, a proteção às mulheres e aos homens indígenas estava atrelada ao controle das práticas escravistas desviantes dos colonos — laicos e religiosos — e, por conseguinte, à proteção dos interesses da Coroa. Retomando aquela afirmação inicial, é possível dizer de maneira mais circunspecta que os procuradores dos índios deveriam primordialmente defender nas justiças os indígenas escravizados de maneira ilícita, valendo-se da norma e da vigilância dos colonos, em especial de suas práticas escravistas, o que favorecia os interesses da Coroa. Ou seja, sob as vestes do discurso de proteção aos indígenas, encontrava-se a vigilância aos moradores. Cabe destacar ainda que me refiro à defesa dos indígenas nos termos de tutela e jamais da defesa de direitos tal qual conhecemos hoje.[105]

Em se tratando da regulação do ofício, há notícia de mais uma norma que menciona os procuradores dos índios, o Regimento das Missões,[106] o qual determinou que um procurador atuasse em São Luís e outro, em Belém. Previu que o encarregado do Maranhão recebesse até quatro "índios" para socorrê-lo, enquanto o do Pará deveria receber até seis "índios" para servi-lo a fim de recompensar os encargos do ofício. Os oficiais seriam escolhidos pelo governador a partir de dois nomes, que, por sua vez, deveriam ser sugeridos pelo superior das Missões.[107] Determinou-se também a feitura de um regimento para o procurador dos índios.

Foi possível tecer apenas uma trama legal mínima de criação, justificação e regulação do cargo de procurador dos índios, porque as referências legais são parcas e também porque desconheço investigação que tenha se debruçado detida e exclusivamente sobre o ofício. Na historiografia só encontrei trabalhos que, como este, tratam em algum momento dessa figura.[108]

Então, para saber mais a respeito do procurador dos índios, investiguei sua atuação nos litígios por liberdade.[109] Adianto que, longe de conseguir traçar perfis como aqueles recuperados pelos historiadores da Hispano-América,[110] foi possível delinear apenas traços gerais de uma figura coletiva. A investida em mapear os sujeitos que ocuparam o cargo na Amazônia portuguesa limitou-se à recolha de dados esparsos nas fontes e resultou no apêndice "Procuradores dos índios na Amazônia portuguesa, 1706-1759" (p. 313), que, quem sabe, será útil a pesquisas futuras que se interessem por destrinchar as biografias e entender os interesses implicados na investidura do cargo, bem como as redes de aliança e amizade desses sujeitos, que possivelmente não sustentaram a neutralidade sugerida por Georg Thomas.[111]

A primeira consideração a fazer a respeito da prática dos procuradores é a de que atuavam de alguma maneira como mediadores. Eram figuras que deveriam conectar os campos do oral e do escrito, o mundo do trabalho à cultura jurídica, e precisariam recorrer a intérpretes, os chamados "línguas", ou tinham algum domínio da língua geral ou de outra língua indígena. Sua função consistia em aproximar os indígenas escravizados dos tribunais, isso é certo. Mas eles poderiam não se encontrar plenamente preparados para tanto, como o procurador dos índios Antônio de Faria e Quevedo, que refez seu trabalho porque o presidente da Junta, o governador João de Abreu Castelo Branco, interrompeu a leitura de sua petição e ordenou que:

se restituisse ao mesmo Procurador advertindo he que fisesse petição por letrado, por entender o dito Senhor Governador que a petição sendo demasiadamente extença, e ornada com allegações de Direyto improprias para o Tribunal da Junta em huma petição não devia gastar o tempo em a ler, e em ponderar o que continha.[112]

A recusa da petição pelo governador decerto sofreu influência da disputa de terra entre os "índios do Igarapê" e os padres da província de Santo Antônio, que já se arrastava havia um tempo. No entanto, a demanda não deve ter contrastado tanto com a cultura jurídica dos demais procuradores dos índios da Amazônia portuguesa, que, por sua vez, possivelmente — não temos por que imaginar o contrário —, não tivessem uma formação mais distinta do que a de seus correspondentes no Chile colonial. De modo que, tanto lá quanto aqui,

> chama a atenção, isso sim, que os objetivos de proteção associados ao cargo muitas vezes se contradiziam com a qualidade das pessoas que o ocupavam, que ao menos durante esses anos e parte do [século] XVII não necessariamente correspondiam a letrados versados em direito e adscritos a lida de um tribunal. Geralmente, encontramos entre eles notáveis terratenentes e ricos *encomenderos*, provavelmente nomeados em razão de suas redes sociais e políticas, além de certo conhecimento legal, obviamente [...]. (Valenzuela Márquez, 2017, p. 342-3)

Outro ponto que merece destaque é que o procurador dos índios, como vimos, deveria vigiar as práticas escravistas ilícitas dos moradores, e alguns deles poderiam se ver particularmente prejudicados por cumprir com suas atribuições. Foi o que ocorreu no caso exposto na abertura desta seção, em que o procurador dos índios Manoel da Silva de Andrade foi levado à prisão e teve seus bens sequestrados por ter cumprido a ordem de depósito das indígenas Catarina, Domingas e Teodora. Não é tão estranha assim a reação do proprietário em articulação com o ouvidor, se pensarmos que o depósito consistia na transferência da guarda de trabalhadores escravizados da casa do proprietário — que tinha a posse questionada — para a residência do procurador dos índios, o que era feito em caso de maus-tratos, ameaça de venda ou para garantir a continuidade de processos envolvendo "índios" que residiam distante do tribunal.[113] Se essa transferência de posse, por um lado, garantia maior espaço de ação aos cativos, por outro limitava os direitos de propriedade dos senhores, o que poderia causar desgosto e reações adversas.[114]

Os constrangimentos poderiam ser tamanhos a ponto de levar o procurador a pedir destituição do cargo. Na reunião de Junta de Missões do Maranhão de 1º de julho de 1752, Francisco de Azevedo Teixeira solicitou exoneração "por evitar varios inconvenientes que lhe seguia em prejuizo de sua ocupação".[115] Ele alegou que não tinha recebido os "índios" que lhe caberiam, conforme o Regimento das Missões. E que, além do mais, pretendiam incriminá-lo perante o ouvidor-geral de andar induzindo os escravos dos moradores de São Luís para que se fizessem forros. E como seria tudo contra o "decoro e honra do cargo" que ocupava, sendo tudo menos verdade o que se lhe arguia, pedia se lhe acordasse com sua desistência. Os deputados refutaram as razões apresentadas e recusaram o pedido.[116] Todavia, na reunião de 11 de setembro do mesmo ano, verificamos preocupação dos membros do tribunal com a vacância do cargo e os esforços que fizeram no sentido de nomear um substituto.[117]

Para evitar constrangimentos e vexações dessa natureza, na proposta de regimento do procurador dos índios estava expressa uma preocupação quanto à proteção dos sujeitos no exercício de tal cargo:

Para o devido efeito dos seus Requerimentos nas dependências dos Índios terá entrada e audiência em qualquer dia do General do Estado, dos Tribunais e dos Ministros da Justiça, e será ouvido, e despachado com preferência aos demais pretendentes pelo merecimento de pessoas miseráveis, que são os Índios e todos ouvirão o dito Procurador com agrado, e despacharão com brevidade; abstendo-se de o molestar de palavra ou obra por requerer a bem da justiça dos Índios, obrando-se o contrário contra a sua pessoa e requerimento o fará a saber, para eu dar a providência necessária com remédio oportuno.[118]

É bem provável que o regimento tenha sido redigido na década de 1750, conforme sustenta Marcia Mello (2012) em seu estudo sobre a peça documental. Antes disso, em 1715, D. João V já havia recomendado que os procuradores dos índios fossem tratados conforme o lugar que ocupavam e de acordo com seus privilégios, de modo que não pudessem ser presos ou sofrer tormentos apenas por exercerem as atribuições do cargo.[119]

Tal ordem régia foi endereçada ao capitão-mor José Cunha Dessa. No entanto, há notícia de mais partícipes de instituições envolvidos na coação dos procuradores, como o já citado ouvidor-geral Mathias da Silva Freitas, que aprisionou o procurador das irmãs indígenas, nossas conhecidas. Todo o exposto nos faz considerar os limites de ação dos procuradores — ameaçados, por um lado, pelos moradores e cerceados, por outro, pelos partícipes das instituições, capitães-mores, ouvidores, governadores —, bem como nos leva a conjecturar que os próprios procuradores, moradores que eram, poderiam, também eles, estar implicados nas redes de interesse e influência, por que não? E que talvez Manoel da Silva de Andrade e Francisco de Azevedo Teixeira é que tenham se abstido de participar do jogo e, por isso, passaram por maus bocados.

Portanto, havia limites para a atuação dos procuradores dos índios, mas, ao que tudo indica, a quantidade desses oficiais também era restrita. Em agosto de 1753, o ouvidor-geral fez representação para que se nomeasse um novo procurador dos índios, uma vez que

> era precizo prover de remedio pelo dezamparo dos Indios que requerem as suas liberdades pela falta de Procurador que promova as suas cauzas e requerimentos tanto nesta Junta como no Juiz Privativo dellas porque o nomeado Cappitam Silvestre da Silva se acha enfermo de não poder continuar a ser por estar ausente ou empedido por cuja cauza ouvia requerimentos continuamente dos Mizeraveis Indios sobre a falta de quem lhe solicitace as suas dependencias.[120]

A Junta decidiu que na reunião seguinte o superior das Missões haveria de indicar os sujeitos para assumir o cargo e que o ouvidor se encarregaria de avisar a Silvestre Baldez de sua destituição.

Poderíamos imaginar que se tratava de um caso pontual, não fosse o fato de ter encontrado lacunas nas nomeações de procuradores dos índios e escassez de menções ao cargo até a década de 1750 — como podemos conferir no apêndice deste volume.[121] Em meados do século XVIII, é verdade, o número de procuradores aumentou — por conseguinte, as demandas por liberdade se avolumaram —, e os registros de suas ações tornaram-se mais frequentes. No entanto, ainda assim, só encontrei registro da presença de procuradores dos índios em cerca de 13% (21) das demandas por liberdade. Em 1,87% delas (3), outras pessoas atuaram como representantes nos tribunais, tais como pais e mães, esposas e esposos.[122] Nas demais 85% (136) não há menção alguma ao engajamento de procuradores dos índios.

Não fosse a supracitada presença lacunar dos procuradores nas fontes, poderia simplesmente argumentar que sua invisibilidade ocorreu por se tratar de uma intermediação tão habitual que acabou por prescindir de menção. Como não é o caso, a ocupação intermitente do cargo, conjugada aos limites de ação dos procuradores, convida-me a pensar em duas possibilidades: a falta de registro da atuação desses oficiais nas demandas indígenas por liberdade significaria ausência de fato ou revelaria que os indígenas se esquivavam da representação dos procuradores — seja por desgostarem de determinado sujeito, seja por consistir em muito trabalho, seja até por desconhecimento da figura.[123] Apesar de não poder assegurar as motivações da ausência de registro dos procuradores, o que não se pode negar é a presença indígena nas demandas. Logo, é possível dizer que a grande maioria das ações de liberdade foi conduzida diretamente por mulheres e homens indígenas. Concluo, então, que, à revelia da condição de miseráveis em direito, os indígenas, por ausência de procuradores ou por simples descumprimento da norma — e, vale explicitar, com anuência dos funcionários dos tribunais das Juntas das Missões —, confrontaram sua incapacidade jurídica e atuaram plenamente como sujeitos de direito. Ou seja, se as demandas por liberdade estavam atreladas às denúncias de desvios normativos dos senhores, as demandas movidas diretamente por indígenas carregavam em seu bojo o descumprimento da norma na medida em que pessoas originárias questionavam seu lugar de miserável em direito, prescindindo da prerrogativa da tutela jurídica. Assim, os membros dos tribunais precisariam, de seu lado, balancear a irregularidade do procedimento de acesso à Justiça com a transgressão das normas de regulação do recrutamento de trabalhadores escravizados. E, como não verifiquei nas atas das Juntas das Missões nenhum caso de recusa de demanda autoral indígena, é certo que a irregularidade do cativeiro pesava mais do que os protocolos de acesso às instituições jurídicas,[124] o que me leva a perguntar, inclusive, se a categoria de miserável não era mais familiar aos juristas europeus do que à prática jurídica colonial.[125]

Para finalizar, gostaria de fixar uma ideia. A categoria de miserável tratou de capturar os indígenas no ordenamento jurídico numa posição de incompletude e, portanto, de inferioridade. Observando a prática, notamos que uma parte da população escravizada elegeu a via institucional como estratégia de resistência ao cativeiro. Porém, a grande maioria dos litigantes, ao mover petição por si, tensionou a categoria de miserável em direito e questionou a prerrogativa da intermediação do procurador dos índios. Assim, os litigantes acataram a via jurídica como caminho de resistência, mas não necessariamente nos termos impostos a eles. Quando se puseram a entrar na Justiça, aprenderam o caminho, manejaram os instrumentos e, com isso, alargaram os protocolos de acesso. Ou seja, na prática, a condição de miserável e o cargo de procurador dos índios eram pressupostos prescindíveis para o acesso de indígenas em cativeiro à Justiça.

Seguiremos agora para um último aspecto da estrutura institucional que viabilizou as demandas indígenas: os tribunais das Juntas das Missões.

Os tribunais das Juntas das Missões de São Luís do Maranhão e de Belém do Pará: instâncias de acolhimento das demandas indígenas por liberdade

Ignácia e seus "produtos", após a morte do senhor Miguel de Britto, foram vendidos a Luiz de Mello e Silva. A transação comercial rendeu aos herdeiros 250 mil réis,[126] porém foi questionada pela "índia", que viu no falecimento do proprietário a oportunidade de conquistar a liberdade para si e seus filhos e, assim, demandou na ouvidoria de São Luís. O ouvidor juiz das liberdades, pelo contrário, vislumbrou a permanência em cativeiro dos "índios" sob novo senhorio. Ignácia insistiu e apelou da decisão, recorrendo à Junta das Missões da mesma cidade. Os deputados concordaram com as ambições da indígena e declararam a ela e a seus filhos "forros e livres de captiveiro".

Desta vez, quem considerou injusta a nova sentença e se viu prejudicado por ela foi o comprador da família indígena, Luiz de Mello e Silva, que pretendeu levar o caso às instâncias superiores no reino. Como os deputados da Junta dificultaram o envio dos autos à Relação de Lisboa, ele requereu ao monarca para que fizesse provisão a fim de que o tribunal em São Luís remetesse a Portugal os documentos necessários para seguir com o processo. D. João V, cumprindo suas atribuições, escreveu ao governador João de Abreu Castelo Branco solicitando que os deputados das Juntas se posicionassem perante o caso.

Dessa maneira, em reunião de 17 de setembro de 1743, o vigário-geral José dos Reis Moreira concordou com a remessa da documentação ao reino, mas considerou "petulante" a queixa do requerente de que a Junta lhe havia feito injustiça ao revogar a sentença do ouvidor-geral, quando, segundo Luiz de Mello e Silva, "a rectidão com que costuma julgar em todos os negocios he manifesta". Frei Dionísio do Sacramento, franciscano, foi de mesmo voto. O reitor do colégio de Santo Alexandre, Júlio Pereira, por sua vez, atribuiu muita justiça à determinação da Junta e se opôs ao envio da papelada a Lisboa, por "ser dificultozo aos Mizeraveis ter quem falle por elles na Rellação". O prior do Carmo pôs-se de acordo com o juízo do jesuíta. Frei Manuel Alvez, comissário das Mercês, afirmou que não haveria empecilho algum na remessa dos autos à corte, "contanto que se dé providencia para que os Indios Mizeraveis sejão ouvidos". O ouvidor não se manifestou por conta de seu envolvimento com o caso. E o governador-geral sentenciou, afinal, em carta ao rei de 2 de dezembro do mesmo ano, que "não há razão para que se admita appellação de sentença dada na Junta das Missões a favor da Liberdade e assim se deve excuzar o requerimento".[127]

A disputa entre Luiz de Mello e Silva e Ignácia revela-nos o trânsito institucional das ações por liberdade e nos indica que tais disputas poderiam ter desfechos diferentes e até contraditórios a depender da apreciação dos partícipes das várias instâncias. Vejamos: a demanda de Ignácia tramitou na ouvidoria e obteve sentença desfavorável. Ela apelou para o tribunal das Juntas, cuja decisão, pelo contrário, favoreceu-lhe. Luiz de Mello e Silva reclamou ao Tribunal Superior em Portugal. Porém, a sentença não chegou a ser revista, já que os deputados das Juntas criaram empecilhos para o envio do processo. Eles justificaram o impedimento por estarem satisfeitos com a decisão tomada e, poderíamos acrescentar, um pouco ressentidos com o questionamento a que foram submetidos — e também para garantir que os indígenas miseráveis em direito estivessem bem assessorados nos tribunais, já que a escalada das instâncias apresentava novas dificuldades de manutenção do acesso e de estabelecimento ou ampliação das redes de aliança e de influência que forneciam condições para que indígenas se tornassem litigantes.

Quanto ao trâmite burocrático das demandas por liberdade, o caminho ordinário era: a ouvidoria como primeira instância, o tribunal das Juntas como instância final na colônia e, eventualmente, a Casa da Suplicação como tribunal de apelação no reino. Com a Lei de Liberdade (1755), as apelações em última instância deveriam ser conduzidas à Mesa de Consciência e Ordens. Demandas também eram enviadas já em primeira instância ao tribunal das Juntas; algumas delas eram reencaminhadas sem solução ao juízo das liberdades, a ouvidoria. E, para encurtar o caminho, havia a possibilidade de demandar diretamente ao rei.[128] Tratava-se de uma opção inaugural e restrita, pois, de acordo com as fontes desta pesquisa, foi encarada apenas nos anos iniciais do século XVIII — quando os tribunais das Juntas estavam se estabelecendo em São Luís e em Belém — por mulheres um tanto singulares: as "índias" Hilária, viúva do Principal Jerônimo Gigaquara,[129] e Ângela de Jesus, que se dizia integrante da principal família que havia naqueles sertões.[130] Esses casos parecem ter sido os precedentes mais antigos para as supracitadas ações autorais indígenas. E configuram, como veremos no próximo capítulo, exceção à regra de acesso às instâncias jurídicas, uma vez que a proximidade dos tribunais facilitava o recurso à Justiça.

O caminho institucional que os litigantes precisavam percorrer, portanto, podia ser longo ou abreviado. Nesta pesquisa, a atenção está centrada nas disputas que tiveram como principal campo de batalha as Juntas das Missões de São Luís e de Belém. Além disso, acolhi causas que tiveram origem nas ouvidorias[131] e acompanhei uma ou outra que atingiu as terras além-mar.[132] Nesta seção, o foco reside no acesso a esses tribunais, de modo que precisaremos aguardar os próximos capítulos para acompanhar o desenvolvimento dos processos e os despachos obtidos.

Pois bem, as Juntas das Missões estiveram presentes em várias áreas de colonização portuguesa e deveriam cuidar do "augmento da Fé, e melhoramento dos costumes nas conquistas aonde temos precisa obrigassão de assistir com todos os meios possíveis para a sua cultura".[133] Atrelavam-se, portanto, à conversão e à civilização dos povos submetidos ao domínio lusitano. Considerando que, na América portuguesa, os indígenas eram os sujeitos primordiais desses esforços missionários, os tribunais de São Luís e de Belém foram incumbidos de cuidar de questões específicas relativas a eles, tais como:

> os meios mais adequados para promover o descimento dos índios para os aldeamentos missionários; examinar a legitimidade dos cativeiros dos índios; emitir parecer sobre o argumento das propostas de guerras ofensivas ou defensivas feitas aos índios; apreciar como instância final as apelações das causas de liberdade dos índios; avaliar se era ou não conveniente

se agregarem os índios de uma aldeia com outra; ficar sob o seu arbítrio os "resgates" feitos por tropas específicas, além de outros assuntos de sua competência.[134]

As matérias tratadas fizeram com que as Juntas das Missões do Estado do Maranhão se tornassem um espaço institucional e político em que convergiam interesses de grupos diferentes, por vezes, opostos: missionários que recebiam autorizações de descimentos e deveriam prestar contas dos aldeamentos sob sua administração; moradores que solicitavam autorização das Juntas para se engajarem licitamente no resgate de cativos no sertão, que deveriam respeitar a distribuição dos resgatados pelos deputados e, caso fossem convocados, declarar a justiça do cativeiro de suas "peças"; e, por fim, indígenas e seus descendentes tornados litigantes por identificarem no tribunal a possibilidade de se livrarem de um cativeiro injusto.

Embora a carta régia para formação das Juntas Ultramarinas date de 1681, o primeiro registro de reunião da Junta das Missões do Maranhão é de 1683, seguida de paralisação quando da Revolta de Beckman, entre 1684 e 1685. Já a Junta do Pará foi estabelecida apenas em 1701. Nesses momentos iniciais, no entanto, as reuniões não aconteciam com a periodicidade quinzenal prevista ou não eram sempre registradas.[135] O governador-geral — presidente das Juntas e responsável pela convocação de suas sessões — às vezes ausentava-se da capital do Estado, São Luís, indo residir em Belém, o que impedia a convocação regular de Juntas na capital. Além disso, o secretário das Juntas, encarregado do registro de suas reuniões, era também o secretário de Estado, de modo que, ao acompanhar o governador em suas viagens, deixava de fazer as atas das reuniões quando ocorriam sem a presença daquele. Convém acrescentar que o governador também era seguido pela Secretaria do Governo, que guardava todos os documentos concernentes à Junta das Missões.

Em 1701, a questão da regularidade das reuniões foi parcialmente resolvida, pois o capitão-mor — que presidia a administração da capitania do Maranhão quando o governador encontrava-se em Belém — foi autorizado a convocar as Juntas, por conta da gravidade dos negócios dela, bem como pela comodidade de "índios letigantes" poderem continuar seus autos na mesma Junta.[136] Quanto à limitação de registro das reuniões pela ausência do escrevente, ficou decidido, em 1729 — quando a Junta das Missões do Pará já havia sido criada, dificultando ainda mais o trabalho do secretário de Estado, secretário também das duas Juntas —, que o deputado mais novo seria o responsável por registrar as reuniões (Mello, 2007, p. 150-1). Mas a questão não se encerrou por aí. Após 1735, quando a ouvidoria foi definida como primeira instância e as Juntas, como segunda instância para os casos de liberdade, houve mais uma vez debate acerca dos registros das reuniões em que se discutiriam causas de liberdade, resolvendo-se, no fim das contas, que seria nomeado um escrivão para as causas de liberdade — outro que não o escrivão da ouvidoria nem aquele que ficava a cargo do registro das demais reuniões das Juntas.[137] Assim, a partir de então, as reuniões e os registros dos encontros tornaram-se mais frequentes, configurando grande parte das fontes desta pesquisa.

Quanto à composição do tribunal, além do escrivão, do governador-geral ou do capitão-mor, eram convocados a participar das sessões das Juntas o bispo, o ouvidor, representantes das ordens regulares, um tesoureiro e, após 1755, também o procurador dos índios deveria atuar como deputado. Tratava-se, portanto, de um foro misto, típico das sociedades de Antigo Regime, onde convergiam e entravam em disputa interesses das diversas ordens religiosas, de funcionários nomeados pela Coroa e da nobreza da terra. As reuniões ocorriam no colégio dos jesuítas, nos conventos dos religiosos e, com maior frequência, no palácio do governador.

Um deputado ou outro eventualmente era convocado e se ausentava por questões de saúde, tendo que indicar um substituto. Amiúde, deputados se eximiam de participar de sessões por terem interesses em jogo. Numa sociedade escravista e de escravização ilícita generalizada, estar implicado com redes de escravização, deter cativos ilegais ou possuir laços de sangue ou amizade com sujeitos entrosados em práticas desse tipo não era tão raro, ainda mais considerando as dimensões das principais cidades das capitanias do norte. Foi o que aconteceu com o reitor do colégio da Companhia de Jesus, que pediu suspensão de voto nas causas de liberdade apresentadas na reunião de 21 de maio de 1757 porque seu colégio era réu de uma ação de mesma natureza movida por uns "índios de Jaguarari". Ele afirmou que

> se proferir o meu voto contra a liberdade dos Indios, serey notado de que o faco assim para proceder coherente, e porque trago em Juiso, outra causa similhante: E se votar a favor da Liberdade dos mesmos Indios, tambem serey notado de injusto, por incoherente, pois incoherencia grande, e injusta parece ser, julgar por forros aos Indios do Serviço alheyo, e pertender que se declarem por escravos os Indios do serviço próprio, rasões por que peco a Vossas Excelências, e mais Reverendos Deputados, que aceitem de Justica, e dem por provada esta minha suspeição, para não dar occasião a diserem, que procedo apaixonado, e não conforme a rasão [...].[138]

Mas, eventualmente, os deputados não declinavam da convocação, e eram feitas denúncias a respeito da falta de isenção dos membros da Junta, como a do bispo do Pará em 1755. Ele escreveu em carta a Francisco Xavier de Mendonça Furtado que:

> os Deputados da dita Junta [são] os Juizes Supremos das escravidoens, e Liberdades, de cujo Decreto remeto a Vossa Excelência a copia. E como neste Estado são os Regulares as partes mais

> interessadas nas escravidoens dos mesmos Indios, e o embaraçar
> Liberdade é como causa commum para elles, já Vossa Excelência
> comprehende, que as mesmas partes interessadas são os juizes
> supremos neste tribunal, e que será impossivel moralmente,
> que semelhantes causas se sentenceem com rectidão, tendo
> elles a pluralidade dos votos em materia, que respeita os seus
> mayores interesses.[139]

Sejam tais denúncias honestas ou interessadas, elas revelam disputas de poder entre as principais autoridades da colônia, que, reunidas numa sala, deveriam discutir causas que gravitavam em torno da questão mais pungente à época: a disputa pela força de trabalho indígena. A já mencionada tensão a respeito da nomeação dos procuradores dos índios entre o governador e o superior jesuíta foi apenas uma das turbulências pelas quais passou o tribunal.[140]

Dentre as diversas etapas da escravização reguladas pelas Juntas — a autorização das tropas de resgate privadas, a recepção dos resgatados, a distribuição dos cativos entre os moradores, o acolhimento de denúncias de escravização ilícita[141] e de demandas por liberdade —, interessa-me, como o leitor sabe, esse último ponto.

As petições e as apelações por liberdade de mulheres e homens indígenas eram tratadas em sessões ordinárias, juntamente com outros assuntos. O secretário das Juntas encarregava-se de ler "em voz clara, e intelligivel"[142] as demandas enviadas por escrito, mas há casos também em que ele apresentava aquelas que eram apenas enunciadas pelos indígenas.[143] Na sequência, as partes eram ouvidas e davam explicações. De modo geral, cabia ao suposto proprietário apresentar o título de escravidão, e, em alguns casos, testemunhas eram convocadas a depor. Depois disso, os deputados consideravam as declarações e as provas e votavam. Os assentos e a sessão eram registrados nos livros das Juntas, que tomo como fontes.[144]

Nesta seção, conhecemos o tribunal das Juntas das Missões de São Luís e de Belém. Tratamos de suas características formais: encargos, atribuições, componentes. Notamos a centralidade do tema da escravidão em suas reuniões e apreciamos a abertura às demandas por liberdade indígena. Procurei registrar, por um lado, a função de fiscalização local que devia exercer e, por outro, a possibilidade de os deputados estarem intrincados nas tramas escravistas ilícitas e o modo como tal envolvimento poderia alterar a composição das reuniões e, como veremos nos próximos capítulos, influenciar o transcurso das causas e os despachos.

Considerações finais

Neste capítulo, tratei da estrutura institucional que se abriu à recepção de demandas indígenas por liberdade na Amazônia portuguesa do século XVIII. Parti de uma ação por liberdade para explorar os fundamentos legais do cativeiro indígena. Com isso, foi possível notar na legislação indigenista um esforço de regulação das formas coloniais de exploração do trabalho nativo e a possibilidade legal de mulheres e homens originários em cativeiro moverem causas por liberdade e, assim, denunciarem as irregularidades de seus senhores. Explorando esse caminho, apresentei a categoria jurídica de miserável em direito, atribuída aos indígenas, e, articulado a ela, o ofício do procurador dos índios. Aproximei tal categoria da prática social a fim de verificar sua pertinência, e o grande número de demandas impetradas diretamente pelos indígenas pode ter causado surpresa ao leitor. Chegou a vez, então, de conhecer os tribunais das Juntas das Missões, instâncias de fiscalização local que eram também responsáveis por acolher as sobreditas demandas. Olhando para esse percurso, é possível afirmar que, se a legislação indigenista e os tribunais das Juntas eram pressupostos necessários para a existência das ações de liberdade de indígenas e de seus descendentes, a condição de miserável e os procuradores dos índios não se configuraram, na prática, como pré-requisitos para o acesso indígena aos tribunais.

Ao longo destas linhas, procurei marcar a centralidade da escravidão indígena e a posição privilegiada dos moradores e dos membros da administração nessa disputa, o que coloca o objeto da presente pesquisa — as demandas por liberdade e os ameríndios escravizados que se tornaram litigantes — num lugar marginal. A partir desse movimento de ampliação de foco, pudemos entender melhor a dinâmica social e, em particular, os motivos que levaram as instituições a acolher as demandas de indígenas por liberdade. Nesse sentido, é possível afirmar que a abertura das instituições aos indígenas relacionou-se diretamente aos esforços da Coroa para administrar as práticas escravistas dos moradores e, como veremos no próximo capítulo, apenas secundariamente a uma orientação das reações ao cativeiro para a via institucional, e só então, quem sabe, a uma preocupação com o cumprimento das leis a respeito da escravidão e da liberdade indígenas.

Além disso, cabe indicar que, embora a estrutura institucional tenha autorizado demandas indígenas, apresentarei dados que atestam que apenas um número reduzido de trabalhadores escravizados efetivamente entrou na Justiça. Assim, configura-se uma nova dimensão do problema, que exploraremos no capítulo 2, quando serão avaliadas as condições materiais que viabilizavam o acesso de sujeitos em cativeiro aos tribunais da Amazônia portuguesa setecentista. E acompanharemos os interesses e as expectativas daqueles que aderiram à via institucional, os litigantes.

2

Litigantes: mulheres; mamelucos, cafuzos e mulatos; aldeados

Analisei 160 relatos de litígios por liberdade nos tribunais da Amazônia portuguesa — entre petições, requerimentos, apelações, indicações de processos e autos fragmentados —, que fazem referência a pelo menos 330[1] trabalhadores em cativeiro entre os anos de 1706 e 1759. Trezentos e trinta sujeitos ao longo de 53 anos aderiram à via jurídica como alternativa para se contrapor à vida que levavam em cativeiro e às condições de exploração do trabalho às quais estavam submetidos. São esses os litigantes de que temos notícia. E tratarei deles neste capítulo.

Antes de tudo, procurarei contextualizar o número de litigantes no universo populacional dos escravizados, para fixar a dimensão do uso da Justiça entre os trabalhadores indígenas e descendentes de indígenas em cativeiro. Com isso, verificaremos que um número reduzido de mulheres e homens originários cativos efetivamente entrou na Justiça. Então, exploraremos as circunstâncias que favoreceram e viabilizaram o acesso indígena aos tribunais. Para concluir essa primeira parte, nos voltaremos à compreensão dos significados da adesão à via jurídica como modalidade de contraposição às agruras da escravidão. Só então nos acercaremos propriamente dos litigantes. Nesse sentido, esforçando-nos para nos aproximar da complexidade — investindo no abandono da categoria genérica "índio" —, relevarei três subgrupos de litigantes, organizados a partir de categorias tributárias da análise documental, a saber, "mulheres"; na sequência, "mamelucos", "cafuzos" e "mulatos"; e, por fim, "aldeados".[2] Com base no cotejo das fontes de registro das demandas com documentação relacionada — notadamente processual, legislativa,[3] administrativa — e bibliografia específica, serão esboçadas trajetórias coletivas e individuais representativas de cada um desses subgrupos, com o propósito de refazer seus caminhos na tentativa de entender, sobretudo, as circunstâncias e as expectativas que os impeliram a lutar nos tribunais.

As fontes primárias, as atas das Juntas das Missões que registraram as demandas por liberdade, encerram um desafio a essa última proposta. Geralmente, elas apresentam o pedido do indígena ou de um de seus descendentes, seguido da justificativa e/ou argumento, de uma retrospectiva sumária de sua trajetória — atentando-se, e isso é importante, ao modo de inserção desses sujeitos na sociedade colonial, uma vez que esse ponto atuava de maneira determinante no julgamento da liberdade ou da escravidão —, sucedida pela apreciação do caso e o consequente despacho. Assim, adianto que as histórias dos litigantes não se entregam a um desvendamento completo, já que há um momento em que os documentos silenciam e nem mesmo o cotejamento de fontes de diversas naturezas consegue recompor essa realidade passada que nos chegou fragmentada.[4]

No fim de todo esse percurso, serão adicionados traços à caracterização da via jurídica como estratégia de resistência ao cativeiro. Terei apontado também para a predominância de mulheres nos litígios e lançado hipóteses a esse respeito, e avaliado, outrossim, o que tal primazia pode nos dizer sobre aquela sociedade. E sugerirei que a condição jurídica de "livre" não estava plenamente assegurada; pelo contrário, argumentarei que as categorias "trabalhador livre" e "trabalhador escravizado" eram bastante fluidas e intercambiáveis na Amazônia portuguesa do século XVIII.[5]

Litigantes em números

Para entender os números supracitados, um possível passo metodológico seria situar os litigantes no universo populacional de trabalhadores escravizados nas cidades de São Luís e de Belém e em suas imediações — onde residiam praticamente todos aqueles cativos que demandaram nos tribunais[6] — para que, dessa forma, auferíssemos a dimensão do uso da Justiça entre os trabalhadores em cativeiro. No entanto, esse procedimento conta com algumas dificuldades. Em primeiro lugar, a seara documental comumente utilizada pela demografia histórica no período pré-censitário[7] — documentação cartorial: registros de batismo, de casamento, de óbito, além dos inventários e testamentos; registros de compra e de venda de cativos, para o cálculo da população escravizada — apresenta-se lacunar para a Amazônia portuguesa setecentista, em especial até meados do século, visto que tais tipos documentais não foram produzidos de maneira sistemática ou não foram preservados. Em decorrência disso, apresenta-se um limite no desenvolvimento de estudos demográficos nos moldes tradicionais. Assim, em segundo lugar, o campo da demografia não acompanhou os passos largos tomados pela historiografia a respeito da Amazônia portuguesa nos últimos dez anos. De acordo com Marcia Mello,

> no caso da demografia histórica ainda são necessárias mais investigações de caráter empírico que possam servir de base segura para as novas análises. A inexistência de dados simples — como o tamanho real da população — remete alguns estudos para estimativas populacionais equivocadas. (Mello, 2015, p. 228)[8]

Desse modo, averiguadas as lacunas documentais e, em consequência, historiográficas, e no sentido de atenuar estas últimas, as pesquisadoras Camila Dias e Fernanda Bombardi, em trabalhos recentes, procuram outros caminhos, utilizando novas estratégias e até mesmo desenvolvendo metodologias próprias para trabalhar com documentação de naturezas diversas.[9] Selecionando as estimativas populacionais mais confiáveis, apreendendo dados de grandeza, fazendo projeções — a partir dos dados e do que se sabe a respeito do contexto — e, enfim, confrontando as informações, as historiadoras e o estatístico Eliardo Costa estimaram um valor mínimo de 94.478 e um valor máximo de 223.720 para o deslocamento de indígenas do sertão para o trabalho colonial (como livres ou cativos) entre os anos de 1701 e 1750. Desses, cerca de 130 mil teriam sido extraoficialmente deslocados, nas chamadas amarrações.[10] Ademais, constataram um movimento populacional crescente de nativos introduzidos na sociedade colonial nesse período, que corresponderia à intensificação das práticas de exploração do trabalho indígena realizadas pelos moradores do Estado do Maranhão, quando de sua integração comercial aos circuitos atlânticos através da exportação das drogas do sertão.[11] Esse número e a captura desse movimento populacional ascendente são particularmente importantes na composição de um pano de fundo de indígenas inseridos nas estruturas e nos espaços coloniais. Contudo, referem-se apenas à primeira metade do século XVIII, e, como sabemos, o limite desse estudo é o ano de 1759.

Para a segunda metade do Setecentos, mais precisamente na virada para o século XIX, foram produzidos mapas de população de maneira mais sistemática — prática associada a uma nova arte de governar diretamente preocupada com o controle populacional e com a otimização dos recursos humanos disponíveis (Mello & Barroso, 2016, p. 146).[12] Tais fontes são favoráveis ao desenvolvimento de estudos demográficos e foram, oportunamente, analisadas por Marcia Mello. Entre os muitos dados apresentados pela autora, nos deteremos em dois: (a) uma estimativa da população em 1774,[13] e (b) o movimento demográfico no entresséculos.[14]

Em 1774, a população total do Estado do Maranhão e Piauí somada ao Estado do Grão-Pará e Rio Negro seria de 133.543 pessoas, contando com livres, cativos e indígenas. Excetuando a capitania mais a leste, que não apresenta dados consistentes, a quantidade de indígenas — aldeados e ex-escravizados — seria de 34.781.[15] Se pudéssemos deduzir o número de indígenas aldeados, teríamos um total de mulheres e homens originários egressos da escravidão provavelmente vivendo nas principais cidades e em suas adjacências. Entretanto, não encontrei meios de obter esse valor, e mesmo assim ele tampouco daria conta dos indígenas litigantes, já que alegavam encontrar-se em cativeiro ilícito e é possível que não tenham sido contabilizados.[16]

Mais uma vez, então, parece-me apropriado conferir o movimento populacional a fim de contribuir com um panorama da população indígena no final do século XVIII. Segundo Marcia Mello (2015), entre os anos de 1774 e 1821, na capitania do Rio Negro, de maioria indígena, houve um crescimento da população branca, que não ultrapassou os 20%. Já na capitania do Pará, ocorreu um equilíbrio entre as categorias livre,[17] cativo e indígena, além de um crescimento da população de origem africana, atrelado ao afluxo de trabalhadores escravizados. Já na capitania do Maranhão, a tendência foi de diminuição da população indígena frente ao acréscimo da população cativa. Embora houvesse expansão dos brancos, o movimento populacional ascendente neste período derivou em especial do incremento de cativos de origem africana, enquanto a tendência da população indígena permaneceu constante (rio Negro e Pará) ou declinou (Maranhão).

Verificamos, assim, que, se na primeira metade do Setecentos houve um incremento populacional indígena, na segunda a dilatação foi africana — movimentos necessariamente articulados ao braço cativo, que na primeira metade do século era constituído sobretudo por ameríndios e que, depois de 1755, passou a ser regulamentado apenas aos africanos. Guardemos esse desenho demográfico a fim de que tenhamos subsídios para analisar os gráficos apresentados adiante.

Há ainda muito para estudar em relação à demografia amazônica na particular temporalidade de nosso recorte.[18] Para além da questão documental, é preciso considerar a complexidade das capitanias do norte, que apresentaram ritmos e dinâmicas populacionais distintas do Rio Negro ao Maranhão, tributárias das especificidades econômicas, apesar de partilharem de uma mesma historicidade. Não é o caso de simplesmente somar as estimativas que apresentei, em especial porque elas seriam insuficientes, dada a dificuldade de abarcar com consistência os cativeiros ilícitos. E seria difícil, do mesmo modo, trabalhar com esses números, tendo em vista que não há uma discriminação anual — nem mesmo decenal — dos valores para que seja realizado um enquadramento ideal das demandas. De forma que, após o apontamento das contribuições da historiografia, parto para a análise dos dados numéricos produzidos por esta investigação, os quais são o chão desta pesquisa e, quem sabe, poderão gerar subsídios para a composição do panorama demográfico da escravidão indígena na Amazônia, ao menos em se tratando do cativeiro ilícito. Depois desse mergulho nos números, partirei para outra estratégia, a fim de cumprir o intuito de mapear o terreno de atuação dos litigantes.

A despeito de certas particularidades da via jurídica — que acompanharemos adiante —, uma porção de indígenas escravizados considerou-a caminho fecundo de enfrentamento da exploração do trabalho. Podemos nos deparar com parte deles nos 160 testemunhos de ações de liberdade, nas quais estiveram envolvidos ao menos 330 trabalhadores escravizados. Embora essa quantidade seja praticamente irrisória — tendo em vista as estimativas lacunares supracitadas —, o valor é representativo em termos qualitativos, por nos permitir investigar o cotidiano das mulheres e dos homens originários em cativeiro nas fazendas, nas vilas e nas cidades do Estado do Maranhão. E é sobre esses dados que nos debruçaremos com mais vagar a partir de agora.

Os pesquisadores que se dedicaram especificamente ao estudo das demandas de indígenas e de seus descendentes nos tribunais da Amazônia portuguesa trabalharam com uma quantidade bastante reduzida de pedidos de restituição da liberdade. David Sweet, em seu ensaio pioneiro, "Francisca: Indian Slave" [Francisca: escrava índia] (1981, 1987), tratou de um único processo (ainda que integral).[19] Marcia Mello, em "Desvendando outras Franciscas" (2005),[20] artigo que retomou o interesse pelo tema após mais de vinte anos de silêncio historiográfico, apresentou 65 litígios. Fernanda Bombardi e eu publicamos um artigo (Bombardi & Prado, 2016) que retratou os primeiros passos desta pesquisa e, nele, tomamos como objeto de análise apenas 38 relatos de mulheres e homens indígenas que solicitaram a restituição da liberdade.

Os trabalhos citados concentraram-se na primeira metade do século XVIII, de maneira que o salto quantitativo desta pesquisa deveu-se, sobretudo, ao alargamento do recorte temporal no trato da temática. Tomar em consideração a primeira metade e o primeiro governo da segunda metade do Setecentos, o momento anterior e subsequente à Lei de Liberdade dos Índios (1755),[21] preocupando-me em trabalhar com as continuidades e com as transformações das práticas de escravização, parece ter sido uma aposta metodológica acertada, conforme podemos conferir no gráfico 1.

É notável a concentração de demandas na década de 1750 e a persistência de litígios por liberdade após a declaração da abolição da escravidão indígena, que serão mais bem observados no gráfico seguinte. Adianto que, caso mantivesse os recortes temporais comumente empregados pela historiografia a respeito da Amazônia portuguesa — fim do século XVII

Gráfico 1 — Demandas indígenas por liberdade, 1706-1759.

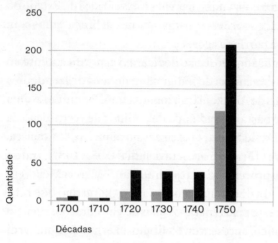

até meados do século XVIII, período pombalino e período pós-pombalino —, quebraria a permanência das contendas judiciais e, por consequência, das denúncias de cativeiro ilícito. Portanto, as fontes reiteram as balizas cronológicas adotadas. E o desafio passa a ser, justamente, entender o movimento apresentado no gráfico 1.

Assim, a primeira demanda que conhecemos é o pedido da "índia" Hilária, viúva do Principal Jerônimo Gigaquara, enviado ao monarca e respondido por carta régia em 1706.[22] Depois dela, temos registro da petição da "índia" Ângela de Jesus, "de nascimento forra e filha da principal família que ha nesses Sertões", que obteve resposta do rei D. João V (que governou de 1706 até 1750) em 1714.[23] Então, encontramos um número regular de petições, requerimentos e apelações nas décadas de 1720, 1730 e 1740. Ainda que as lacunas documentais não sejam desconsideráveis,[24] admito como possível que o início do acolhimento das demandas indígenas pelas instituições coloniais esteja vinculado ao contexto de denúncia de irregularidades nas práticas escravistas dos moradores na década de 1720. Essas queixas extravasaram os limites da colônia e ecoaram em Portugal, fazendo com que o rei enviasse um novo governador ao Estado do Maranhão, João da Maia da Gama (1722-1728). O desembargador Francisco da Gama Pinto, enviado à colônia em companhia do novo governante, assim que atracou em São Luís, tirou devassa dos cativeiros ilícitos dos indígenas e de outros excessos cometidos pelos colonos, marcando uma viragem administrativa no sentido da fiscalização do recrutamento de trabalhadores.[25] Desse modo, a recepção e o trato corriqueiro das ações de liberdade nos tribunais das Juntas, presididos por João da Maia da Gama, assinalam uma política direcionada ao controle régio dos meios de inserção da população indígena nas áreas coloniais.

Cabe acrescentar que, antes disso, em 1692, D. Pedro II (1683-1706) já havia passado alvará que pretendia que se tornassem forros os escravos feitos contra a lei de 1688. Há ainda que se averiguar o cumprimento dessa determinação. Todavia, sua existência aponta para uma inclinação régia no sentido de administrar as práticas de recrutamento de trabalhadores escravizados indígenas. Conforme vimos no capítulo anterior, a pena da lei explicou que, para evitar a ruína total que experimentaria o povo do Maranhão — caso houvesse devassa e fossem castigados os delinquentes, que seriam "quasi todos os moradores do mesmo Estado" —, o monarca concederia perdão geral àqueles que teriam incorrido no crime de cativar ilicitamente os indígenas. Ademais, as mulheres e os homens nativos em injusto cativeiro deveriam ser, a partir dali, declarados livres e enviados ao superior geral das Missões, que seria responsável por distribuí-los entre os aldeamentos ou mesmo por estabelecer novas aldeias para recebê-los. E, como castigo, os delinquentes deveriam ressarcir aos indígenas o dobro dos trabalhos realizados, o que deveria ser avaliado conforme o uso da terra. Mais que isso, os criminosos deveriam pagar também:

> o preço dos mesmos Indios em dobro que na mesma fòrma seraõ avaliados, a metade para o custo dos resgates, que tenho [o rei] permittido, e mandado fazer pela nova Ley de vinte e oyto de abril, de seiscentos oytenta e oyto, e a outra a metade para os denunciantes; e sendo os mesmos Indios que denunciem a injustiça dos seus cativeyros (como podem fazer) será para elles a dita a metade, e serão presos, e degradados por tempo de seis mezes para uma das Fortalezas do Estado, depois de satisfeytas as penas pecuniarias, e as sentéças destas penas se proferiraõ pelo Ouvidor geral, com parecer do Governador, e se executaráõ, sem appelaçaõ [...].[26]

Nas fontes, não se encontram sentenças que concedam pena aos réus acusados de escravização ilícita, provavelmente porque não analisei a documentação camarária — nas demandas analisadas, os despachos apenas decidem pela liberdade ou pelo cativeiro dos indígenas; a punição aos réus, além de, costumeiramente, arcarem com as custas do processo, era a perda da continuidade da exploração daqueles que consideravam seus cativos, não havendo nenhum tipo de menção a multas, muito menos ao degredo.[27] O que se pode dizer, por ora, é que foi criado um dispositivo normativo para estimular que os indígenas denunciassem seus senhores, inclusive propondo recompensas pecuniárias. A meu ver, esse instrumento indica uma disposição no sentido de gerenciamento das relações escravistas que teria se realizado paulatinamente. De acordo com as fontes, um primeiro passo teria sido dado por João da Maia da Gama e outro, mais contundente, por Francisco Xavier de Mendonça Furtado (1751-1759). Com efeito, é possível dizer que as irregularidades na escravização dos indígenas foram uma constante na Amazônia colonial, como as estimativas das amarrações demonstram; a postura dos administradores foi que atuou como variável. De modo que, a depender do governo — e, é claro, do jogo de forças contextual —, percebe-se maior ou menor controle do cumprimento da legislação.

Seguindo com a análise do gráfico, na década de 1750, notamos um crescimento desproporcional no número de demandas indígenas por liberdade, capaz de romper com a regularidade anterior. Nesse intervalo de tempo, pelo que averiguei, foram apresentados 120 pedidos aos tribunais da Amazônia portuguesa e, em poucos casos, às instâncias sediadas no reino, o que corresponde a 75% do total de demandas encontradas de 1706 até 1759. Nelas, estiveram envolvidos 207 trabalhadores escravizados, representando 62,7% de todos os litigantes. Para entendermos melhor essa mudança de padrão, discriminei anualmente os pedidos por liberdade nessa década, o que pode ser conferido no gráfico 2.

Gráfico 2 — Demandas indígenas por liberdade na década de 1750.

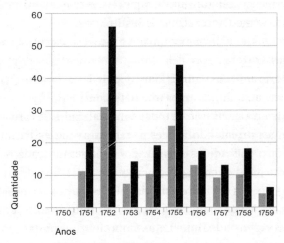

Por certo, uma conjunção de fatores levou ao afluxo das demandas em meados do século. Suspeito, em primeiro lugar, que esse crescimento vertiginoso e essa concentração dos litígios relacionam-se ao estabelecimento do governo de Francisco Xavier de Mendonça Furtado, em 1751, no renomeado Estado do Grão-Pará e Maranhão.[28] Sua política, comprometida com a formação de vassalos do rei e, por isso, contrária ao cativeiro dos indígenas — que deveriam possuir o mesmo estatuto jurídico dos demais súditos do Império português —, parece ter contribuído para tal concentração.[29] O ano de 1752 desponta como momento de auge dos litígios. Talvez porque, com a chegada do novo governador, muitos pedidos que poderiam estar engavetados foram finalmente levados aos tribunais. Podemos conjecturar ainda que a própria presença e as ações políticas de Mendonça Furtado — não só na administração do Estado como também presidindo as reuniões das Juntas — poderiam ter estimulado escravos ilícitos a lutar por seus interesses no tribunal. Afinal, trabalhadores escravizados passaram a acompanhar, gradualmente, trajetórias de cativos — que partilhavam do mesmo estatuto jurídico que eles — que conquistaram a liberdade mediante recurso às instituições.

Em 1755, evidenciamos um novo pico de concentração de petições. Do total, cinco delas foram apresentadas na primeira metade do ano, e as vinte demais, depois da declaração da Lei de Liberdade. Poderíamos imediatamente associar essa lei — que previa a extinção de todas as modalidades de cativeiro indígena, estimulando, ao mesmo tempo, a progressiva introdução de trabalhadores escravizados de origem africana — ao aumento das demandas. Todavia, cópias da lei de 6 de junho de 1755 apenas foram registradas nos livros dos termos das Juntas das Missões em 1757, quando, definitivamente, entraram em vigor. Nesse ínterim, a composição das Juntas se alterou a partir da convocação de juízes de fora e procuradores dos índios de cada capitania para tomarem assento nas sessões, o que aconteceu na capitania do Pará, em 28 de maio de 1757, e na do Maranhão, em 23 de setembro de 1757.[30] O período entre a declaração da lei e sua enunciação nas Juntas, um dos aparatos administrativos responsáveis por sua execução, aponta para a distância entre a aplicação da norma e a prática social. Intervalo que pode ser igualmente acompanhado pela presença, ainda que em menor número, de petições após 1757.

Somada a essas causas, devemos considerar também uma questão de fundo: a pressão sobre a mão de obra indígena. Como vimos, as pesquisadoras Camila Dias e Fernanda Bombardi apresentaram dados que sugerem que, na primeira metade do século XVIII, os moradores do Estado do Maranhão, ao se integrarem comercialmente aos circuitos atlânticos através da exportação das drogas do sertão, intensificaram as práticas de exploração do trabalho indígena sob diversas formas, com aval da Coroa e da administração colonial (Dias & Bombardi, 2016, p. 253). Pode-se dizer, ainda junto com as historiadoras, que o incremento da inserção de nativos em cativeiro na extração e na produção de gêneros exportáveis ocorreu de forma lícita e ilícita, sobretudo, seguindo-se aos momentos de escassez de mão de obra, quando os senhores ansiavam pela renovação de seus plantéis — os períodos das epidemias de 1724-1726, 1743 e 1749 foram representativos nesse sentido.

Assim, tendo em vista o prévio estabelecimento de um canal institucional em que os indígenas pudessem denunciar suas escravizações ilícitas na década de 1720, conjugado à atuação de Mendonça Furtado, favorável a tais práticas, e à intensificação da pressão sobre os trabalhadores após os períodos epidêmicos, podemos contextualizar a concentração de demandas por liberdade na década de 1750.

É importante, ainda, o significativo declínio das demandas indígenas nos anos de 1756, 1757 e, de maneira mais intensa, em 1759,[31] não por acaso derradeiro ano do governo de Mendonça Furtado e marco final desta investigação. Os pedidos apontam para a permanência da escravização indígena após sua proibição em lei. Mas se olharmos para os sujeitos litigantes percebemos que foram discriminados pela documentação como mamelucas e mamelucos, cafuzas e cafuzos, mulatas e mulatos e, como tais, reivindicavam ascendência indígena, uma vez que a lei de 1755 garantia liberdade irrestrita aos "índios" e a seus descendentes, com exceção de cativos filhos de mães negras. Esse movimento aponta para uma progressiva complexificação do perfil dos trabalhadores escravizados da Amazônia portuguesa na segunda metade do século XVIII.[32]

Feitas as considerações estatísticas gerais, apresentados os dados desta pesquisa e ponderadas as variáveis políticas, nos aproximaremos das condições materiais e dos interesses dos sujeitos que moveram demandas. Retomemos o esforço imaginativo no sentido de investigar os litigantes. Ponderemos que mulheres e homens originários, tornados cativos, chegaram às cidades de São Luís e de Belém e seus arredores. Sobreviveram, uma primeira vez, ao deslocamento forçado. Uma segunda vez, às epidemias. Uma terceira vez, à exploração do trabalho. Conseguiram, ademais, ficar a par de seus direitos. E levaram aos tribunais suas demandas, apresentando como principal argumento o cativeiro injusto.

Se é possível dizer que os indígenas e seus descendentes foram reunidos neste trabalho por terem, em algum momento de suas trajetórias, movido demanda no tribunal, tornando-se, dessa forma, litigantes, pode-se afirmar, igualmente, que todos eles nasceram no cativeiro ou passaram pelo cativeiro em algum período da vida, tendo atuado como trabalhadores escravizados.[33] Ao observar seus pedidos nos tribunais — livrar-se de situações de maus-tratos e jornadas árduas de trabalho, conquistar o direito de escolher a quem servir, com quem casar, onde morar e, em especial, ter restituída a liberdade e, no caso das mulheres indígenas, poder transmitir tal condição a seus descendentes —, afirmo, sem ir tão longe, que esses sujeitos

110

tornaram-se litigantes na tentativa de alargar os limites impostos pelo cativeiro. Por isso, para nos aproximarmos das condições que enfrentavam e das circunstâncias em que viviam, a partir de agora darei um pequeno passo atrás, a fim de tomar os caminhos pelos quais mulheres e homens originários eram, comumente, reduzidos ao cativeiro. E na sequência tecerei considerações sumárias a respeito do cotidiano escravo nas vilas e nas cidades da Amazônia colonial do Setecentos.

Cativos, em grande parte "injustamente cativados"

Uma pessoa indígena nascida em aldeia nas margens do rio Amazonas e de seus tributários, no século XVIII, tinha grandes chances de não passar toda a sua vida naqueles sítios. Forças coloniais, preocupadas com o recrutamento de braços e de almas, poderiam investir contra o transcurso habitual dessas comunidades. Aproveitando-se das divergências indígenas locais, ou mesmo destacando-as, e considerando os jogos políticos ameríndios, os moradores posicionavam-se ao lado de certos grupos enquanto opunham-se a outros, enquadrando-os legalmente como aliados ou inimigos e, por consequência, homologando a aplicação do procedimento de guerra justa, de resgate ou de descimento. Dessa maneira, contra os nativos qualificados de inimigos, grassava a guerra justa.[34] Seus sobreviventes, tornados prisioneiros, eram conduzidos às praças de Belém e de São Luís a fim de serem arrematados como escravos, enquanto para aqueles enquadrados como aliados as leis do reino garantiam a liberdade. Por certo, tais enquadramentos eram conjunturais e bastante dinâmicos. Esse quadro normativo permanecerá até 1755, quando todas as formas de cativeiro indígena foram definitivamente proibidas.[35]

Contudo, relatos da época enfatizam que colonos e até mesmo religiosos costumavam enquadrar os indígenas de forma indiscriminada na categoria de inimigos. É o que fica patente quando notamos que o principal argumento apresentado pelos litigantes era o de serem "forros de nascimento" e terem sido "injustamente cativados". Assim, por vezes se questionava a justiça da realização de guerras. A "índia" Margarida e seus filhos obtiveram sentença favorável, após uma série de idas e vindas ao tribunal das Juntas de São Luís, por provarem que a guerra ofensiva na qual a mãe tinha sido aprisionada fora deflagrada sem autorização régia — e nem sequer depois de levada a cabo fora tomada por boa. O conflito se dera contra a "nação" dos Aroans,[36] que naquela altura "vivia já debayxo do dominio da mesma *Sua Majestade* e direção dos Missionários e consequentemente metidos no gremio da Igreja". Além do mais, não constava nas atas do tribunal que Margarida tinha sido considerada escrava, apesar de prisioneira do mencionado conflito. Desse modo, a mãe e os filhos litigantes reformaram a sentença sendo julgados "livres, e izentos de todo o cativeiro", e como tais poderiam usufruir da liberdade.[37]

Quanto aos indígenas aliados, suas aldeias poderiam ser descidas a fim de compor as Missões, estabelecidas nas proximidades das povoações coloniais ou em pontos estratégicos nos entroncamentos dos principais rios.[38] Mulheres e homens aldeados deveriam ser instruídos na fé cristã e receber remuneração pelo trabalho que exerciam.[39] Alguns grupos poderiam não concordar com o descimento, mas não necessariamente romper com a aliança, posto que passavam a servir de ponto de apoio às tropas de resgate e de guerra, assistindo-as com mantimentos e outros subsídios, fornecendo também indígenas aos moradores quando necessários para a colheita de cravo, salsaparrilha, cacau e demais drogas do sertão, assim como para o recrutamento de trabalhadores escravizados.[40] Todavia, também podemos acompanhar irregularidades nessa prática pelas suspeitas de descimentos forçados por parte dos missionários e pelas denúncias de moradores que, aproveitando-se da repartição, tornavam cativos indígenas livres, como veremos de modo mais aprofundado na seção "Aldeados" deste capítulo.

As tropas[41] — terceira modalidade de inserção de indígenas na sociedade colonial — costumavam partir das cidades de Belém e São Luís providas de mantimentos e carregadas do que chamavam naquelas terras de "resgates", certa quantidade de machados, foices, avelórios, cachaça e mais produtos estimados pelos nativos. No caminho, passavam pelas aldeias, onde deveria ser apresentada portaria, para com ela recrutar remeiros, pilotos, práticos, indígenas livres experimentados nas técnicas de navegação e conhecedores dos rios e dos igarapés.[42] As canoas, na sequência, deveriam se matricular na fortaleza do Gurupá para, então, dirigir-se ao rio Amazonas e seus afluentes. Remavam cada vez mais para o interior. As viagens eram longas.

Quando chegavam em rio povoado por povos originários, instalavam-se em "arraiais", geralmente administrados por carmelitas, para, a partir deles, penetrar no sertão e, encontrando aldeia amiga, poder negociar com os chefes indígenas o fornecimento de seus prisioneiros de guerras intertribais.[43] Todavia, com frequência a quantidade de prisioneiros não satisfazia as expedições. Então, cabos e, quando havia, "línguas" e intérpretes persuadiam e até mesmo ameaçavam os Principais para que apresentassem um número maior de prisioneiros. De forma que, invariavelmente, para suprir a demanda dos colonos, os grupos indígenas aliados guerreavam e aprisionavam aqueles que não eram seus contrários, antes vizinhos com quem viviam em boa paz. E, se ainda julgassem que não fosse o bastante, amarravam inclusive os Principais e suas famílias com os demais escravizados. Por vezes nem se propunham a negociar. Soldados, "mamelucos" e indígenas, engajados nas expedições, simplesmente atacavam as aldeias de surpresa, ateavam fogo às moradas, atiravam nos guerreiros e os matavam, raptando as mulheres, as crianças e os mais velhos, o que era chamado de amarrações.

Notamos violência semelhante no testemunho do Principal Icabary em exame para provar a legitimidade do descimento de sua aldeia para a missão do frei carmelita Mathias de São Boaventura. Ainda que se duvide da completa "livre vontade", ausência de violência ou temor que o impeliram a baixar, ele aponta para as atrocidades praticadas pelas tropas quando nos diz que se convenceu definitivamente a descer para o aldeamento por se ver oprimido por alguns brancos que, com força e violência, haviam cativado seus parentes. O chefe acrescentou ainda que tamanha foi a audácia dos colonos que pretendiam sujeitar ele próprio ao cativeiro. Prosseguiu dizendo, ademais, que, para se livrar da prisão em que havia estado, chegara até mesmo a dar um filho e uma filha, que depois requereu que se lhe devolvessem.[44]

Todos os prisioneiros — fossem eles resgatados da corda ou puramente sequestrados — eram conduzidos aos "arraiais", onde o padre responsável deveria realizar um exame a fim de verificar a legitimidade do cativeiro dos nativos confinados. A averiguação, que deveria ser realizada com a presença de tradutores, consistia em perguntar ao indígena se ele era de fato prisioneiro de guerra que seus parentes haviam tido com demais grupos indígenas, e se tal guerra havia sido justa. Caso respondesse afirmativamente, o missionário considerava-o cativo e o escrivão emitia um certificado, título ou registro de escravidão, assinado pelo cabo de tropa e, por último, pelo religioso, no qual eram identificados a idade, a nação, às vezes o nome do indígena, sinais do corpo e a maneira como fora adquirido. Caso contrário, o indígena deveria ser liberado. Porém, temos indícios de que nem sempre esse exame era rigoroso. O padre Aquiles Maria Avogadri, capelão de escravos em Mariuã, por exemplo, ficou conhecido como um grande legitimador da escravização indígena. Francisco Xavier de Mendonça Furtado, em carta a seu irmão Sebastião José de Carvalho e Melo, relatou que o sobredito missionário assinava papéis em branco prontos para serem preenchidos com as características dos indígenas (Mendonça, 2005, v. 1, p. 371).[45]

Os nativos tornados escravos eram, então, conduzidos a "currais", onde passavam o tempo necessário até que se juntasse um número considerado suficiente para descerem o rio. Durante a espera, muitos morriam, especialmente assolados pela fome ou por doenças. Os sobreviventes entravam nas canoas que desciam o rio Amazonas. A viagem era longa, ainda que mais rápida do que a subida. Os indígenas aprisionados deveriam ser levados a exame em Belém, e os capitães das tropas de resgate deveriam apresentar os certificados de escravidão dos indígenas. Caso se abstivessem de comprovar a licitude do cativeiro de seus tripulantes, os indígenas eram registrados no *Livro das canoas* para passar por novo exame. Muitas reuniões das Juntas das Missões também tratavam de examinar esses casos.

Os indígenas chegados deveriam ser batizados[46] e iam a leilão. Os moradores reunidos davam seus lances. O valor adquirido deveria pagar os gastos das tropas e os impostos da Coroa, e o indígena deveria retribuir seu resgate trabalhando para os colonos. O tempo de trabalho deveria variar conforme o preço pago pelo comprador; no entanto, na maioria dos casos, pagavam um preço maior do que deviam, pois concediam uma vida inteira de trabalho aos colonos.

Trabalhadores escravizados nas cidades, nas vilas ou em fazendas dos moradores — embora não seja possível demarcar limites precisos entre as tarefas dos indígenas aldeados e dos cativos[47] — poderiam cuidar das roças de mandioca, algodão, cana-de-açúcar, tabaco, cacau e outros gêneros agrícolas; trabalhar na edificação de fortificações, de igrejas e demais obras públicas;[48] servir também como mensageiros no serviço de correio entre as capitanias;[49] ocupar-se como carregadores nas ruas e vielas de Belém e São Luís; atuar ainda nas salinas reais[50] e exercer ofícios especializados, como o de carpinteiros, serradores, sapateiros, artífices.[51] Sobretudo as mulheres serviam porta adentro como amas de leite, cuidando das crianças; exerciam também toda espécie de trabalho doméstico desde a limpeza até a lavagem de roupas nos rios e igarapés; junto a seus filhos, eram as principais responsáveis pelo cultivo e processamento da mandioca para a produção de farinha e pelo plantio, colheita e tecelagem de algodão para a confecção do pano. Quanto aos homens escravizados, poderiam trabalhar nas roças, mas dedicavam-se especialmente a caça, pesca, coleta e condução de canoas, embora o empenho nas expedições de resgate e de guerra se concentrasse nas mãos, nas costas e nos pés dos aldeados, em razão da possibilidade de fuga dos escravizados pelas brenhas do sertão. Em suma, os trabalhadores indígenas constituíam a base produtiva da Amazônia portuguesa.

Tendo percorrido os caminhos — lícitos e, marcadamente, ilícitos — da escravização dos nativos na Amazônia portuguesa, uma vez que, reiteramos, todos os litigantes experienciaram o cativeiro e procuraram atenuar sua severidade nos tribunais, tratemos agora daqueles cativos que se tornaram litigantes.

Cativas litigantes: condições para o acesso indígena aos tribunais e expectativas na adesão da via institucional como forma de resistência à exploração do trabalho

Nesta seção, em primeiro lugar, nos acercaremos das possíveis frentes de batalha dos cativos, a fim de situar a via jurídica entre as estratégias de imposição de limites à exploração do trabalho e de tensionamento do cativeiro. Posteriormente, avaliaremos as condições materiais que viabilizaram o acesso de indígenas às instâncias jurídicas com base na análise do perfil geral das mulheres e dos homens cativos que se tornaram litigantes. Às condições serão somadas as principais expectativas dos indígenas ao aderirem à contraposição ao cativeiro pela via institucional, permitindo que avancemos na caracterização dessa forma de resistência. Voltaremos, então, à investigação dos interesses da administração colonial na abertura das instituições aos indígenas: se já sabemos da vontade de gerir as práticas escravistas dos colonos, argumentarei que à Coroa também interessava orientar para os tribunais a contestação indígena ao cativeiro.

Começarei, destarte, substituindo a régua dos números por um enquadramento qualitativo, procurando circunscrever os litígios indígenas no repertório de possibilidades de ação de mulheres e de homens em cativeiro nas duas principais cidades da Amazônia sob colonização portuguesa. Assim, iremos nos aproximar da relevância da atuação dos litigantes através da compreensão da via jurídica como uma das estratégias de sobrevivência e de imposição de limites à exploração do trabalho. Essa é, portanto, uma opção em meio a outros caminhos que — diferente do recurso aos tribunais, institucional e com escopo reduzido — não teriam limites de ação tão estreitos e poderiam congregar um número maior de pessoas, como as fugas, os recuos ao interior, as rebeliões e as revoltas, embora não fossem frequentes ou tenham sido pouco documentadas, somadas às resistências cotidianas que partilhavam de protocolos não ocidentais e, por isso, eram muitas vezes identificadas e reduzidas a mandingas e feitiços.[52]

Por conseguinte, sobrevoaremos algumas dessas estratégias. Dentre elas, aquela que decerto teve boa acolhida entre os cativos foi a fuga. Tanto é que os deputados da Junta do Maranhão, reunidos em sessão de 5 de fevereiro de 1749, afirmaram que era uso inveterado em todo o Brasil, e também naquele Estado, haver "capitães de campo" para darem nos quilombos dos fugidos que inquietam com mortes e roubos os passageiros nos caminhos, bem como os moradores em suas próprias casas, praticando, ademais, o furto de mulheres.[53] Colonos recorriam também aos tribunais reclamando o desaparecimento de seus escravos, como relata um requerimento apresentado pelos moradores do rio Moju, a partir do qual pretendiam que lhes fosse concedido um corpo composto de índios e soldados para o propósito de amarrar uma certa quantidade de cativos que haviam se retirado aos matos ou em "mocambo" depois de terem fugido da casa de seus senhores. Com efeito, os deputados resolveram que a expedição se executaria contando com o empenho de soldados e de quarenta "índios" — 26 da aldeia de Maracanã (administrada pelos jesuítas), sete das aldeias da província de Santo Antônio, mais sete das Missões da Conceição — que deveriam receber pagamento e ser acompanhados pelos escravos dos moradores, para melhor segurança de uns e de outros.[54]

Quanto aos fugitivos, nem mesmo as fontes conseguem capturá-los. De modo que podemos seguir o rastro de apenas dois deles,[55] justamente por não terem sido bem-sucedidos em suas empreitadas e terem persistido na luta contra o cativeiro, mas desta vez mobilizando aparatos institucionais.[56] Um deles é o "índio da terra" Roque, filho de uma "índia" de nome Ana, que, apesar de alegar ser "forro de seu nascimento", era tratado como se fosse legítimo escravo por Manoel Ferreira, o qual lhe aplicava, ademais, "muitas pancadas". Provavelmente, depois de sevícias praticadas por seu suposto senhor, tenha resolvido fugir. Porém, foi encontrado em casa de Mário de Paiva, motivo da grande desforra de Manoel Ferreira, que o "amarrou a cordas e o levou amarrado para a sua roça". Os maus-tratos naturalmente tornaram árdua a convivência entre eles, e o manejo das justiças foi a estratégia adotada pelo indígena. O tribunal deliberou que Roque fosse, em nome do procurador dos índios, defender sua liberdade, fazendo citar o sobredito Manoel Ferreira para, dentro de vinte dias, apresentar registro que comprovasse seu cativeiro. Após essa sentença parcial, não pudemos permanecer na esteira de Roque.[57]

O "índio" Ventura, da aldeia dos Anaperus, também se arriscou na fuga. A trajetória de resistência de seus antepassados — que sobreviveram a várias guerras justas e, quando enfim decidiram aldear-se, foi em terras que lhes eram propícias, nas margens do rio Parnaíba — possivelmente marcou sua formação[58] e, assim, pôs-se a fugir do cativeiro. No entanto, um capitão do mato o apanhou e encaminhou à cadeia de São Luís. Na prisão, peticionou por sua liberdade às Juntas alegando que seu suposto proprietário não possuía título que comprovasse sua escravidão. Os deputados, reunidos em sessão em 18 de dezembro de 1751, determinaram que o procurador dos índios fosse averiguar o fato com toda a brevidade e que, tão logo pudesse, remetesse informações por escrito ao tribunal.[59]

Além desse rol de estratégias, encontra-se uma bastante inusitada para se livrar do cativeiro. Manuel de Quadros, filho da "índia" Lucrécia com Manuel Borges de Quadros, enviou petição ao governador do Estado João da Maia da Gama, solicitando, por sua livre vontade, sentar praça de soldado. Pedido deveras inusual, considerando que o recrutamento compulsório costumava ser a maneira corriqueira de arregimentar tropas na colônia. Todavia, o sapateiro alegou que ouvira dizer que a viúva de seu pai, Luíza Maria de Novais, planejava vendê-lo a um sertanejo, e a perturbação de sua liberdade foi motivo suficiente para que trocasse seu ofício por soldo minguado.[60]

Manuel de Quadros, o filho, anexou uma certidão de justificação à sobredita petição. Nela, seu pai — que sempre "viveu a lei da nobreza" e serviu na vila de Santo Antônio de Alcântara em vários cargos, como o de ouvidor juiz dos órfãos e, por muitas vezes, juiz ordinário — atestava, com quatro testemunhas juradas, religiosas e fidedignas, que o moço era seu filho natural com uma escrava sua de nome Lucrécia — de imediato ressaltando que o teve após a morte de sua primeira esposa, Maria Pereira — e como tal havia sido criado "livre e isento de cativeiro".

O governador assentiu ao pedido, determinando que o "mameluco" assentasse praça aos 28 de fevereiro de 1726. Contudo, a madrasta requereu sua baixa e entrega, declarando que era seu escravo. João da Maia da Gama determinou, pela primeira vez, que a senhora deveria exibir o certificado de escravização do soldado. Pela segunda, tendo insistido a viúva, Maia da Gama dispôs que a mulher fosse até o ouvidor-geral a fim de comprovar o cativeiro — e, da mesma forma, fosse ouvido o rapaz — ou, então, que usasse dos meios ordinários para recorrer ao rei. O governador, em carta ao monarca, contou que a mulher não quis fazer nem uma coisa nem outra, alegando que não desejava entrar em contenda judicial com seu escravo. Por fim, reiterou a liberdade do "mameluco" Manuel de Quadros, que foi confirmada por D. João V.[61]

Considerando a quantidade ínfima de litigantes no volume estimado de escravizados e esse breve panorama de possibilidades de ação, e não nos abstendo de imaginar estratégias singulares como a do "mameluco" tornado soldado, é possível dizer que a ação jurídica foi um caminho pouco frequentado ou, às vezes, forçosamente indicado, como nos casos dos indígenas Ventura e Roque. O que é reiterado se pensarmos, de maneira complementar, junto com o historiador Jaime Valenzuela Márquez, que para que um sujeito cativo impetrasse recurso ao tribunal era necessário congregar certos conhecimentos a uma série de experiências sociais e de decisões estratégicas, que eram facilitados pela moradia em ambiente citadino. Em primeiro lugar, ter acesso à informação — disseminada de maneira verbal ou escrita, em português, língua geral ou algum idioma nativo — que tenha permitido despertar a dúvida a respeito da situação de cativeiro. Em segundo lugar, a oportunidade de sair da residência dos amos, circular nas ruas, encontrar-se com sujeitos de condições semelhantes, trocar saberes e táticas de sobrevivência, estabelecer redes de aliança, esconder-se, manter-se na clandestinidade. Posteriormente, o acesso ao aparato judicial: ter conhecimento de que existiam certas leis, um procurador dos índios, um tribunal para reclamar, gozar de posses para arcar com as custas do processo.[62]

Levando em consideração tais particularidades da via jurídica, um certo número de cativos teve meios para elegê-la, chegando, inclusive, a aprender a intrincada linguagem das instituições a fim de manejá-la como caminho acertado.[63] Para elaborar um perfil geral dos litigantes e avançar no entendimento das condições de efetivação do acesso indígena às justiças, será preciso retomar e aprofundar algumas considerações feitas na introdução deste trabalho. Pois bem, os registros das causas por liberdade são sumários. Assim, poucos são os dados sobre os litigantes, e as informações disponíveis estão intimamente associadas aos argumentos por liberdade. Nesse sentido, a indicação do aldeamento demonstraria que o indígena era aldeado e não escravizado, o registro do lugar de origem apontaria para o ingresso na sociedade colonial e jogaria luz na forma de recrutamento de mão de obra, que deveria respeitar as leis.

Sabemos que eram indígenas ou seus descendentes apenas porque, nas fontes, foram registrados como "índia Maria",[64] "Francisca mameluca",[65] "Anna, índia do sertão",[66] "cafuza Isabel".[67] Os nomes estão grafados sempre em português, indicando que foram batizados e consolidando um primeiro apagamento da identidade dos nativos. E temos registros de poucos litigantes com sobrenome, como o "índio Ambrósio dos Reis",[68] a "índia Ângela de Jesus",[69] a "mameluca Ana do Sacramento"[70] e a "negra [da terra] Custódia Pereira".[71, 72] As indicações que poderíamos chamar de "étnicas" são raras, mas há menção à "nação tapajós do rio das Amazonas",[73] aos "Arapium",[74] à "nação manoa"[75] — que é três vezes registrada —, à "nação dos

121

Arayós",[76] aos Guanaré[77] e aos "Ja Aujuary"[78,79]. O indicador do grupo originário aparece uma vez como complemento de nome próprio, no caso de Ana Timbira.[80,81]

Há indicações também de lugar de origem. Eram mulheres e homens indígenas nascidos no sertão, nos sertões do rio Amazonas ou descendentes da segunda e da terceira gerações de habitantes das áreas de domínio colonial. Essas indicações são importantes, pois recuperam a introdução nas aldeias, nas cidades, nas vilas e nas fazendas coloniais. Mas nem sempre sabemos quando esse processo ocorreu, já que 87,5% dos casos não fornecem indícios temporais. Na parcela das demandas carregadas de indícios do tempo, sabemos que sujeitos relacionados a onze causas[82] foram, eles próprios, extraídos do sertão e reduzidos a trabalhadores coloniais. Mulheres e homens relacionados a cinco demandas[83] faziam parte da segunda geração de nativos habitantes de São Luís, Belém e seus arredores. Em três ações de liberdade,[84] há indicações de trabalhadores netos de indígenas do sertão. Ou seja, em apenas cerca de 12% das demandas interessou especificar o marco temporal de migração forçada para as áreas de trabalho, possivelmente porque essa virada — em especial a forma de recrutamento para o mundo do trabalho, que era regulada por lei — interessasse ao argumento do litigante. O que, por contraste, nos leva a inferir que para quase 90% dos litigantes tal dado não consistia em argumento forte, talvez porque vivessem nas áreas coloniais havia mais tempo.

Eventualmente, há indicações geográficas mais precisas, conduzindo nosso olhar para o rio Tapajós,[85] o rio Solimões,[86] a aldeia de Mortigura,[87] o aldeamento de Mariuã[88] e outras paragens nas margens dos igarapés e dos principais afluentes do rio Amazonas. Mas todos os litigantes residiam em Belém, em São Luís ou em suas adjacências, como a vila de Tapuitapera (atual Alcântara), e em fazendas próximas a essas ocupações.

Quanto ao gênero dos litigantes, veremos que mulheres indígenas e de origem indígena moveram o dobro de demandas dos homens. Mas, em muitos casos, não foi possível identificar se se tratava de mulheres ou de homens, pois nas fontes foram referenciados de maneira genérica como "filhos" e "filhas", "irmãos" e "irmãs", "outros". Apesar de muitos desses termos apresentarem flexão de gênero, pareceu mais fiável apenas atribuir essa variável àqueles que foram mencionados pelo nome próprio para atenuar a reprodução de erros de leitura e de transcrição documentais (como dito anteriormente, não tive acesso aos originais manuscritos de uma parcela de documentos, e nem mesmo sabemos por quem foram transcritos),[89] sobretudo por se verificar que, em alguns casos, a flexão não corresponde à indicação de gênero.[90]

Por também estarem sujeitos a dúvidas, não trabalho com dados etários. São raríssimas as menções explícitas à idade.[91] Há poucas indicações claras de ter se tratado de crianças, como "pequeno",[92] "cria"[93] e "mamaluquinha".[94] E, na maioria dos casos, registrou-se a filiação, como "índia Maria e suas filhas, Francisca e Faustina"[95] e "índia Júlia e seus produtos".[96] Contudo, tal referência poderia tanto indicar que se tratava de crianças, dependentes das mães, quanto apenas poderiam registrar a ascendência indígena pela via materna, tratando-se de adultos, já que a condição do ventre materno era fundamental na determinação da liberdade e do cativeiro. Precisaríamos de registros de batismo para assegurar a idade dos litigantes.

Como afirmei anteriormente, todos residiam em Belém, São Luís ou nas fazendas e vilas adjacentes às capitais. Os litigantes eram, portanto, indígenas urbanos[97] — na medida em que o termo se valida para as cidades setecentistas da América portuguesa. Há nos registros até mesmo uma família de artífices litigantes, o que aponta não só para o aprendizado de ofícios e a especialização do trabalho — característicos do ambiente citadino —, mas também para a estratificação socioeconômica, já que recebiam de cinco a seis tostões por dia de serviço.[98] Sendo assim, é possível inferir que a dinâmica citadina, o contato aproximado dos sujeitos, a proximidade das instituições, a circulação de informação e o estabelecimento de redes de aliança e de apoio mútuo[99] foram decisivos para a percepção da condição de cativeiro, para o conhecimento da via institucional como alternativa de questionamento de tal condição e para o ingresso dos indígenas nas justiças.

Além disso, as cidades eram espaços propícios para a hibridização social e cultural. De modo que o número considerável de "mamelucos", "cafuzos" e "mulatos" — subgrupo que exploraremos adiante — e a presença nos registros de indígenas ladinos,[100] isto é, nascidos em áreas colonizadas, grupos que estavam mais familiarizados com as dinâmicas coloniais do que um ameríndio recém-introduzido na rotina de trabalho — voltada aos lucros dos moradores, missionários e Coroa—, apontam que o manejo da língua — seja o português, seja a língua geral (língua franca, de origem tupi) — e o convívio com o universo letrado, dos códigos e protocolos de funcionamento das instâncias jurídicas, contribuíram para o acesso à via institucional.

Para corroborar a importância da ambientação e da familiaridade com o mundo colonial, nos poucos casos em que temos indícios do momento de redução ao cativeiro ou do tempo de escravização antes da entrada nas justiças, verifica-se uma longa estadia nas cidades coloniais. A "índia" Ângela de Jesus, por exemplo, viveu e trabalhou na "cidade do Pará" durante ao menos 36 anos para, então, recorrer ao rei a fim de denunciar a ilicitude de seu cativeiro.[101] Já a indígena Francisca viveu 35 anos como escrava irregular até que acionou o tribunal das Juntas de Belém para denunciar que havia descido do sertão como ama da "índia" Rosaura — filha do Principal Amu, que teria se casado com Anacleto Rayol, chefe de tropa de resgate —, e não como cativa.[102]

Apesar de os ameríndios serem considerados miseráveis em direito[103] e, nas demandas, verificarmos a atribuição do pagamento dos gastos dos processos apenas aos senhores,[104] podemos supor que a apresentação e a persistência de uma demanda tivessem custos com o deslocamento ao tribunal e, eventualmente, com o pagamento dos trâmites jurídicos, entre os quais o serviço do escrivão e do ouvidor — como se verifica no auto de Francisca.[105] Sendo assim, não descarto a possibilidade de os indígenas arcarem com parte desses custos e de esse ter sido um fator limitante para o ingresso nas justiças dos escravizados, embora reconheça que ainda precisamos avançar no entendimento dos trâmites jurídicos na Amazônia portuguesa.

Além das condições materiais, para que um indígena aderisse à via institucional é presumível que esta correspondesse minimamente a algumas de suas expectativas, mostrando-se como um campo fecundo de reivindicação. Ao analisarmos o conteúdo das demandas por liberdade, será possível traçar algumas das motivações gerais dos litigantes, apesar de não termos conhecimento do que de fato desejavam, pois os pedidos adequavam-se à linguagem jurídica, e malgrado ser impossível separar o que era mão do escrivão ou de outro agente intermediador — e, por consequência, interpretação sobre a demanda indígena — e o que era propriamente voz das mulheres originárias, dos homens originários e de seus descendentes.

A formulação-padrão das demandas consistia em expressar a irregularidade do cativeiro e reivindicar liberdade. A fixação dessa fórmula — simplificada e econômica — decerto sofreu influência dos escrivães das Juntas das Missões, acostumados com os pedidos indígenas e pressionados pela velocidade do registro jurídico, bem como pode ter contado com o auxílio dos procuradores dos índios — que deveriam intermediar o acesso indígena ao tribunal —, embora houvessem tido, conforme vimos no capítulo anterior, uma ação bastante inexpressiva.[106] Esses pedidos padronizados — que integram 40% do total das demandas, correspondendo a 64 casos[107] — foram sintetizados nas fontes por expressões jurídicas e remetem a etapas dos processos: petições de liberdade,[108] auto de liberdade,[109] causa de liberdade,[110] apelação de liberdade,[111] ação de liberdade.[112] Cabe acrescentar que várias ações poderiam ser registradas no mesmo dia e poderiam, por isso, ser ainda mais sumárias do que o costume ou com formulações muito aproximadas.[113]

Outra série de demandas, composta de três casos, registra uma etapa específica do processo jurídico: a estada em casa do procurador dos índios. Por significar o abandono da casa senhorial, a nova moradia era entendida como estado de "quase posse da liberdade". As "índias" Catarina, Domingas e Teodora e seus descendentes, em um de seus vários requerimentos apresentados às Juntas das Missões de São Luís, pediram liberdade e indicaram que estavam na "quazi posse das suas liberdades",[114] quando residiam com o procurador dos índios Manuel da Silva de Andrade. Os "índios" Simplício e Josefa e outros trabalhadores do cativeiro de Joana Pereira, viúva de Manoel Gaspar Neves, talvez tenham sido mais realistas, pois eles solicitaram que se tornassem livres ou fossem "conservados na quase posse da liberdade em que se achavão".[115] Já a "índia" Ana Timbira, avaliando as circunstâncias, pediu para ir morar na casa do procurador dos índios, provavelmente por se sentir desconfortável em casa do senhor, por sofrer maus-tratos, cerceamento de espaço ou, quem sabe, por intuir que se retirar da casa do proprietário significava distanciar-se da escravidão.[116]

Em cerca de 57% das demandas (91), os registros dos pedidos dos litigantes fornecem-nos mais informações. Parte deles descreveu sua condição. A "índia" Maria afirmou que "estava sendo escravizada ilegalmente",[117] acusando sua senhora, Izabel Pereira de Menezes, de cativeiro ilícito. O "índio" Pedro, em nome de sua numerosa família, sustentou que estavam sendo "conservados escravos sem título de escravidão".[118] A "índia" Tomásia, num primeiro pedido, solicitou liberdade, pois era considerada escrava injustamente; quase um ano depois, clamou à Junta das Missões do Maranhão para que ela e seus filhos fossem declarados livres por serem "tratados como escravos".[119] Sem irmos tão longe, podemos dizer que os litigantes tinham, em primeiro lugar, consciência de que eram escravos e de que, por estarem nessa condição, eram tratados de uma forma específica, diferente daquela pela qual eram tratados os homens e as mulheres livres; em segundo lugar, eles tinham ciência de que era uma condição regulamentada por leis e por normas; em terceiro lugar, percebemos que eles confrontaram as determinações legais com a própria condição e, através desse cotejamento, verificaram a irregularidade da escravidão à qual estavam submetidos. Além disso, como procurei demonstrar no capítulo anterior, a lógica legal era a seguinte: se um cativeiro não se sustentava pelas leis, ele deveria ser abandonado. De modo que a denúncia da irregularidade do cativeiro atuava como gatilho para a libertação.

Outros trabalhadores escravizados pediram, pura e simplesmente, para "livrar-se do cativeiro"[120] e para serem "declarados por livres de cativeiro".[121] Tais construções pela negativa expressam a recusa de um lugar — o cativeiro — e, por extensão, da condição de cativos. Porém, apenas com formulações desse tipo é impossível saber o que entendiam por escravidão, quais situações os litigantes cobiçavam, quais eram as expectativas de trabalho e de vida que vislumbravam quando se vissem libertos do cativeiro. O máximo que conseguimos extrair dessas demandas pela negativa é que a recusa da escravidão não vinha atrelada necessariamente à expectativa de deixar de trabalhar. Foi o caso da "índia" Teresa, que não se opunha a "servir", desde que ela, seus quatro filhos e o irmão Jacob se tornassem "isentos de cativeiro".[122] E dos irmãos "mamelucos" Ignácia e José, que pretendiam suspender a cláusula de testamento que os obrigava a servir como escravos ao filho do defunto, Tomas da Costa, para serem "dados em condição de isentos de cativeiro".[123] É possível que isso tenha ocorrido, porque as chances de fugir de contextos de exploração do trabalho passavam invariavelmente pela saída dos espaços coloniais — o que não era uma opção viável para muitos cativos; e, para aqueles que tinham esse objetivo, as justiças talvez não tenham se apresentado como o caminho mais consequente —, de modo que não cabia nas projeções de futuro dos litigantes a possibilidade de não trabalhar.[124] Ou seja, a proposição dos termos da disputa jurídica não passava por essa seara. Sendo assim, se a oposição entre moradores e administradores estava na exploração do trabalho nativo, os indígenas que conseguiram lutar por melhores condições só tinham espaço, na via institucional, para uma liberdade que não tocava diretamente na exploração do trabalho, ainda que, como veremos, pudessem alterar os termos de tal exploração.

Uma série de litigantes descreveu sua condição de maneira positiva declarando-se livre.[125] Segundo o dicionarista Raphael Bluteau, "livre" era aquele que não era constrangido ou violentado. O termo referia-se também ao não escravo. Tratava-se do sujeito que era senhor de si e de suas ações, aquele que podia fazer o que quisesse. Uma pessoa livre era igualmente isenta, eximida.[126] Há um único caso, o do "mameluco" Xavier, em que o demandante se diz "ingênuo de nascimento".[127] "Ingênuo", por sua vez, era o termo com o qual os antigos romanos se referiam àquele "que era filho de pays livres, e honrados" (Bluteau, 1712-1728, v. 4, p. 131-2). A "mameluca" Maria Ferreira declarou que ela, sua mãe, irmãos e sobrinha eram "livres e isentos de cativeiro", mas solicitavam que fossem considerados "livres de cativeiro".[128] Ou seja, Maria pedia o reconhecimento jurídico da condição de livres que já alegava possuírem e que, por certo, não estava sendo respeitada. Como vimos no capítulo anterior, Anna, "índia do sertão", foi uma das litigantes que alegou ser "livre de sua natureza" e ter sido injustamente escravizada. Sua liberdade foi corroborada pelo padre Miguel

Ângelo, e mesmo assim ela ansiava ter sua condição autenticada pelo tribunal, "pedia que nesta Junta se declarasse a Suplicante por livre de escravidão para poder usar de sua liberdade".[129] Os sujeitos que moveram essas demandas reconheciam as Juntas das Missões como responsáveis por fazer cumprir a lei que estava sendo desrespeitada na prática social. Além disso, a menção à liberdade natural, a indicação da transgressão das leis régias por parte dos senhores e o pedido de que os proprietários apresentassem o certificado de escravidão[130] pousam no liame entre os saberes jurídicos dos litigantes e de seus procuradores, e os do registro dos tribunais. Não saberemos de onde se originaram, mas, de todo modo, registram conhecimentos sobre as normativas da escravidão, dispersos pela sociedade e pelos cativeiros coloniais.

Parte alegava ser "forra"[131] e "forro de sua natureza".[132] A "índia" Catarina expôs que, sendo "livre de sua natureza", fora trazida do sertão por Manoel de Moraes e dada à falecida "índia" Helena, que, por sua vez, a passara ao "índio" Severino sendo "forra".[133] "Forra e livre de cativeiro"[134] foi igualmente uma formulação registrada nas atas das Juntas. Para entender o significado do termo "forro", também consultei o dicionário de Raphael Bluteau. Nele, a palavra "forro" aparece associada ao termo "escravo" e era usada para descrever "aquelle a quem o seu proprio senhor tem dado liberdade" (Bluteau, 1712-1728, v. 4, p. 182). Porém, como os litigantes convocaram seus senhores para a disputa no tribunal a fim de provar sua liberdade, coloquemos essa acepção em suspensão. Vale perguntar então se acaso o uso simultâneo das duas palavras apontaria para condições jurídico-sociais diferentes, ou se tal simultaneidade indicaria apenas reforço de argumento — sendo as duas expressões usadas para definir uma mesma condição. Ou seja, determinado litigante alegou que era "livre de sua natureza" e usou como sinônimo dessa condição o termo "forro". Todavia, não confiemos de imediato nessa sinonímia, pois há registro de litigante que alegou ser "livre de sua natureza" e pediu para se julgar "forra", dado que a mãe fora capturada contra as leis.[135] Esse último caso coloca "forra" como atributo concedido pelos deputados das Juntas e, em alguma medida, aproxima-se do termo "forra" no sentido de alforriada — concessão de liberdade pelos proprietários —, que também encontramos nas fontes. A palavra "forra" referia-se ainda a aldeados, no caso da "índia forra" Ignácia Maria.[136] Notamos, assim, várias acepções do termo "forro" e três delas locais — forro de nascimento, forro de aldeado e forro como determinação do tribunal —, distantes da principal entrada do termo "forro" dicionarizada por Raphael Bluteau.

A "aldeada" Mariana requereu que fosse declarada "livre pello ser de sua natureza, e per tal ser tratada desde o tempo em que foi [trazida] por Manuel Damasceno".[137] O rei D. João V determinou que Inês, Pedro e Germana fossem "conservados em sua liberdade"[138] — o que remete à matriz jurídica do direito natural —, pois eles teriam nascido "livres de sua natureza" e sido "injustamente cativados".[139] Expressões desse tipo reportam a um estado original que teria sido rompido pela introdução irregular no cativeiro e que deveria ser restabelecido. No entanto, para os litigantes, o sertão não é mencionado como lugar de liberdade, o que pode ter acontecido por terem nascido, em sua maioria, em ambiente colonial. Assim, se o regresso ao sertão não se apresentava no horizonte, se não havia a possibilidade de deixar de trabalhar — alternativa impensável, talvez, na época —, cabe perguntar: afinal, quais expectativas cabiam nas demandas indígenas por liberdade? Quais situações mulheres e homens originários almejavam quando moviam petições?

Pois bem, notamos que os litigantes também pediram para ser declarados livres,[140] entravam em juízo pela liberdade,[141] "pretendiam liberdade",[142] requeriam a liberdade.[143] Nessas causas, é impossível precisar o que, de fato, os litigantes entendiam como liberdade. Assim, convém debruçar-se sobre os pedidos mais detalhados, que nos dão pistas para delinear essa liberdade a ser conquistada nos tribunais. Já verificamos que eles poderiam desejar se livrar do cativeiro.[144] Há poucos casos, porém, em que a simples oposição ganhou tons de proposição: a "índia" Ângela de Jesus solicitou "livrar-se de tal cativeiro para viver em sua liberdade".[145] A "índia forra" Ignácia Maria pretendia "viver em sua liberdade aonde quizer".[146] A "índia" Hilária fornece-nos ainda mais elementos para caracterizar a liberdade que almejava: pediu que lhe fosse concedido "o viver donde quizer com seus filhos, familia e mais parentes de sua geração".[147] Esse pedido, o mais detalhado que encontrei, expressa a vontade de sair de cativeiro e habitar onde for, desde que mantivesse a família unida. Retomando a demanda de Anna, "índia do sertão", percebe-se que ela afirmou a necessidade da Junta das Missões de Belém declará-la "livre de escravidão para poder usar de sua liberdade". Tanto essa demanda quanto a da "índia" Ângela de Jesus — que pediu para viver em sua liberdade — apontam para a autodeterminação e parecem conter o máximo de liberdade ansiada pelos litigantes.

Em suma, os litigantes avaliaram que a via jurídica era uma estratégia exequível de melhoria das condições de trabalho e de vida que correspondia a alguns de seus interesses. Observando suas demandas, verificamos que eles tinham consciência de que eram trabalhadores escravizados, o que não é trivial. Além disso, tinham conhecimento das leis de regulamentação da escravidão indígena e, ao confrontá-las com o próprio cativeiro, notavam irregularidade e acionavam os tribunais e seus oficiais para alterar essa situação ou mesmo para chancelar a liberdade que alegavam carregar desde o nascimento. Eles tinham no horizonte o abandono do cativeiro, ao passo que não cabia necessariamente em suas perspectivas deixar de trabalhar. Assim, pediam para servir como isentos de cativeiro — tensionando a escravidão, mas não se liberando por completo da exploração do trabalho. Se pretendessem romper com a exploração do trabalho, talvez tivessem investido em outra modalidade de resistência, quem sabe a fuga ou talvez a revolta. E o espaço máximo de ação que vislumbravam era a possibilidade de viver em sua liberdade onde quisessem. A noção de liberdade dos litigantes, portanto, passava pelo distanciamento do espaço senhorial e pela conquista de um espaço próprio.

É preciso considerar a amplitude desse pedido: conquistar a liberdade jurídica[148] e poder escolher onde morar eram ações carregadas de sentidos. De imediato, significariam a saída do cativeiro e, com isso, a conquista de um espaço maior de circulação, fora da casa senhorial e distante da vigilância do amo. Se os sujeitos em cativeiro passassem por vexações e maus-tratos, aliviar-se-iam também as sevícias. Nos casos de extensão dos pedidos de liberdade, junto ao liberto estariam seus filhos, companheiros, parentela, e o estabelecimento de uma casa constituída por um núcleo familiar afastaria o temor da desagregação por venda e criaria a oportunidade de nutrir os laços sanguíneos e criar os filhos de uma maneira mais independente, quiçá voltada às tradições. Devemos levar em consideração ainda o fomento das redes comunitárias e de vizinhança. O apoio mútuo, essencial nas disputas jurídicas, seria fundamental também na vida sobre si que alguns desejavam conquistar nos tribunais.

Outra dimensão da existência a ser considerada é o trabalho. Sair do cativeiro e constituir morada traria consigo o ônus do sustento e a preocupação constante com a garantia da sobrevivência de si e da família. Com isso, seria importante escolher a localização da nova casa considerando os recursos disponíveis nas proximidades: um igarapé onde se lavaria roupa e se poderia pescar; um rio navegável, por meio do qual se pudesse entrar para o interior e colher as drogas do sertão — esses seriam locais favoráveis ao estabelecimento de uma nova vida.

Tratava-se, portanto, da vontade de conquistar um espaço de maior autonomia, um espaço no qual agiriam mais conformes às suas vontades, no qual pudessem usar de suas liberdades. Nesse sentido, as demandas por liberdade indígena pretendiam intervir no estatuto do escravizado. Além disso, ansiavam por modificar os termos da participação de mulheres e homens originários na sociedade colonial, sobretudo propondo realocações no mundo do trabalho e a preservação das escolhas em relação às conformações de família e de modo de vida.

Para finalizar esta seção, resta adensar a caracterização da via institucional como modalidade de contraposição ao cativeiro. No capítulo 1, defendi que a Coroa e os administradores coloniais abriram as instituições para demandas indígenas por liberdade com vistas a interferir nas práticas escravistas dos moradores. Neste capítulo, além disso, conhecemos casos em que a reação dos cativos à escravidão, manifestada por meio de fugas, foi conduzida aos tribunais. O tribunal foi indicado como estratégia apropriada de queixa e de questionamento do cativeiro aos indígenas Ventura e Roque, como havia sido recomendado aos indígenas fugidos do senhorio de Gregório da Costa Goulart — no caso de abertura do capítulo anterior. Assim, a via institucional apresentou-se como alternativa conveniente de resistência ao cativeiro. Conveniente para a Coroa, em primeiro lugar, porque atribuiu a uma instituição já existente a função de regular os questionamentos do cativeiro e da exploração do trabalho; em segundo lugar, porque orientou tais questionamentos para o âmbito institucional, tornando-se, com isso, mediadora de conflitos; em terceiro lugar — justificativa que provavelmente só ficou no horizonte, se é que existiu de verdade[149] —, porque a apresentação dessa alternativa atenuaria os esforços na contenção de revoltas e de fugas. Foi uma alternativa de resistência ao cativeiro conveniente também para o senhor, pois a via institucional não rompia imediatamente com sua propriedade, como a fuga, mas levava a disputa para o debate jurídico e fixava o trabalhador, *a priori*, em seu domínio durante todo o litígio. Era conveniente também para os cativos, já que, apesar de apresentar riscos — como veremos, o mau tratamento e as torturas aplicados nos cativos poderiam aumentar durante os pleitos —, os indígenas que concentraram seus esforços de questionamento do cativeiro na via institucional, em tese, poderiam contar com o auxílio e o apoio das instituições e da comunidade colonial — dentro dos limites de uma sociedade escravista com cerca de 80% de cativeiro clandestino. De todo modo, provavelmente, entrar no tribunal era menos arriscado que fugir para o sertão — frequentado por tropas de guerra, expedições de escravização de indígenas e campanhas missionárias de descimentos — ou se envolver em revoltas, difíceis de serem organizadas e com o risco da repressão.

Ademais, a via institucional foi também uma alternativa restrita e restritiva. Restrita porque, da mesma forma que não é possível dizer que a Coroa controlou a arregimentação do trabalho escravo indígena estabelecendo instituições locais de fiscalização — como as Juntas das Missões e o cargo de procurador dos índios —, criando leis e recebendo denúncias de seus desvios, não podemos dizer igualmente que a possibilidade de os indígenas entrarem no tribunal para denunciar a irregularidade de seus cativeiros tenha sido real para todos os cativos clandestinos ou mesmo que todos eles tenham tido interesse em aderir à via institucional. Nesse sentido, indígenas citadinos, ladinos, bem articulados, que demonstravam interesse em melhorar suas condições de trabalho, mas preocupavam-se com a manutenção da unidade familiar e o afastamento da casa do senhor e tinham, possivelmente, como perspectiva continuar residindo no espaço colonial, foram aqueles que se tornaram de fato litigantes. E restritiva porque, diferentemente das fugas, das revoltas e das insurreições, que de maneira mais ou menos radical procuravam romper com a exploração do trabalho, a via institucional representava o interesse do trabalhador em se deslocar no espectro entre a escravidão e o trabalho livre compulsório (que é seu oposto complementar nesta época), como terminaremos de ver no capítulo 3.

É importante ressaltar ainda que as demandas por liberdade testemunham redes de aliança e de amizade tecidas entre indígenas, "mamelucos", "cafuzos" e "mulatos" em cativeiro. As mulheres e os homens originários foram retirados de seus núcleos familiares e de suas comunidades, o recrutamento de mão de obra e a escravização reconfiguraram ou acabaram por destruir as redes políticas e comerciais dos rincões amazônicos onde habitavam, mas, inseridos no contexto colonial, os indígenas e seus descendentes reconfiguraram redes visando atenuar a exploração do trabalho, superar o cativeiro e tramar suas trajetórias de vida e de liberdade de maneira mais autônoma.[150]

A partir de agora, tomaremos contato mais aproximado com os litigantes. Por meio da conjunção de características de perfil dos sujeitos — que foram destacadas por eles ou por seus procuradores — com seus argumentos conformei três subgrupos: mulheres; mamelucos, mulatos e cafuzos; aldeados.[151] E, por meio das trajetórias — coletivas e individuais — de cada um dos subgrupos, pretendo dar materialidade para as circunstâncias de acesso às justiças e fornecer mais cores para as expectativas e os projetos de futuro que levaram cativos indígenas a pedir liberdade nos tribunais da Amazônia colonial setecentista.

Mulheres[152]

Os irmãos Maria, Apolinário, Francisco, Feliciano, Amaro e Estevão viviam na fazenda de Jaguarari. Não só viviam; trabalhavam, visto que serviço não faltava naquela grande extensão de terra nas margens do rio Moju.[153] Eles possivelmente se ocupavam de uma ou mais das muitas tarefas que tinham lugar na propriedade: o cultivo da cana-de-açúcar, destinada em grande parte à produção de aguardente e demais derivados; a agricultura do milho, do feijão e do arroz, que garantia o sustento das dezenas de trabalhadores; a lavoura do algodão e a fiação do pano, que interessava tanto ao vestido quanto à moeda;[154] a recolha do cacau "bravo" e o plantio do cacau "manso", direcionados ao comércio; o trato dos currais de gado vacum e o fabrico de tijolos e telhas na olaria de reconhecida fama, vendidos no mercado local, assim como os afazeres domésticos.[155]

Jaguarari era originalmente de propriedade do casal Bernardo Serrão Palmella e Isabel da Costa, que, em 1667, vendo-se já com idade avançada e dada a ausência de filhos, fizeram dos padres do Colégio de Santo Alexandre seus herdeiros. Deixaram-lhes a fazenda toda, com terras e escravos, sob a condição de que os jesuítas os sustentassem enquanto fossem vivos (Bettendorff, 1990, p. 251-2).[156] O patrimônio, por certo, contentou os religiosos da capitania do Pará por verem aumentadas suas posses. Porém, os mencionados trabalhadores da fazenda deram mostras de que a administração dos religiosos não lhes garantiu o mesmo contentamento. Tanto que preferiram arriscar-se às desventuras da vida de foragidos do que permanecer na terra onde afirmavam ter partilhado a liberdade com seus ascendentes por mais de sessenta anos.

Os traços indígenas que marcavam o rosto e o sangue nativo que irrigava suas veias não se traduziram em caminho de retorno àquela aldeia, possivelmente rememorada por seus avós nas conversas noturnas. Quiçá povoação nenhuma existisse mais, uma vez que os irmãos alegavam que faziam parte da terceira geração de trabalhadores livres de Jaguarari. De modo que o destino da fuga desses "índios"[157] foi, afinal, a cidade de Belém. Decerto por lá pudessem arrumar trabalho e garantir sustento. Talvez fosse mais segura a vida na capital da capitania do Grão-Pará do que no sertão, eivado de expedições de guerra e de resgate e perpassado por descimentos.

Ou quem sabe os indígenas tenham abandonado a fazenda já determinados a irem ao tribunal, por considerarem que, como clandestinos, viveriam em desassossego, sob o constante risco de escravização.

Assim, no dia 10 de outubro de 1749, Maria, Apolinário, Francisco, Feliciano, Amaro e Estevão apresentaram petição coletiva[158] aos deputados reunidos no palácio do capitão-general do Estado, Francisco Pedro de Mendonça Gurjão (1747-1751). Nela, alegavam ser "livres por sua natureza" e ter sido — eles próprios, seus pais e seus avós — tratados conforme essa condição. Apesar disso, expunham que, nos últimos tempos, os jesuítas "pretendiam constrangê-los ao cativeiro", de modo que se recusavam, pelo "título de suas liberdades", a retornar ao poder dos padres. Recorreram às instituições jurídico-administrativas a fim de que mandassem passar portaria, em cumprimento das ordens régias, para que não fossem, em hipótese alguma, cativados pelos jesuítas e para que nenhuma pessoa ousasse entender assim com eles. Em reforço de argumento, os nativos acrescentaram que descendiam "de um índio cavaleiro do hábito por mercê de Sua Majestade".

Proposta a dita petição, Júlio Pereira, reitor do Colégio de Santo Alexandre e responsável pela administração da fazenda, prontificou-se a justificar os jesuítas. Respondeu que os religiosos se achavam de posse dos suplicantes por "serem nascidos de ventre cativo, o qual fora sua mãe, filha também de cativa, como tal dada com a fazenda de Jaguarari, e outros mais servos ao colégio", o que, aliás, poderia ser atestado pelo auto da doação entre vivos que trazia consigo. Em complemento de defesa, o padre apresentou, outrossim, o livro dos assentos dos escravos da fazenda, no qual a mãe dos litigantes estava registrada como escrava, enquanto somente o pai deles tinha sido assentado por forro. Nessa conformidade, concluiu o missionário, o colégio sempre estivera de posse dos suplicantes sem contradição alguma.

Os ministros da Junta das Missões consideraram a petição dos indígenas frente às razões apresentadas e fundamentadas com documentação pelo reitor do colégio e votaram que, como os suplicantes não comprovavam a liberdade pela parte materna, "se conservassem na mesma escravidão em que se achavam". O ouvidor-geral complementou seu voto dizendo que, embora o pai dos suplicantes estivesse assentado por forro, sendo, portanto, verossímil que os filhos houvessem sido declarados por forros como o pai (igualmente se nascidos de ventre livre), não foram assim identificados. E nessas circunstâncias deveriam permanecer no serviço do colégio, "no mesmo estado em que se achavam, ficando-lhes o direito salvo para poderem alegar o que fosse a bem da sua justiça pelos meios ordinários".[159]

A resolução dos deputados — missionários e membros da administração colonial — não considerou uma denúncia contra os jesuítas, realizada anos antes pelo governador do Estado, Alexandre de Souza Freire (1728-1732), que em carta ao rei dizia que os inacianos em

> fazendas suas, pello excessivo cabedal, que dellas tirão, sem pagarem aos Indios que lhes trabalhão, na forma que lhes pagão os moradores, com tanto prejuizo do bem comum; e ultimamente são tratados os pobres Indios, não como Livres e izentos, mas sim como escravos, oprimidos da mayor tirania, pella geral devem muitas vezes percizados a desesperação, tomando por suas maons a morte, como se vio em hua' India da aldeia dos Tapajôs, que arrojadamente se precipitou ao mar com hua' pedra ao pescosso, de que veyo a morrer, sendo o Padre Anibal Mazzolani Missionário da dita aldea.[160]

Tanto a carta do governador quanto a petição dos indígenas denunciam práticas escravistas ilícitas conduzidas pelos jesuítas em suas propriedades, apontando, mais uma vez, para o desencontro entre as categorias forro e cativo. Para

Alexandre de Souza Freire, tal discordância refletia no prejuízo do bem comum, enquanto para os peticionários a mudança de estatuto jurídico incidia diretamente no trabalho que exerciam e no lugar social que ocupavam.

Retomemos a contenda. Os litigantes indígenas, de avô nobre, argumentaram pela liberdade de nascimento e pela prática de trabalho livre de que tinham memória e que declaravam exercer, acusando os jesuítas de constrangê-los ao cativeiro. Ao passo que os missionários apresentaram documentos escritos que poderiam comprovar, de acordo com o tribunal, que a "índia" Maria e os "índios" Apolinário, Francisco, Feliciano, Amaro e Estevão deveriam ser tratados, na verdade, como trabalhadores escravizados, assim como haviam sido sua mãe e sua avó. A razão do argumento do reitor do colégio, bem como o critério adotado pelos deputados para a determinação da escravidão dos indígenas, residiu na condição jurídica do ventre materno, posto que a legislação portuguesa reconhecia o direito civil romano de *partus sequitur ventrem*. Com isso, observamos que tanto os réus quanto os deputados das Juntas olhavam ou, ao menos, assentavam seus posicionamentos a partir do olhar que deitavam sobre as mães. De modo que as mulheres foram frequentemente evocadas nos litígios por liberdade.

Apesar da legislação indigenista, algumas litigantes preocupavam-se com o legado de sua condição jurídica. Como Tomásia, filha da "índia" Maria do sertão das Amazonas, que requisitou que tanto ela quanto seus filhos fossem declarados livres, pois partilhavam de cativeiro injusto promovido por Miguel Rabello Mendez. O primeiro despacho da Junta, em 3 de outubro de 1752, determinou que o suplicado respondesse à acusação dentro de oito dias, devendo ainda apresentar documentação comprobatória. Contudo, o colono possivelmente desobedeceu às determinações do tribunal, e então, no dia 4 de agosto de 1753, Tomásia tornou a requerer a liberdade para si e seus filhos. A Junta de São Luís, desta vez, deferiu que a "índia" requeresse em juízo competente, ou seja, a ouvidoria.[161] Ora, o fato de Tomásia ter vinculado seus filhos à sua demanda faz com que desconfiemos do cumprimento imediato de transmissão da liberdade da mãe à prole.

Essa suspeita ganha corpo quando observamos a demanda da "índia" Mariana, que, tendo obtido despacho favorável, viu-se obrigada a mais uma vez peticionar para que seus filhos ficassem de fato livres, posto que permaneciam em cativeiro nas casas de Manuel Fernandes e de Jacinto de Figueiredo, seus antigos senhores. A Junta do Maranhão, em sessão de 25 de outubro de 1755 — quase três meses após a decisão a favor da indígena, obtida em 28 de julho do mesmo ano —, deliberou que, na reunião seguinte, os filhos enfim deveriam ser entregues para viver junto da mãe.[162] Nessa ocasião, foi necessário que a liberdade dos filhos de mãe livre fosse reiterada na resolução do tribunal.

Os casos das indígenas Tomásia e Mariana não foram exceções. Como elas, mais 44 mulheres vincularam parentela e descendentes a seus pedidos por liberdade. A estratégia de extensão dos pedidos aos filhos salienta a necessidade de atualização do direito positivo nas resoluções dos tribunais, especificamente no que tange à herança materna da condição jurídica de livre.

Além de as mães terem sido citadas nas contendas a fim de fundamentar a condição jurídica de seus descendentes, muitas mulheres encabeçaram demandas por liberdade. Marcia Mello (2005) apontou para a predominância de indígenas, "mamelucas" e "cafuzas" entre os sujeitos peticionários. Nos 65 casos analisados pela historiadora, as mulheres apresentam-se como litigantes em 48 deles, ou seja, 73,8%.[163]

Seguindo esse indício, procedi com a análise documental, assinalando a diferença de gênero[164] entre os peticionários. E confirmei que as mulheres são maioria nos autos. Como constatei, 330 é o total de pessoas envolvidas nos litígios, sejam elas responsáveis pelas demandas ou atreladas a elas

Gráfico 3 — Gênero dos litigantes, 1706-1759

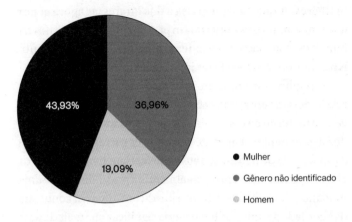

por extensão — 145 delas são mulheres, isto é, 44%, enquanto 63 homens estiveram implicados nas ações por liberdade, correspondendo a 19% dos litigantes. Como já dito, os demais litigantes estão referenciados na documentação de maneira genérica, sobretudo como "filhas, filhos" e "outros", de forma que preferi não os arrolar nas estimativas de gênero. No entanto, as pessoas que assim foram tratadas, ainda que não tenham encabeçado pedidos nos tribunais, foram vinculadas a eles. E, considerando que 44 dos 48 litígios com extensão de pedido foram realizados por mulheres, esse número relaciona-se diretamente às peticionárias, fazendo com que o total de "índias", "mamelucas", "cafuzas" e pessoas relacionadas a elas que se utilizaram da via jurídica objetivando a liberdade chegue perto de 80%, o que pode ser conferido no gráfico 3.

Produzi os dados e os gráficos apresentados para demonstrar que "índias" e "índios", "mamelucas" e "mamelucos", "cafuzas" e "cafuzos" em cativeiro realmente moveram demandas nos tribunais da Amazônia portuguesa setecentista, tornando-se, com isso, litigantes. Assim, as fontes nos permitem dizer que indígenas e mestiços peticionários existiram e, mais precisamente, que a maioria deles era constituída de mulheres. A questão que passa a nos interessar agora é: por que tantas mulheres impetraram pedidos por liberdade nos tribunais?[165] Não posso responder prontamente a essa pergunta. No entanto, é possível fazer inferências.

Suponho que a predominância de mulheres nos litígios relacione-se à supracitada centralidade da condição jurídica do ventre materno na determinação da liberdade ou do cativeiro dos descendentes. Uma vez que as mães carregavam consigo a capacidade de definir se seus filhos seriam livres ou cativos, elas carregavam no ventre, igualmente, a possibilidade de uma mudança extensiva de estatuto jurídico. Ou seja, a conquista da liberdade de uma mulher deveria significar que mais de uma pessoa se tornasse livre. Com isso, defendo que, nas mulheres, o impulso de livrar-se do cativeiro foi robustecido pela competência que lhes cabia de legar a liberdade aos filhos que possuíam e aos que poderiam nascer. Somada a isso, a conquista de um espaço de autonomia poderia significar a manutenção de laços familiares. Cuidar da prole, permanecer junto de companheiros e parentes e não testemunhar o afastamento com a separação pelas vendas caracterizam a noção de liberdade dessas mulheres.[166] Acredito que essa inferência nos permita compreender a composição do perfil de gênero dos litigantes, em que as mulheres são quase a metade, os homens correspondem a um quinto e pessoas vinculadas aos pedidos feitos por mulheres somam cerca de 37%.[167]

Toda demanda jurídica configura-se como uma expectativa, uma projeção de futuro. No caso das demandas desta pesquisa, como vimos, as perspectivas recaíam no desejo de mudar de senhor, de melhorar o trabalho cotidiano, de poder escolher com quem se casar, de manter a família unida e de conquistar a liberdade. E nas mulheres cativas sustento que essa projeção de futuro ganhava mais cores pela faculdade de legar a liberdade à descendência, como também, há que se acrescentar, pela possibilidade de alcançar maior espaço de mobilidade social através do matrimônio, já que admito que seria preferível se casar com uma mulher livre ou liberta — que poderia gerar descendentes que deveriam nascer fora do cativeiro — do que com uma mulher escravizada.

Retomo os passos desta pesquisa no que tange à variável gênero. Primeiramente, identifiquei na historiografia a predominância de mulheres nos litígios por liberdade. Seguindo esse indício, comprovei, em um segundo momento, o maior número de peticionárias. O passo seguinte residiu em inferir uma explicação para a maioria de mulheres dos litígios, a saber, defendo que a centralidade do ventre materno na determinação da condição jurídica dos descendentes tenha estimulado a luta de mulheres por liberdade, e os tribunais foram um desses espaços de luta. Cumpri todas essas etapas. Resta, agora, dar um passo mais largo no intuito de contribuir para a compreensão daquele contexto. Nesse sentido, seria pertinente perguntar: o que a preponderância de mulheres litigantes pode nos dizer a respeito daquela sociedade? Isto é, o que significa o fato de que um número maior de mulheres haja optado pela via jurídica na busca por melhores condições de vida para si e para sua família na Amazônia portuguesa do século XVIII? Contudo, desse passo apontarei apenas o movimento inicial.

É possível que a predominância de mulheres nos litígios possa refletir, ainda, um quadro populacional de maioria de cativas nas cidades e nas vilas da Amazônia lusa. Não há dados populacionais conclusivos; no entanto, um estudo recente da historiadora Camila Dias (2019, p. 243-6) aponta para essa direção. A pesquisadora assinalou que, na primeira metade do século XVIII, 84% do total de aprisionados em tropas de resgate e introduzidos nas cidades como trabalhadores escravizados era de mulheres e crianças (meninos e meninas de até catorze anos), e 60% dos cativos eram do sexo feminino. O que pode indicar, ainda de acordo com hipótese em construção da historiadora, um sistema produtivo complementar entre trabalho livre (majoritariamente adulto masculino) e cativo (de maioria feminina, de crianças e de velhos)[168] na Amazônia portuguesa. Assim, mães e filhos seriam responsáveis pelo cultivo da mandioca e do algodão — base da alimentação, o último usado também na vestimenta da população e ainda empregado como moeda e como pagamento de tributos e salário dos remadores —, cuidando, portanto, da manutenção e, especificamente as mulheres, da reprodução da sociedade; já os homens seriam encarregados do incremento da oferta de trabalhadores cativos na produção e do extrativismo de produtos florestais destinados à exportação.[169] Então, a marca do gênero estaria presente primeiro na determinação da condição jurídica dos trabalhadores indígenas e, por consequência, nos litígios dos cativos por liberdade.

O grande número de demandas impetradas por mulheres poderia refletir, dessa forma, a preponderância das índígenas nas cidades amazônicas e em suas redondezas. Assim, a composição de gênero dos trabalhadores escravizados e a questão do ventre materno convergiriam para a compreensão do perfil de gênero dos litigantes. De todo modo, ainda que não tenha obtido respostas definitivas para a maioria de mulheres litigantes, reitero que as demandas configuram-se como oportunidades de investigar o cotidiano de trabalhadores em cativeiro nas áreas citadinas e em suas adjacências na Amazônia de colonização portuguesa. E pergunto, afinal: o que dizem as demandas a respeito das mulheres escravizadas?

O maior número de cativas e de litigantes nos leva a inferir que as índígenas seriam as principais responsáveis pelo sustento e pela reprodução da sociedade, não só por gerarem herdeiros, mas por cuidarem das crianças no período em que elas não podiam sobreviver sozinhas. Suponho que, como trabalhadoras escravizadas nas cidades, viviam nas residências de seus senhores e, eventualmente, tinham a oportunidade de se deslocar nas ruas e nas vielas, deparando-se com aldeados, indígenas

144

independentes, escravizados negros e os demais grupos sociais de Belém e de São Luís do Setecentos. Presumo que o encontro com diferentes possibilidades de existência poderia gerar o reconhecimento da condição de cativeiro em que se achavam e despertar a vontade da mudança. Além disso, o fato de a condição jurídica do ventre materno ser determinante no legado do cativeiro ou da liberdade poderia tê-las estimulado na luta, e os caminhos para a mudança de condição jurídica estariam facilitados pela presença das instituições na vizinhança de suas moradias e pelo estabelecimento de redes de apoio e de afeto.

Adiante, entreveremos a atuação no tribunal de alguns dos filhos dessas mulheres, cativos considerados mamelucos, cafuzos e mulatos que reivindicavam ascendência indígena por parte materna por arvorarem a condição de livres.

Mamelucos, cafuzos, mulatos

A "mameluca" Deodata, na tentativa de livrar a si e a seus filhos do cativeiro, acessou as instituições jurídico-administrativas da capitania do Maranhão em 1754. Obteve, em primeira instância, despacho desfavorável à sua causa. Obstinada, recorreu da decisão da ouvidoria ao tribunal das Juntas das Missões de São Luís. O primeiro registro de seus autos de apelação encontra-se na ata da reunião da Junta de 22 de março de 1755. Nesse dia, os deputados determinaram "vistas às partes", para que, tendo conhecimento do processo, ré e apelada se manifestassem. Cerca de um ano depois, em 4 de fevereiro de 1756, os termos das Juntas registraram nova solicitação de Deodata. Desta vez, Antônio Gonçalves Pereira, representando a "mameluca", requereu embargo da sentença da ouvidoria. Três meses depois, o tribunal ainda não havia tomado medida consistente em relação ao caso. Assim, no dia 29 de março de 1756, a mulher requereu, mais uma vez, sua liberdade. Os deputados assentaram, então,

145

que os registros do processo fossem transferidos da ouvidoria para as Juntas, indicando que dariam prosseguimento ao auto. Em maio do mesmo ano, os ministros, referindo-se à demanda de Deodata, determinaram que a apelada, Izabel Correia, se pronunciasse. Finalmente, no dia 5 de março de 1757, o tribunal realizou despacho, entretanto mais uma vez desagradável à litigante, já que recusou o embargo, dispondo que se confirmasse a primeira sentença. Passaram-se, nesse ínterim, três anos para que a Junta de São Luís desse andamento ao caso e, afinal, resolvesse pela continuidade do cativeiro de Deodata e de seus filhos.

A morosidade e o dispêndio do processo não foram capazes de desanimar a "mameluca". Tanto é que, no dia 15 de abril de 1758, Antônio Gonçalves Pereira requereu outra vez por ela. Em petição, ele requisitou que Deodata e seus filhos fossem declarados livres por descenderem de "índia", portanto compreendidos na "Lei Novíssima das Liberdades". A fim de reforçar o argumento, anexou o processo de autoria de Deodata contra Izabel Correia, demostrando que a contenda jurídica já se arrastava por quatro anos, e acrescentou uma sentença antiga do tribunal da Relação em que foram autoras as "índias" Inácia e Margarida, esta última, proclamou Antônio, mãe da sobredita mulher. Desta feita, os colonos e os religiosos reunidos em sessão de Junta declararam a liberdade da "mameluca" e de seus descendentes.[170]

Apesar de não termos conhecimento do conteúdo da sentença da Relação de Lisboa a respeito da demanda por liberdade da mãe e da tia de Deodata,[171] importa-nos o uso instrumentalizado desse documento. Pelo que tudo indica, a vinculação do veredito do Tribunal Superior de apelação à demanda da "mameluca" teve como propósito comprovar a ascendência indígena de Deodata por parte materna e garantiu-lhe, afinal, despacho favorável. Assim, após anos de litígio, a mudança de argumento resultou em resolução positiva à "mameluca" e sua prole.

146

Tal qual Deodata, outras mamelucas e mamelucos, cafuzas e cafuzos, mulatas e mulatos,[172] nos termos das fontes, reivindicaram, na luta por liberdade nos tribunais, descender de mãe indígena. Encontrei mais 69 sujeitos com esse perfil na documentação analisada, o que corresponde a 20,9% do total de litigantes, dos quais quase três quartos demandaram a partir da década de 1750. Os registros de "mamelucos", "cafuzos" e "mulatos" demandando contra o cativeiro apontam, em primeiro lugar, para a complexificação do perfil dos trabalhadores escravizados na Amazônia portuguesa, sobretudo a partir de meados do século XVIII. Em segundo lugar, tais dados configuram denúncias da realização de práticas ilícitas de cativeiro contra trabalhadores mestiços[173] em período de escravidão e de abolição do cativeiro indígena. Deste ponto em diante, desenvolverei esta última consideração.

As demandas por liberdade de filhos de mães indígenas considerados mestiços indicam-nos que, embora procedessem de ventre livre e tivessem direito a essa condição após a Lei de Liberdade dos Índios, esses sujeitos permaneciam em cativeiro. Já sabemos que a declaração de uma lei não significa sua imediata execução, de modo que investigaremos, nesta seção, especificamente os usos instrumentais das categorias referentes aos indivíduos que transitavam entre indígenas, europeus e africanos. Vale dizer que me interessa observar a utilização e o manejo dessas categorias pelos senhores, pelos litigantes e pelos deputados das Juntas nas contendas por liberdade. Não cabe aqui investigar o pertencimento "étnico" dos litigantes ou coisa que o valha, porque as fontes desta pesquisa não permitem chegar a essas minúcias do particular e porque minha preocupação está em compreender o uso político desses marcos de diferenciação nos tribunais. Acrescento ainda que, naquela época, as características fenotípicas eram apenas uma entre outras variáveis que serviam para classificar certos indivíduos como "mamelucos", "cafuzos" e "mulatos".

A princípio, gostaria de destacar a determinação normativa a respeito desses sujeitos de fronteira para depois caminhar em direção à prática. Já sabemos que a lei de 1755 determinou que os indígenas escravizados fossem postos em liberdade. No entanto, dessa disposição foram excetuados "sómente os oriundos de pretas escravas, os quaes serão conservados no dominio de seus actuaes senhores, emquanto Eu [o rei] não der outra providencia sobre esta materia".[174] E a norma continua:

> Porém, para que com o pretexto dos sobreditos descendentes de pretas escravas, se não retenhaõ ainda no cativeiro os Indios que saõ livres: estabeleço que o beneficio dos Editaes acima ordenados se estenda a todos os que se acharem reputados por Indios, ou que taes parecerem, para que todos estes sejaõ havidos por livres sem a dependencia de mais prova do que a plenissima que a seu favor resulta da presunpção de Direito Divino, Natural e positivo que está pela liberdade, emquanto por outras provas também plenissimas, e taes, que sejaõ bastantes para illidirem a dita presunpção na sobredita fórma: incumbindo sempre o encargo da prova aos que requerem contra a liberdade ainda sendo Reos.[175]

Essa determinação é fundamental para o desenvolvimento do argumento. Suspeito que o "porém" da lei de 1755 não tenha sido sem fundamento, e antes tenha indicado uma possível prática desviante dos colonos. Dessa forma, argumento que, sob a fluidez das categorias de diferenciação social, os moradores poderiam dissimular a origem indígena de seus trabalhadores escravizados na tentativa de perpetuar o cativeiro. Por outro lado, demonstrarei que um número considerável de sujeitos em cativeiro respondeu a tal dissimulação através do manejo dessas mesmas categorias, mas orientados a outro objetivo: a liberdade. E, finalmente, observaremos que os tribunais, que tinham a função de arbitrar essas disputas, também partilhavam da oscilação dessas categorias.

Assim, em um primeiro momento, defendo que, uma vez que o cativeiro de indígenas fora proibido, os moradores recalcitrantes agarraram-se àqueles trabalhadores que provavelmente não correspondiam ao fenótipo nativo — entre outros fatores —, reconhecendo de maneira tácita sua condição de escravizados e produzindo, dessa forma, uma invisibilização da origem indígena em prol da permanência do cativeiro. Foi o que conferimos no caso da "mameluca" Deodata e de seus filhos, como também é o que verificamos nas contendas do "mameluco" José Florindo contra Manoel Maciel Gago e Francisco Xavier de Aragão, da "cafuza" Domingas contra Catarina Pereira, e de Vitória contra o capitão-mor José Garcês do Amaral, sendo todos os litigantes declarados livres em virtude de descenderem de ventre indígena.[176]

Os trabalhadores escravizados, por sua vez, poderiam evocar origem indígena nos tribunais — a despeito de seus grupos originários e de real procedência nativa —, pois esse argumento congregava para aqueles homens e mulheres a mesma condição: a de liberdade por serem originários em uma sociedade em que o cativeiro passou a ser regulamentado apenas aos provenientes de África.[177] Assim, o "mulato" Severino foi julgado "legitimamente escravo" da capela de Olinda, porque Gabriel Antônio de Castro Bacellar, administrador da instituição, demonstrou, de acordo com os deputados da Junta de Belém do Pará, que o cativo descendia de mãe "preta".[178]

As mestiças Rita e Cecília obtiveram sentença semelhante à de Severino. Elas foram declaradas cativas, no dia 6 de abril de 1758, por descenderem, aquela da "preta" Brígida e esta da "preta" Clara, devendo, por isso, permanecer na casa de Francisco Pereira de Abreu. No entanto, a contenda das mulheres não se encerrou. Elas solicitaram vistas às partes. O suposto proprietário, então, requereu a permanência da sentença proferida contra suas escravas enquanto o processo tramitasse. Praticamente um ano após o primeiro despacho, a Junta de

São Luís concedeu vistas às partes. As "cafuzas" insistiram e, no dia 9 de outubro de 1759, os deputados receberam embargo da primeira sentença. E, por fim, seis anos após o primeiro registro da contenda, na reunião do dia 29 de agosto de 1761, as "cafuzas" Rita e Cecília foram declaradas livres.[179]

O desenvolvimento do caso das "cafuzas" desperta interesse porque, em um primeiro momento, o tribunal decidiu pelo cativeiro por descenderem de mãe africana e, depois de longo processo, alterou o despacho, resolvendo pela liberdade, provavelmente por terem as mulheres contestado a ascendência africana por parte materna. Malgrado não poder certificar a origem da mãe das litigantes, interessa-me tanto o manejo da ascendência materna de que venho tratando até aqui quanto a oscilação do tribunal na apreciação de casos desse tipo. Atingimos, portanto, a esfera do julgamento das disputas fundadas pela conjunção da ancestralidade materna com a fenotipia.

A oscilação dos deputados das Juntas precedia o veredito; já na referenciação aos sujeitos litigantes, encontramos marcas da alternância do uso das categorias de diferenciação social. Assim, no registro da reunião de 15 de abril de 1752, lê-se que a "India Margarida Cafuza, filha da India Clara" requereu sua liberdade, obtendo como despacho o encaminhamento do pedido ao ouvidor-geral como "juiz das liberdades".[180] Ao examinarmos essa demanda, ficamos em dúvida quanto à categoria social de Margarida. Sem esquecermos da especificidade dos termos coloniais, poderíamos nos perguntar, dessa forma, se a mulher era, afinal, "cafuza" ou "índia". Todavia, o que faremos é investigar essa variação em mais um pleito.

No dia 8 de janeiro de 1762, entre vários pedidos por liberdade apreciados pela Junta de São Luís estava o da "cafuza" Micaella. Os deputados determinaram que a parte respondesse à demanda dentro de 24 horas. A proprietária, como ré do processo, não cumpriu a determinação do tribunal. De modo que, no dia 25 de janeiro, a "cafuza" requereu

150

novamente e o despacho determinou que Feliciana de Souza Muniz provasse a licitude do cativeiro da suplicante em trinta dias. A ré não comprovou a escravidão; no entanto, Micaella permaneceu cativa até ao menos a decisão do tribunal, de 6 de setembro de 1768 — seis anos após o início da contenda —, que declarou a "índia Micaella" "livre devendo, entretanto, pagar os dias de serviço devidos aos apelados".[181] Em um primeiro momento, Micaella foi tratada como "cafuza"; porém, quando a senhora não conseguiu comprovar seu cativeiro, o tribunal referiu-se a ela como "índia". Assim, a variação referencial não parece mais arbitrária, antes consoante à comprovação da ascendência indígena, por via materna, da litigante.

Poderíamos atribuir essa oscilação referencial aos escreventes das Juntas de São Luís; sem embargo, nas Juntas do Pará, encontra-se variação semelhante. No dia 21 de fevereiro de 1752, foram propostos uns autos de agravo das "mamelucas" Justiniana e Crispina contra Domingos Serrão de Castro. Os deputados, naquele dia, resolveram por não tomar conhecimento do auto, alegando que poderiam interromper o processo caso fosse atribuído parecer. Porém, na reunião de 11 de fevereiro de 1754, o caso foi proposto mais uma vez. Domingos Serrão de Castro apelou às Juntas da decisão da ouvidoria-geral. Contudo, os ministros decidiram uniformemente que o ouvidor-geral, como juiz das liberdades, havia realizado bom julgamento, de modo que as "índias" Justiniana e Crispina deveriam permanecer livres. O proprietário, além de ter sido malsucedido na causa, deveria pagar as custas do processo, conforme fora determinado no acórdão que se lançou nos mesmos autos.[182]

As contendas de Margarida, Micaella, Justiniana e Crispina marcam um movimento que jogou luz na origem indígena dos trabalhadores escravizados. Se, como vimos, argumento que os colonos investiam na invisibilização da ascendência nativa de seus cativos, objetivando mantê-los em seu senhorio, as ações jurídicas dos sujeitos em cativeiro ressaltavam tal procedência. Além disso, posso acrescentar que a oscilação referencial das Juntas marcava esse movimento progressivo de iluminação: de "cafuzas" a "índias", do cativeiro à liberdade.

Quanto ao critério de definição da origem indígena adotado nos julgamentos, verificamos que, caso fosse possível, as partes em litígio deveriam apresentar provas que atestassem a ascendência dos trabalhadores escravizados. Antônio Gonçalves Pereira respeitou essa conformidade na contenda supracitada, o que resultou na saída do cativeiro da "mameluca" Deodata e de seus descendentes. Do outro lado, temos o caso dos mercedários do convento de Alcântara, que, na figura de seu comendador, provaram por documentos e testemunhos perfeitamente justificados que o "cafuzo" Feliciano era filho da "mulata" Vicência, a qual, por sua vez, descendia da "preta" Maria e de seu marido Brás, e como tais estariam todos, pelo ventre da avó, condenados ao cativeiro.[183]

Entretanto, houve casos em que nem peticionário nem réu conseguiram apresentar provas e testemunhos, e a dúvida a respeito do procedimento que se deveria tomar no julgamento recaiu até mesmo nos partícipes do tribunal. Nessa conformidade, o ouvidor-geral, no dia 23 de junho de 1757, disse em sessão da Junta de Belém que, refletindo sobre a lei novíssima, entrava em incerteza no que tange à inspeção ocular que o mesmo senhor mandava fazer nas pessoas em que houver dúvida, se tocava a ele ouvidor ou se pertencia à Junta. Ao que logo se assentou uniformemente que a dita inspeção tocava apenas à Junta. Assim, na mesma reunião, propôs-se um requerimento de Helena, sua filha Francisca Silvana e seus netos, que descendiam da "índia" Luzia da aldeia de São José do Maranhão, porque seu suposto patrono, Agostinho Domingues de Siqueira, duvidava da liberdade deles. A questão de Agostinho havia sido trazida para a audiência para que Helena pudesse comparecer ao tribunal a fim de ser realizada inspeção ocular por todos os deputados. O resultado do exame foi a libertação do cativeiro de Helena e de seus descendentes, ficando, como de costume, o direito salvo ao suposto patrono para usar do que lhe assistir e entender.[184] Constatamos o mesmo procedimento na demanda por liberdade de Maria da Conceição, em que seu suposto senhor, Francisco do Rego, não teve meios de comprovar o cativeiro da mulher, e o tribunal deferiu que Maria "uzasse da Liberdade, por parecer India".[185]

Essa conduta, por ser derivada da norma, não era atributo apenas dos deputados das Juntas da Amazônia portuguesa. De modo que, nas Minas Gerais setecentista, um proprietário resistente em conceder a liberdade de alguns de seus escravos "apresentou um requerimento, no qual assinalava 14 itens, negando-se a reconhecer a 'naturalidade de Caterina Florência', 'por se chamar esta de nação índia'". Para alívio de Caterina, afirmam Maria Leônia Chaves de Resende e Hal Langfur, que tratam do caso em artigo: "o seu senhor não havia apresentado o registro de batismo e, em conformidade da lei, diante da falta de documentação, cabia ao juiz proceder a 'inspeção ocular'". Na prática, continuam os historiadores,

> significava que o juiz avaliava a aparência física do mestiço para julgar a ascendência étnica. Naquele caso, ficou convencido de que "a qualidade [é] de índia e destrói toda alguma presunção de filha de preta". Feita a vistoria deu seu despacho favorável: Caterina "não poderia ser consternada ao cativeiro". (Resende & Langfur, 2007, p. 19)

Destarte, na resolução de disputas desse tipo, o expediente do tribunal deveria ser o seguinte: (i) comprovação com documentos da ascendência indígena pela via materna; (ii) inspeção ocular.

Entretanto, há que se considerar que o critério da inspeção ocular era realizado pelos deputados das Juntas, colonos e missionários, que também partilhavam da infixidez dessas categorias de que vim tratando até agora. De modo que argumento, afinal, que a fluidez das categorias — "mameluco", "cafuzo" e "mulato" — permitia um uso instrumental pelos diferentes sujeitos envolvidos nos litígios. Isso significava que um colono poderia atribuir a seu escravo o qualificativo de cafuzo, objetivando perpetuar seu cativeiro. Um trabalhador escravizado poderia lançar mão da ascendência materna ou de um atributo fenotípico para se beneficiar nas causas, sendo o pertencimento verdadeiro ou apenas instrumental. E o jogo dúbio, permitido pela legislação, não cessava nem mesmo nos tribunais, que, por não terem um critério rigoroso em que se respaldar, decidiam em consonância com os olhares de seus pares e de acordo com o equilíbrio de forças dos contenciosos. Assim, é possível dizer que a condição fluida de "mamelucos", "cafuzos" e "mulatos" escapava à normatividade, possibilitando que os sujeitos enquadrados nessas categorias, bem como seus senhores e os representantes do ordenamento social, jogassem entre aquelas outras categorias mais rígidas de brancos, africanos e indígenas sobre as quais havia legislação específica.

Verificamos nesta seção, mais uma vez, que as condições de trabalhador cativo e forro eram intercambiáveis e eram disputadas pelos diversos sujeitos. Vejamos, agora, como indígenas aldeados corriam, até mesmo eles, o permanente risco de escravização.

Aldeados[186]

O procurador dos índios,[187] em 21 de junho de 1751, compareceu à reunião da Junta das Missões na cidade de Belém do Grão-Pará apresentando um requerimento pela "índia" Esperança para efeito de retirá-la do poder de Sebastião Gomes. Esperança, ele afirmou, era "livre de sua natureza", tinha sido "apanhada" na aldeia de Mortigura[188] e passado ao poder do sobredito colono, que a constrangia a servi-lo, aplicando-lhe, além disso, maus-tratos.[189]

Sebastião Gomes compareceu ao tribunal para se justificar. Alegou que um soldado de nome Protássio do Rosário havia lhe vendido a "índia", dizendo-lhe que possuía seu registro de cativeiro, porém que o documento estava em poder do padre Antônio da Silva. Apesar disso, o colono aceitou a negociação, bastando o ajuste (oral) que fizera com o vendedor, posto que realmente não recebeu o título de cativeiro da "índia". Acrescentou, ainda, que o vendedor havia comprado Esperança de um "índio" do já mencionado aldeamento.

Os deputados reunidos em Junta decidiram que, diante da ausência de certificado de escravização, Esperança deveria ser declarada "livre e isenta de cativeiro", ficando, como de praxe, resguardado ao réu o direito de requerer à decisão do tribunal, desde que apresentasse documento comprobatório do cativeiro e procedesse pelos meios competentes.[190]

O caso demonstra que Esperança foi retirada da aldeia jesuítica de Mortigura, nas margens do baixo Tocantins, e vendida como escrava para trabalhar na capital do Grão-Pará, apesar de o Regimento das Missões — instrumento normativo que regulava os indígenas aldeados e repartidos — determinar que:

> Nenhuma pessoa de qualquer qualidade que seja poderà ir ás aldeas tirar Indios para seu serviço; ou para outro algum effeyto, sem licença das pessoas, que lha pòdem dar na fôrma das minhas Leys, nem os poderaõ deyxar ficar nas suas casas depois de passar o tempo em que lhe foraõ concedidos; e aos que o côtrario fizerem, encorreràõ pela primeyra vez na pena de dous mezes de prisaõ, e de 20 mil réis para as despezas das Missoens, e pela segunda teraõ a mesma pena em dobro, e pela terceyra serão degradados cinco annos para Angolla, também sem apellaçaõ.[191]

Já sabemos que as leis representam um esforço de regulamentação das práticas sociais através da demarcação da norma, ao mesmo tempo que evidenciam possíveis desvios. Nesse caso, as práticas desviantes são a extração de indígenas das aldeias sem autorização e o alargamento do tempo de permanência do aldeado em casa de colono. Essas ações interditadas, quando materializadas, alteraram o destino não somente de Esperança mas também de outros aldeados. É improvável estimar a quantidade exata de nativos desencaminhados dos aldeamentos; porém, desse total, há notícia de pelo menos doze casos de indígenas livres que, em algum momento de suas trajetórias, estiveram no cativeiro de maneira clandestina e foram aos tribunais denunciar a situação ilícita à qual estavam submetidos, tendo em vista a restituição de sua condição anterior.[192] Indígenas extraídos das aldeias para serviço particular — como o menino Pedro, que acompanhamos no começo deste livro —, indígenas que eram repartidos e os quais os colonos acabavam por não restituir aos aldeamentos depois do tempo de serviço, como também circunstâncias que envolviam o sacramento do matrimônio.[193]

Eventualmente, o tribunal das Juntas discutia ocorrências, assim como determinava procedimentos para lidar com questões dessa natureza. Em suas reuniões, os deputados tomavam resoluções pontuais — muitas vezes, em resposta a pedidos do rei e de demais autoridades —, reiterando as normas régias ou ainda procurando resoluções conjunturais, em diálogo com as interpretações particulares dos colonos ou o completo descumprimento da legislação indigenista. Como na reunião do dia 6 de agosto de 1722, na qual o governador do Estado do Maranhão, João da Maia da Gama, apresentou para discussão duas demandas régias.

A primeira tratava de uma provisão de D. João V — em resposta à petição enviada pelo padre procurador-geral das Missões da Companhia de Jesus — que determinava que as câmaras de São Luís e de Belém, assim como o tribunal das Juntas, enviassem parecer apresentando as razões para consentirem com o abuso da lei a respeito das "índias de leite", uma vez que, segundo o rei, essas autoridades tinham pleno conhecimento de que os colonos costumavam exceder o tempo que estava determinado na mesma norma para esse gênero de serviço. Ao que os deputados estabeleceram que se deveriam conceder aldeadas somente aos colonos que tivessem legítima necessidade delas para criar seus filhos, entendendo, com isso, os "nobres" que padecessem, em suas casas, de ausência materna ou de amas de leite por moléstia ou enfermidade.[194]

A segunda demanda tratava da desordem a respeito da repartição dos aldeados. O rei ordenava que os deputados deveriam averiguar se os "índios" repartidos entre os moradores recebiam bom tratamento ou se eram tratados com alguma violência, que, inclusive, pudesse privá-los da liberdade. D. João V mandava que se encomendasse ao procurador dos índios, a quem cabia a obrigação de defendê-los, examinar corretamente essa questão.[195]

Essas pautas de reunião apontam para a transgressão do Regimento das Missões e demais normas no que tange especificamente à repartição dos aldeados, em especial das indígenas chamadas amas de leite (por serem responsáveis pela criação dos filhos dos colonos), mas também assinalam a necessidade de os moradores dispensarem bom tratamento aos indígenas aldeados, bem como — e isso nos interessa de perto — não os manter em cativeiro ilícito.

Em 28 de setembro de 1737, quinze anos após a sobredita reunião, tais questões permaneciam irresolutas. João de Abreu Castelo Branco (1737-1747), recém-chegado ao governo do Estado, deu provas nesse sentido ao perguntar por notícias de desordens que se tinham obrado no período anterior à sua administração — sobretudo no que dizia respeito aos resgates, descimentos, guerras injustas e abusos do tipo — e receber como resposta do padre José Lopes, da Companhia de Jesus, que as aldeias experimentavam a ruína, estando elas sob autoridade dos missionários ou não, e que, para dar providência a esse dano, o meio mais apropriado seria fazer listas dos "índios desencaminhados". O jesuíta evidenciou ainda o descumprimento das normas até mesmo por aqueles que não poderiam alegar falta de conhecimento da legislação: os deputados das Juntas. Segundo o missionário, deveriam ser substituídos o prelado maior e, com ele, todos os demais deputados que tinham fama pública de haver extraviado "gentios" do sertão contra as normas e ordens de Sua Majestade. Por fim, acrescentava que, na conformidade das leis, se tomasse conhecimento da matéria com o propósito de castigar os delinquentes para evitar, no futuro, uma tão escandalosa injustiça.[196]

Assim, percebemos que o desencaminhamento de aldeadas e aldeados era um problema recorrente naquela época. Dentre todas as possibilidades de descumprimento da repartição, destacarei uma prática desviante costumeira relacionada às mulheres aldeadas: o matrimônio. O Regimento das Missões, em 1688, determinava:

> E porque sendo o Matrimonio hu dos Sacramentos da Igreja em que se requere toda a liberdade, e a certa, e deliberada vontade das pessoas que o haõ de contrair, me tem chegado noticia que algumas pessoas do dito Estado, com ambiçaõ de trazerem mais Indios a seu serviço, induzem, ou persuadem aos das aldeas, para que cazem com escravos, ou escravas suas, seguindose desta persuação a injustiça de os tirarem das ditas aldeas, e trazerem-nos para suas casas, que vale o mesmo, que o injusto cativeyro, que as minhas Leys prohibem. Ordeno, e mando, que constádo desta persuação, que no natural dos Indios, pela sua fraqueza, e ignorãcia he inseparavel da violencia, fiquem os taes escravos, ou escravas livres, e se mandem viver nas aldeas, com a mesma liberdade que nellas vivem os Indios; e quando não conste da

dita persuação, ou violencia, sempre em todo o caso, que os ditos casamentos se fizerem, não seraõ os Indios, ou Indias obrigados a sair das suas aldeas, e ficaraõ nellas como d'ante estavam, e para o fim do Matrimonio lhes deputarà, ou sinalará o Bispo dias certos em que possaõ juntar, como he de direyto.[197]

Essa norma constata a realização de casamentos entre aldeados e sujeitos externos aos aldeamentos. Na sequência, qualifica enlaces desse tipo como forçados e espontâneos. Os primeiros, realizados com o uso de violência e persuasão dos colonos, objetivavam tornar aldeados cativos ao casá-los com seus escravizados, conformando cativeiro ilícito. Ao passo que os segundos passariam pela vontade das pessoas que os contraíam — e acrescento, correspondendo a seus interesses e projetos de futuro — e não podiam ser proibidos. Porém, nos dois casos, a lei determina que os aldeados deveriam continuar a viver nas Missões, sejam libertos do matrimônio forçoso, seja encontrando o cônjuge somente nos dias determinados. Portanto, o regimento evidencia a preocupação de evitar desencaminhamentos pela via do matrimônio.

Nesse sentido, Almir Diniz de Carvalho Júnior investigou o cotidiano das aldeias do norte perscrutando a retórica jesuítica, especialmente dos padres Bettendorff e João Daniel. No que diz respeito às mulheres, logo após ressaltar a importância do trabalho que exerciam nas roças de mandioca e na fiação do pano, afirmou, com o último jesuíta, que sua repartição causava descaminho, uma vez que não retornavam para as aldeias às quais pertenciam. Porém, a responsabilidade do descaminho não pesava apenas sobre os colonos. O padre observou que por vezes eram elas mesmas que não desejavam voltar aos aldeamentos, pois preferiam viver sem o constrangimento e a vigilância dos missionários (Carvalho Júnior, 2013, p. 92).

Assim, gostaria de observar, de maneira mais detida, a modalidade de casamento correspondente à vontade e ao interesse dos aldeados, mais precisamente das mulheres, acompanhando o caso que se segue. Para isso, é importante não perder de vista que, em uma sociedade escravista, o constrangimento dos senhores não dava sossego, que o matrimônio podia servir como estratégia para melhorar de vida e que a livre vontade, também ela, só era realizada dentro de certos limites de ação. Passemos, então, à trajetória da "índia" Mônica e de seus filhos "mamelucos".

Nascida livre no sertão, Mônica havia descido para a aldeia missionária do rio Urubu[198] pelo frei Teodoro, religioso das Mercês. Depois disso, foi enviada para trabalhar na vila de Tapuitapera. Lá, casou-se com Julião Ferreira, teve filhos — os "mamelucos" Maria, Susana, Camila e Ignácio — e viveu o restante de sua vida em casa de seu sogro, Antônio Ferreira, não regressando ao seu antigo aldeamento. Conforme a neta Maria alegará no tribunal, tendo esse falecido jamais poderia considerar seus netos cativos, de modo que não fez deles partilha em inventário, tampouco os mencionou em testamento. Com a morte do avô, os descendentes continuaram a morar na residência em que nasceram e passaram a ser criados em companhia da tia, Clara de Mendonça.

Porém, a tranquilidade dos "mamelucos" foi ameaçada pelo matrimônio de Clara com um colono chamado João Vasco. Este, segundo afirmou Maria nas Juntas, começou a tiranizá-los e teve ambição de vendê-los. Para fugir dos maus-tratos dispensados pelo novo integrante da família, a "mameluca" Maria Ferreira, seus irmãos e Luisana, uma sua sobrinha, fugiram para a fazenda de João Teófilo de Barros, procurando, com o ganho de seus serviços, passar a vida. Todavia, o tormento continuou. O abastado fazendeiro, de acordo com Maria Ferreira, abusou da hospitalidade com que recebeu os "mamelucos" e os numerou entre os seus demais escravos, dizendo que a título de compra de João Vasco os houvera como cativos legítimos. Mais uma vez, os "mamelucos" fugiram, nesta ocasião da propriedade do colono em direção ao tribunal das Juntas de São Luís a fim de demandarem a liberdade que alegavam possuir desde o nascimento.

Assim, em reunião do dia 17 de maio de 1738, pediram que a Junta das Missões se dignasse a mandar que o sobredito morador apresentasse os títulos de cativeiro da suplicante, Maria Mameluca, ou de sua mãe e irmãos. E que, não os exibindo, fossem julgados pelo tribunal "livres e isentos de cativeiro". Os deputados, após tomar conhecimento da causa, votaram uniformemente que Teófilo de Barros, tornado réu, respondesse à acusação, atestando-a através do registro de escravidão dos litigantes no termo de quinze dias.

Com efeito, dentro do prazo estabelecido pela Junta, o morador apresentou-se ao tribunal dizendo que não podia dar resposta à petição sem que primeiro lhe fosse restituída a posse dos "mamelucos". Ele argumentou que os tinha em seu poder fazia oito anos, por compra que fizera de João Vasco, pelo preço de setecentos mil réis, de que celebrou escritura comprovando a transação.

Os deputados reunidos em sessão de Junta do dia 31 de maio de 1738 decidiram que, atendendo ao pedido de Maria e considerando a resposta de Teófilo de Barros, os "mamelucos" deveriam residir e trabalhar durante o processo em casa do procurador do fazendeiro na cidade de São Luís, o que lhes facilitaria o acesso ao tribunal, de modo a poderem requerer o direito de sua liberdade com segurança, dando-lhes livres os dias de estilo.[199]

Embora não tenha encontrado na documentação o desfecho do processo, esse caso evidencia o desencaminhamento de aldeadas. A "índia" Mônica aldeada — portanto livre — foi repartida para trabalhar entre os moradores. Em umas dessas repartições, casou-se e constituiu família entre os colonos, de modo que não retornou à missão após o tempo de trabalho determinado. O que não significou, entretanto, que sua condição de livre e a de seus filhos estivessem irremediavelmente asseguradas. A ascendência indígena, apesar de afiançar a liberdade, nesse caso apontou para a possibilidade de cativeiro, e os "mamelucos" tiveram de ir ao tribunal sustentá-la. Notamos, mais uma vez, o trânsito dos sujeitos entre a liberdade e a escravidão, nesse caso em específico entre o aldeamento e o cativeiro na Amazônia de colonização portuguesa.

Além disso, o pleito movido por Maria Mameluca permite ainda que investiguemos mais de perto o uso instrumental do sacramento do matrimônio. Embora não tenhamos dados para inferir que o casamento da indígena Mônica, mãe da "mameluca", resultou de constrangimento ou vontade, é possível deduzir os interesses que o enlace poderia trazer aos cônjuges. Ao colono Julião Ferreira e sua família, a estadia, em casa, de uma indígena, capaz de gerar descendentes, aumentava os braços disponíveis ao trabalho. À aldeada, penso conforme Carvalho Júnior que o casamento poderia significar uma trégua nas obrigações mais árduas do aldeamento, bem como substituir a transitoriedade das repartições pela estabilidade em uma casa de colono, gerando a possibilidade de criação de vínculos e de laços comunitários, e até um prolongamento do tempo de vida. Porém, frente ao pedido de manutenção de liberdade da filha da aldeada, Maria Mameluca, constata-se que matrimônio não significava necessariamente cativeiro, e, com isso, considero apressada a seguinte afirmação do historiador de que talvez a alternativa do casamento fosse "menos dolorosa já que, por mais contraditório que possa parecer, embora escravas, elas adquiriam mais liberdade" (Carvalho Júnior, 2013, p. 93).

Os casos de aldeados que passavam ao cativeiro e o pleito da "mameluca" Maria Ferreira e de seus irmãos evidenciam que o intercâmbio das condições de aldeados e escravos dependia da ação dos colonos mas também contava com os interesses e as expectativas dos indígenas e de seus descendentes. Por certo não havia um equilíbrio de forças; porém, conforme as circunstâncias, poderia haver conjunção de interesses materializada em casamento e no consequente abandono da missão, o que não significava automaticamente cativeiro. Como também, é claro, constrangimento a permanecer em casa de colono e, no outro extremo, fuga de aldeados, de que não tratei aqui. Em termos de trabalho, é provável que as atividades desempenhadas por um aldeado e um livre fossem quase as mesmas. No entanto, a depender das circunstâncias, a vida em aldeamento poderia ser preferível ao cativeiro sob maus-tratos de um senhor violento ou, por outro lado, a morada em casa fixa, o acesso aos recursos da cidade, os laços de solidariedade poderiam motivar indígenas a não retornar às Missões. Portanto, em primeiro lugar, as demandas por liberdade de aldeados registram o descaminho de indígenas livres e, em segundo, indicam que a condição de liberdade desses sujeitos podia não ser respeitada fora das aldeias e que uma das vias que poderiam seguir era litigar nos tribunais.

Considerações finais

Neste capítulo, conhecemos os litigantes. Procurei situá-los no conjunto dos trabalhadores escravizados na Amazônia portuguesa setecentista, e, com isso, constatamos que o acesso indígena às instituições foi limitado. Analisando as circunstâncias materiais de ingresso nas justiças e os interesses e as expectativas dos litigantes, percebemos que a via institucional foi uma estratégia conveniente a poucos cativos. Depois disso, avaliamos os significados da adesão desse caminho de resistência ao cativeiro, e argumentei que à Coroa interessava orientar a resistência para o âmbito jurídico; que aos moradores a disputa judicial era mais conveniente do que, por exemplo, uma fuga ou uma revolta; e que aos escravizados correspondia a um caminho menos arriscado, mas com horizontes reduzidos.

As especificidades das fontes desta pesquisa direcionaram nosso olhar aos sujeitos na qualidade de litigantes; não atingimos, por isso, suas trajetórias completas; por vezes, desconhecemos suas origens, os modos como se tornaram trabalhadores escravizados ou mesmo se nasceram em tal condição. Todavia, tais documentos cristalizaram um momento importante de suas existências, que procurei contar aqui, aquele no qual questionaram os limites de seus cativeiros, demandando por liberdade.

Nos tribunais, deparamo-nos com um número bastante grande de mulheres que moviam pleitos, motivadas especialmente pela possibilidade de legar a liberdade a seus descendentes. Encontramos também sujeitos de condição fluida, que — por escorregarem entre as categorias de branco, indígena e africano — viviam sob o risco da escravização, ao passo que poderiam lançar mão de tal condição em seu proveito. E nos defrontamos ainda com aldeados, trabalhadores livres compulsórios que eram reduzidos ao cativeiro, mas alcançavam as instâncias jurídico-administrativas para ter restituída sua liberdade. Todas essas situações apontam para a escravização generalizada, sustentada pelo cativeiro ilícito, e marcam a precariedade da liberdade na Amazônia portuguesa setecentista.[200]

A divisão em subgrupos permitiu ressaltar alguns aspectos dos litigantes, porém a macrounidade, capaz de congregar todos eles, é a exploração do trabalho. Mulheres e homens indígenas, "mamelucas" e "mamelucos", "cafuzas" e "cafuzos", "mulatas" e "mulatos", "aldeadas" e "aldeados" foram aos tribunais para lutar contra as precárias condições de vida que enfrentavam, e a grande maioria deles obteve sentença favorável. Conferiremos os trâmites processuais, os despachos, as sentenças e no próximo capítulo reencontraremos com os cativos, litigantes e, então, libertos.

3

Livres para "uzar de sua liberdade": mulheres e homens indígenas entre trabalho escravo e trabalho livre compulsório

Dezenas de milhares de indígenas, habitantes do sertão do rio Amazonas e das margens de seus principais tributários, foram recrutados para trabalhar nos espaços coloniais na primeira metade do século XVIII (Dias, Bombardi & Costa, 2020). Um pouco mais de três centenas deles entrou na Justiça para questionar o cativeiro ao qual, de maneira irregular, foram submetidos. Cerca de três quartos desses, precisamente 238 trabalhadores escravizados, obtiveram sentenças ou despachos favoráveis a seus pedidos.

Neste capítulo, exploraremos os pleitos indígenas por liberdade, percorreremos os argumentos dos litigantes e lidaremos com as estratégias de defesa dos réus. Também investigaremos o procedimento-padrão dos tribunais das Juntas das Missões no que diz respeito ao exame das demandas indígenas por liberdade. Depois disso, nos limites das fontes, mediremos a duração dos processos. E, ao final, atingiremos os despachos e as sentenças. Na medida do possível, avaliaremos se as expectativas dos litigantes foram atendidas pela Justiça colonial. Realizado o percurso jurídico, abriremos a lente para o contexto, e será o momento de finalizar a caracterização da via jurídica como estratégia de oposição ao cativeiro. Enfim, reencontraremos os originários e seus filhos — que de cativos passaram a litigantes e, então, a "isentos de cativeiro", "forros", livres "para viver em sua liberdade donde quizer", libertos[1] para "uzar de sua liberdade". E, nos interstícios das demandas jurídicas, esquadrinharemos os estatutos jurídicos e as categorias laborais das mulheres, dos homens indígenas e de seus descendentes que se tornaram libertos através da ação institucional.

Estratégias dos litigantes e dos réus nos pleitos por liberdade indígena

A grande maioria das petições indígenas analisadas nesta pesquisa foi apreciada localmente pelas Juntas das Missões nas cidades de São Luís do Maranhão e de Belém do Pará. Como vimos no capítulo 1, esses tribunais eram instâncias finais nas causas de liberdade e obedeciam a um protocolo ordinário de resolução: ao pedido de liberdade do nativo, seguia-se a convocação do senhor para que apresentasse o certificado de escravidão daquele que considerava de seu domínio.[2] Segundo o governador-geral Francisco Xavier de Mendonça Furtado (que governou de 1751 a 1759), esse procedimento fundava-se nas indicações de Juan de Solórzano Pereira:

> que decide no Livro 3º do tomo 1º, cap. 7, nº 67, e em consequência que ninguém se possa chamar à posse de índios sem que mostre a origem da escravidão, porque a dita posse é de fato e, como tal, viciosa, por cuja razão não induz direito algum, e que à tal posse resiste o direito natural, e que quem funda a sua ação nele transfere o encargo de provar ainda que seja o Art. [tal], e o que quer obter contra a liberdade deve provar ainda a origem da escravidão, principalmente nos índios, que têm a seu favor sempre a presunção da liberdade, e finalmente outros muitos fundamentos em que o dito Solórzano estabelece esta opinião, seguindo a infinitos e extraordinários DD [Doutores].[3]

O ônus da prova cabia, portanto, aos senhores.[4] Se eles não oferecessem à vista das justiças o título de escravidão, os deputados das Juntas atestavam cativeiro ilícito e determinavam a liberdade dos litigantes. Caso os proprietários apresentassem o registro, tinham resguardado seu patrimônio. Esse procedimento-padrão sofria variações a depender das estratégias praticadas pelos litigantes e pelos réus para terem suas causas favorecidas. Conferiremos algumas delas a partir de agora.

As indígenas Hilária e Ângela de Jesus são as primeiras litigantes de que temos notícia. Além de precursoras, suas demandas são um tanto inusuais. Comecemos com Hilária. A "índia" era viúva do Principal Jerônimo Gigaquara e se queixou das moléstias cometidas pelo frei Silvestre Capuchinho. Além disso, pediu que lhe fosse consentido o "viver donde quizer"[5] com seus filhos e parentes de sua geração. Ângela de Jesus, por sua vez, que se dizia "de nascimento forra e filha da principal família que ha nesses Sertões", reclamou igualmente de maus-tratos e solicitou liberdade. Ambas acusaram seus senhores de trato inadequado e reivindicaram a saída do cativeiro. Ângela de Jesus declarou ainda que fora enganada, pois havia descido para trabalhar como livre na Casa de Misericórdia em Belém do Pará, por ordem do governador Pedro César de Meneses (1671-1678), e, apesar disso, era tratada como "vil escrava", servindo sob coação na fazenda do provedor José de Souza de Azevedo. Para fortalecer a demanda, como boa súdita que era, ressaltou que sua civilidade estava sendo prejudicada pelo provedor, que com "desprezo e tirania" havia impedido que levasse consigo suas roupas, provocando-a a não observar sua "virtude e bom procedimento que sempre teve".

As demandas das indígenas foram apreciadas pela Coroa, em Portugal. D. Pedro II (1683-1706) atendeu parcialmente ao pedido de Hilária e determinou que ela fosse posta em liberdade para viver na parte ou na aldeia onde lhe parecesse melhor, ao passo que não destinou palavra alguma aos seus filhos e parentes,[6] e D. João V (1706-1750) ordenou que a "índia" Ângela de Jesus deveria "viver em sua liberdade", desde que as informações e os argumentos que apresentava fossem averiguados pelo governador Christóvão da Costa Freire (1707-1718).[7] Conforme se procurou demonstrar nos capítulos anteriores, o recurso régio consistia em opção um tanto dificultosa para os cativos, já que a proximidade dos tribunais contribuía para a efetivação do acesso às justiças. Portanto, para que Hilária e Ângela efetivassem seus pedidos, foi necessário um empenho maior que a média dos litigantes. Elas, por certo, exploraram as redes de aliança e de amizade que nutriram nos anos de convívio colonial — não nos esqueçamos de que Ângela descera do sertão ao menos 36 anos antes de peticionar — e, quem sabe, mobilizaram a condição de miserável que lhes cabia, a qual implicava privilégios de foro, como a de avocar as causas diretamente ao rei.[8]

Além disso, Hilária, viúva de um Principal, e Ângela, que alegava pertencer à "família mais importante do sertão", eram figuras ilustres e se valeram dessas posições de destaque em suas causas. Assim, mobilizaram argumentos políticos para ter suas demandas atendidas. A primeira era esposa de um chefe indígena reconhecido, possivelmente amigo dos colonos. Já a segunda pertencia a uma família insigne, talvez a uma nação aliada do rei de Portugal; ademais, sustentava atributos de civilidade. Por esses motivos, ambas declararam que não poderiam ser mantidas em cativeiro. Cabe acrescentar que as primeiras litigantes fizeram suas demandas no começo do século XVIII, momento no qual, como vimos nos capítulos anteriores, as instâncias jurídicas coloniais ainda não estavam plenamente estruturadas e, por isso, atuavam com certa irregularidade, o que pode ter contribuído para que apresentassem recurso régio.

Os irmãos Apolinário, Francisco, Feliciano, Amaro, Estevão e Maria também se valeram da importância de um ente familiar: o avô, "indio Cavaleiro do Hábito de Cristo por mercê de sua Magestade".[9] O argumento político foi associado a uma ação jurídica conjunta. Notamos com isso que, além da custosa estratégia de recorrer ao tribunal de corte[10] e de se valer de argumentos de ordem política, uma série de litigantes apostou em petições coletivas. Uma leva deles fez demandas em conjunto com parentes, provavelmente com a perspectiva de manter a família unida. Além dos já explorados casos de mães que incluíam a prole em seus pedidos,[11] nos deparamos com requisições de casais, de irmãos, de tios e sobrinhos. O casal de indígenas George e Januária, por exemplo, entrou na Justiça assim que morreu seu senhor, que não os incluiu na verba testamentária.[12] A "índia" Josepha e seus irmãos e irmãs, órfãos da "índia" Teresa, também moveram petição conjunta.[13] A família de Mariana — os filhos, Agostinho e Pedro, Domingas e demais sobrinhos, somados aos filhos de sua irmã Margarida, Deodata, Francisca, Teresa e Isabel — esteve em litígio contra Jerônimo de Souza Salvador.[14] Resoluções jurídicas favoráveis a essas petições conjuntas resultavam em significativo prejuízo a um mesmo proprietário.[15]

Outro tipo de demanda coletiva foi a que integrou trabalhadores de um mesmo plantel, sem indicações de parentesco, contra seu senhor. Essa ação conjunta robustecia a denúncia, já que um único amo era acusado de escravização ilícita ou de injusta exploração do trabalho de vários indígenas livres no regime da escravidão. Esse foi o caso dos "mamelucos" Estevão e João e mais sujeitos que se voltaram contra o cativeiro de Miguel Lopes Ferreira.[16] Foi a mesma estratégia adotada por Jacinta, Fabiana e outras trabalhadoras contra um senhor de terras do Marajó, André Fernandes Gavinho.[17] Romão, Dionísio, Natália e ainda mais cativos do coronel Luís de Moraes Aguiar também entraram em juízo todos juntos.[18]

Um reforço de argumento presente nas demandas indígenas foi a denúncia de maus-tratos e sevícias praticados pelos senhores. Hilária e Ângela de Jesus, como vimos, queixaram-se de vexações.[19] O "índio da terra" Roque também criticou o cativeiro de Manoel Ferreira.[20] O "índio" Ventura, da aldeia dos Anapurus, escravizado injustamente, também reclamou de maus-tratos.[21] Com essas acusações, percebemos que os litigantes reconheciam os abusos dos moradores e procuravam fixar um limite para a exploração de seus serviços. Além disso, eles atribuíram à administração colonial o papel de regular e intervir no âmbito privado das relações escravistas. Cabe salientar que o argumento do corpo ferido joga luz no corpo do sujeito escravizado como suporte da exploração do trabalho.[22]

O envolvimento de outros sujeitos nos pleitos foi uma estratégia incomum entre os litigantes. Por exemplo, a "índia forra" Ignácia Maria teve sua demanda fortalecida quando o prior do convento do Carmo engrossou o coro por sua liberdade, interpondo petição em setembro de 1753, um mês após seu primeiro pedido.[23] O "índio" Caetano depôs no tribunal e lançou mão do testemunho de um aldeado, o enteado Custódio. Ele afirmou ser "forro de sua natureza", casado com a "índia" Maria do aldeamento de Maracanã, o que foi confirmado por seu filho postiço, e não sofreu oposição do réu e suposto proprietário Domingos de Lemos. Apesar de serem indígenas — e a princípio não serem considerados testemunhas fiáveis[24] —, tanto o depoimento do "índio" Caetano quanto o testemunho do indígena aldeado Custódio foram creditados pelo tribunal das Juntas de São Luís do Maranhão, e determinou-se que Caetano fosse posto em liberdade.[25]

Assim sendo, os litigantes moveram demandas coletivas, reforçaram seus pleitos alegando maus-tratos e convocaram testemunhos para adensar suas denúncias. No entanto, dado o caráter das fontes, não temos meios para averiguar se a iniciativa das demandas coletivas — em especial as que não foram feitas por parentes — partiu dos próprios litigantes ou sofreu influência dos escrivães das Juntas das Missões, que acabaram por aglutinar demandas contra um mesmo senhor interpostas

172

numa mesma reunião. Igualmente não é possível saber se o impulso de extensão do pedido aos descendentes e parentes partiu das autoras das demandas ou se tais demandas coletivas foram conformadas nas sessões dos tribunais. Podemos aventar também a possibilidade de auxílio jurídico dispensado pelo procurador dos índios. E não são desprezíveis as trocas entre os litigantes, o compartilhamento dos argumentos mais efetivos, o aprendizado conjunto da resistência institucional. As acusações de maus-tratos associadas às denúncias da injustiça do cativeiro indígena foram contemporâneas das acusações públicas contra o péssimo tratamento que os senhores dispensavam a seus escravos. É possível que se relacionem a esse movimento mais geral de regulação da relação de senhores e escravos, pode-se dizer atlântico, mas seria necessário investigar em que medida precisamente.[26] Ainda que não possamos mapear a origem da adoção dessas estratégias, elas existiram, estão registradas nas fontes e tiveram significativa efetividade, já que, desses casos mencionados, apenas Estevão, João e seus colegas trabalhadores obtiveram sentença desfavorável.

Antes de explorar as estratégias de defesa dos réus, convém conhecer as proprietárias e os proprietários que foram acusados de manter sujeitos livres em cativeiro e de explorar, irregularmente, o trabalho deles no regime da escravidão. Contudo, essa tarefa não é fácil, pois, se já são poucas as informações que possuímos sobre os litigantes, as referentes aos réus são ainda mais escassas. Como eles não eram os sujeitos denunciantes, seus dados biográficos raras vezes contribuíam para a resolução dos casos, de modo que não havia interesse em registrá-los. Geralmente, apenas o que importava era se possuíam ou não certificado de cativeiro. Assim, será possível apresentar apenas características gerais de um perfil multifacetado.

Não há referência aos proprietários em 16,88% das indicações de litígios indígenas por liberdade, ou seja, não sabemos nem mesmo o nome de 27 senhores denunciados por seus trabalhadores escravizados. Nas demais demandas, 133 — número que representa 83,13% do total de casos, mas que passa a ser a referência para os dados dos senhores a partir de agora —, sabemos o nome do acusado e, com isso, temos conhecimento do gênero deles. São 133 demandas e 176 réus, pois em alguns casos trata-se de posse partilhada entre casais, entre herdeiros e bens de fazendas e colégios religiosos;[27] também, eventualmente, encontramos senhores reincidentes, que, por terem sido denunciados por mais de um cativo, foram réus em dois ou mais casos.

A presença de mulheres é considerável nesse volume: 18,75% (33 mulheres), o que não parece insólito em uma sociedade ligada à exploração do sertão, lugar de atividades perigosas e extenuantes geralmente capitaneadas por homens, expostos com mais recorrência, por isso, a situações adversas e arriscadas — longas viagens de barco sujeitas a naufrágios, carestias, epidemias, aliadas ao árduo trabalho do extrativismo vegetal, ao risco de ataques de grupos originários inimigos, ao perigo de saques de negociantes de outras nacionalidades europeias.[28] Com homens ausentes das cidades, mulheres e viúvas administravam propriedades e respondiam às justiças, ainda que, como os indígenas, fossem consideradas figuras incompletas de direito.[29]

Não foi possível notar a presença recorrente de auxílio jurídico às proprietárias. Essa ausência de representação nos tribunais pode ser resultado da limitação de dados a respeito dos réus ou deve-se simplesmente ao fato de elas terem prescindido de intermediário, como fez a maioria dos indígenas litigantes.[30] Entretanto, no processo da "índia" Francisca — lembremos que se trata de uma peça documental mais longa que as outras demandas e, com isso, prenhe de dados —, observa-se que a proprietária Anna de Fonte defendeu-se através do procurador Mathias Ferreira

Telles.[31] Embora possivelmente se tratasse de uma mulher abastada, posto que teve recursos para sustentar um auto por mais de três anos e tinha cabedal para mobilizar figuras importantes em seu favor — homens com cargos públicos e ofícios, mais velhos e letrados —, ser mulher setecentista significava conviver com certas limitações. Segundo os materiais consultados, Anna de Fonte não sabia ler nem escrever. Além disso, recorreu a um representante no tribunal, o que remete à incompletude da capacidade jurídica das mulheres — que, como sabemos, deve ser relativizada em ambiente colonial —, bem como à necessidade de acionar uma figura para lhe socorrer nos trâmites jurídicos.[32] Pelo visto, ela também passava por constrangimentos de circulação — talvez por conta do gênero, idade avançada ou doença —, já que não se deslocou ao tribunal para depor nem à casa do escrevente, mas contratou um escrivão para que fosse até sua residência colher seu depoimento.[33]

Órfãos também foram réus nos litígios por liberdade. Notamos sua existência pela presença de outros intermediadores, os tutores. Manuel Lopes Gonçalves, por exemplo, tutelou os órfãos de Marcos Caranha.[34] Felipe Santiago representou Gregório e seus irmãos na disputa pela liberdade da "índia" Maria.[35] E há duas menções a testamenteiros defendendo os interesses de herdeiros de proprietários já defuntos. José Cardozo Delgado e Diogo Bernardes de Sá foram registrados como representantes do falecido Manoel Afonso Pereira.[36] E Antonio David da Costa atuou em nome do sargento-mor José da Mota Verdade.[37]

Homens foram réus em 81% dos casos. Trata-se de 143 sujeitos. Ao contrário do que se poderia imaginar num primeiro momento, religiosos e funcionários da administração colonial também estavam inseridos nas tramas da escravidão clandestina. Em algumas ocasiões, foram denunciados por seus cativos e, por conseguinte, compõem o supracitado volume. Religiosos seculares[38] e regulares — das ordens dos jesuítas,[39] dos carmelitas,[40] dos mercedários,[41] dos capuchinhos[42] — foram acusados de cativeiro ilícito, representando 14,77% (26 sujeitos) dos réus. O engajamento de missionários, padres, freis e superiores das religiões na exploração ilícita de trabalho escravo poderia afetar as resoluções dos tribunais. Segundo a "mameluca" Apolônia, o ouvidor-geral — cujo nome desconhecemos — não agiu conforme a Justiça por se tratar de réu eclesiástico, e, por isso, ela moveu petição de agravo na Junta das Missões de Belém, queixando-se do despacho da ouvidoria.[43] E as instâncias jurídicas poderiam ficar claudicantes em julgar demandas cujos acusados fossem religiosos, o que adiava a resolução final. Como no litígio da "índia" Brígida contra o padre Antônio de Almeida. O primeiro despacho, de 7 de setembro de 1737, determinou que os deputados levassem os autos para casa a fim de darem parecer com melhor instrução. O segundo despacho, de 21 de junho de 1738, suspendeu a decisão da apelação de Brígida até dar conta do caso a D. João V e, depois disso, se deveria esperar a resolução régia a respeito da dúvida dos deputados e do ouvidor na apreciação de um caso de réu padre em tribunal secular.[44]

Há referência também a moradores com cargos administrativos metidos em tramas escravistas ilícitas. Em menor número, eles compõem 4,54% do total dos acusados. Trata-se de oito sujeitos, entre provedores[45] e membros das forças de defesa das ocupações coloniais.[46] É digno de nota o caso do provedor-mor da Fazenda Real da capitania do Maranhão, Faustino de Fonseca Freire e Mello, que mantinha em cativeiro ilícito o "mameluco" Xavier. O trabalhador escravizado assegurou ao seu senhor que era "ingênuo de nascimento" por ser filho da escrava por condição Juliana e que fora criado como livre em casa de Francisco Castelo Branco e Maria Siqueira, responsáveis por educá-lo e instruí-lo em ofícios. Além disso, o "mameluco" contou a Faustino que, apesar de ser notório o cativeiro passageiro de sua mãe,[47] fora vendido como escravo pelo filho de Francisco, Manoel Castelo Branco, e embarcado para Lisboa. O comprador de Xavier, pressionado pelo escravizado a apresentar o título de cativeiro, teria recuado da negociação e devolvido o "mameluco" ao herdeiro Manuel. O colono, então, teria feito novo negócio com ele. Desta vez, permutou-o por um "escravo" com Antônia de Moraes, que, por sua vez, o vendera por dez rolos de pano (cerca de vinte metros do tecido de algodão) ao sobredito provedor. Convencido da veracidade da transação e provavelmente tensionado pela posição que ocupava na administração colonial — tratava-se do principal responsável pela Fazenda da capitania e era figura que possivelmente exercia influência sobre o governador[48] —, Faustino concedeu a seguinte licença a Xavier:

> Dou licença a um escravo meu por nome Xavier mameluco para efeito de poder demandar a sua liberdade em juízo competente até a última instância e desde agora me dou por citado para todos os autos judiciais em que lhe for preciso fazê-lo. Maranhão vinte e cinco de janeiro de mil e setecentos e cincoenta e três Faustino de Fonseca Freire e Mello.[49]

O "mameluco" compareceu ao tribunal das Juntas munido da licença de seu senhor e, ao final do processo por liberdade, obteve sentença favorável.[50]

A autorização de Faustino para que seu escravo reivindicasse liberdade nos tribunais foi uma atitude singular entre os réus.[51] Os demais responderam às acusações apenas apresentando ou não apresentando o título de cativeiro. Alguns deles mostraram-se obstinados e reincidiram no crime da escravidão ilícita, como Sebastião da Costa e seus herdeiros Manuel da Costa Couto e Tomas da Costa,[52] Damásio Ribeiro Viegas e sua filha Teresa Maria de Jesus,[53] João Teófilo de Barros,[54] entre outros.[55] Eles nos levam a pensar que a entrada na Justiça de um trabalhador escravizado pode ter estimulado outros cativos de um mesmo plantel a suspeitar da irregularidade da própria situação laboral e a recorrer às Juntas, um depois do outro e não de forma conjunta, como vimos nas demandas coletivas.

Apesar de não termos dados consistentes sobre a renda dos senhores,[56] há indicações de localização das residências ou menção às propriedades nas quais os cativos trabalhavam, e a fazenda de Jaguarari[57] é um dos sítios referenciados. Há, esporadicamente, indícios de atividade laboral dos proprietários. Além dos serviçais de Deus e dos administradores do rei, o réu Ignácio Coelho era ajudante;[58] foi acusado também um Arnaldo, oficial de carpinteiro,[59] e um dono de sítio chamado Francisco Antônio.[60] Com isso, é possível afirmar que tanto proprietários de grandes fazendas — laicos e religiosos — quanto donos remediados foram delatados por praticarem cativeiro ilegal. Estes últimos, inclusive, chegaram a recorrer da decisão dos deputados, alegando pobreza e falta de quem por eles trabalhassem. Foi o que fez a viúva Francisca dos Santos. Ao perder definitivamente a propriedade da "mameluca" Apolônia e de seus filhos — havia apelado e perdera mais uma vez —, declarou-se "pobre e dezamparada sem ter quem a servisse" e, por isso, requereu que os filhos da "mameluca" liberta lhe fossem concedidos como trabalhadores. Como compensação, a senhora se obrigaria a acertar o salário deles, fazendo termo no livro da Fazenda Real.[61]

Os traços de perfil das senhoras e dos senhores sugerem que, mais do que uma figura particular de delinquentes, a escravidão clandestina era uma prática ordinária a todo tipo de gente. Homens e mulheres; laicos, religiosos e funcionários da administração; ricos e pobres, todos se beneficiaram da exploração do trabalho de indígenas livres submetidos ilicitamente ao cativeiro. Até mesmo nativos chegaram a usufruir da escravidão ameríndia. Foi o caso da "índia" Helena, que legou a seu filho, o "índio" Severino, a nativa Catharina.[62] Trata-se do registro de uma única família indígena que mantinha ao menos uma mulher originária cativa que, por sua vez, questionou sua condição de escrava nos tribunais; ainda assim, o caso desperta interesse porque, por um lado, confirma a amplitude da prática escravista na Amazônia setecentista e, por outro, revela mobilidade social indígena. A posse de escravizados pode ser vista como o corolário de todo um processo de integração social de mulheres e homens indígenas na vida colonial. Cabe acrescentar que, considerando que a lógica escravista estava disseminada na sociedade, não é de espantar que a "índia" Helena, livre ou liberta, tenha adquirido um bem que a ajudaria a ganhar a vida: Catharina, uma indígena escravizada.[63]

Conhecemos os proprietários. Passemos agora às suas estratégias de defesa frente à acusação de cativeiro ilegal. O recurso a outras instâncias foi um dos procedimentos adotados. A parte descontente com a resolução do tribunal poderia apelar da sentença, de forma que tanto litigantes quanto réus insistiam no pleito. Contudo, verifica-se que a ação era sensivelmente maior entre os proprietários; um de seus prováveis motivos era que a persistência da ação jurídica traduzia-se na perpetuação das custas com os processos.[64] Anna de Fonte, já nossa conhecida, questionou a determinação da liberdade da "índia" Francisca e, em segunda instância, conseguiu preservá-la em cativeiro. O pleito se arrastou por mais de três anos.[65] Do outro lado, podemos acompanhar a causa de Cecília, escravizada em Tapuitapera. Entre 1756 e 1757, temos registro de cinco entradas jurídicas referentes ao auto da indígena. Na última dessas demandas, Cecília exigiu que José Saraiva, seu suposto proprietário, apresentasse o registro de escravidão. Àquela altura, cinco dos seis meses de prazo para que o proprietário apresentasse o certificado já haviam se passado. A obstinação de Cecília atrelava-se ao fato de que, em princípio, como sabemos, a ausência de certificado resultava na imediata declaração da liberdade do litigante.[66]

Ainda no pleito da "índia" Cecília contra José Saraiva, notamos outro comportamento adotado pelos senhores: a demora em responder à acusação.[67] Tal desobediência judicial poderia derivar no não comparecimento em juízo, atitude praticada, por exemplo, pela viúva e pelos herdeiros de Pedro Carrilho. Em resposta ao pedido de liberdade do "índio" Francisco, eles foram intimados a apresentar defesa no prazo de vinte dias. No entanto, passaram-se seis meses e não apresentaram o título de escravidão. Como eles não opuseram matéria alguma contra o requerimento do indígena, este fora declarado forro por pena de contumácia.[68] A recalcitrância em cumprir as determinações poderia levar o tribunal a aplicar sanções, como a prisão. Anastácia Coelho e seu filho, Domingos Pereira, foram constrangidos a apresentar o título de cativeiro da "índia" Clara, "sob pena de serem prezos". Não apresentaram, e a indígena foi declarada livre de cativeiro.[69] Antônio Pinheiro, da vila de Tapuitapera, recebeu igualmente ameaça de prisão, caso não exibisse o título de cativeiro de Anacleto, Manoel, Maria e Bárbara, filhos da "índia" Silvana. Mesmo sob as ameaças, não sabemos se ele compareceu ou não ao tribunal.[70]

Tanto os alongamentos dos processos quanto a demora ou a ausência de comparecimento no juízo prolongaram os litígios por liberdade. Um exercício interessante seria calcular a média de duração desses litígios. No entanto, esse cálculo infelizmente conta com obstáculos insuperáveis. Em primeiro lugar, as fontes desta pesquisa são incompletas. Como já é de conhecimento do leitor, temos acesso a parte da documentação dos tribunais das Juntas das Missões de São Luís e de Belém e a alguns poucos casos que chegaram até o rei em Portugal.[71] Sendo assim, trabalho essencialmente com um dos pontos do percurso jurídico das demandas por liberdade,[72] e, por conseguinte, não é possível acompanhar o trânsito completo;

desse modo, é impossível precisar quando uma causa de fato começou e quando precisamente foi finalizada. Há menções à origem de causas na ouvidoria ou casos encaminhados para esse tribunal de primeira instância; contudo, a documentação camarária não integra o *corpus* desta pesquisa; assim, não pude acompanhar o rastro completo dessas demandas. Por conta disso, e em segundo lugar, há apenas menção ao litigante e a seu pedido por liberdade em um grande volume de demandas, 71,25% (114 demandas). Trata-se de registros de sujeitos que se voltaram contra o cativeiro acionando as justiças. Alguns casos, como dito, vieram da ouvidoria, outros foram encaminhados para esse tribunal da liberdade, mas em muitos não sabemos nem mesmo se viraram efetivamente processos. Dentro desses limites, 28,75% (46) das demandas foram apreciadas em mais de uma reunião de Junta das Missões, indicando-nos a possível formação de um auto.

Afinado à confluência de ações de liberdade na década de 1750, esse volume de demandas com duas ou mais entradas concentra-se em meados do século XVIII. Nessa década, 42 dos 120 pedidos de liberdade de mulheres e homens indígenas foram debatidos mais de uma vez pelos deputados das Juntas, compondo 35% do total, uma porcentagem maior do que a média geral. Há pedidos tratados também várias vezes num mesmo mês,[73] e outros que foram apreciados num tempo muito mais espaçado, sendo o mais moroso deles resolvido após 32 anos de disputa no tribunal.[74] Em acréscimo às dificuldades de calcular a média de duração das ações de liberdade, temos que considerar que, como conferiremos na próxima seção, não é possível acompanhar o desfecho de parte das demandas, mesmo com mais de uma entrada na Justiça. Sendo assim, não é pertinente nem mesmo calcular seu tempo médio, pois as referências temporais que contêm não representam necessariamente o tempo final, o inicial, nem tampouco o total de duração de um processo por liberdade; apenas registram momentos pontuais de apreciação das demandas pelas instituições coloniais, evidenciando no máximo a lacuna temporal entre tais apreciações.

Ainda que não tenhamos conhecimento da duração dos processos, é seguro que, na maior parte dos casos, durante as ações jurídicas, cativos e senhores — tornados litigantes e réus — conviviam sob o mesmo teto. E, em princípio, a oposição no tribunal não determinava limites à exploração do trabalho, de maneira que os sujeitos escravizados continuavam produzindo ganhos para o senhor,[75] como fica evidente no requerimento do "cafuzo" Francisco, que pediu licença para não trabalhar durante a causa, por estar doente.[76] E também no "benefficio dos três dias durante a cauza",[77] que dispensava do trabalho os litigantes para que pudessem se dedicar aos procedimentos jurídicos. Cabe considerar, então, se o interesse dos senhores em se ausentar do tribunal não estava relacionado à continuidade da exploração dos serviços de seus trabalhadores, ainda que a condição jurídica deles estivesse em disputa.

Outrossim, é inevitável conjecturar que o prolongamento dos litígios alargava o tempo de reação dos réus, abrindo a porta para uma série de estratégias de defesa da propriedade que passavam ao largo do âmbito legal. A fraude dos certificados de escravidão foi uma dessas transgressões. José Barbosa apresentou um atestado que não continha assinatura do cabo da tropa de resgate, que teria sido responsável pela captura e venda do "índio" Thomé. Além disso, teve a empáfia de ele mesmo assinar o documento. Os deputados de São Luís do Maranhão constataram a má-fé do proprietário. À inautenticidade do documento, somou-se um testemunho fiável, do procurador da câmara André Vieira Furtado, que assegurou o pertencimento do indígena ao aldeamento de Mariuã. A Junta das Missões de São Luís do Maranhão, afinal, concedeu sentença favorável a Thomé, livrando-o do cativeiro ilegal.[78] Embora se trate de um único registro de impostura documental, é possível presumir que a fraude estivesse presente no repertório de estratégias de defesa dos réus.

Os maus-tratos e as sevícias — que, como vimos anteriormente, foram denunciados pelos litigantes, atuando no reforço de seus pleitos — podem ser vistos, do lado dos senhores, como ardil para fragilizar os ânimos dos cativos e intimidá-los. Assim, o frei Silvestre Capuchinho,[79] o provedor José de Souza de Azevedo,[80] Manoel Ferreira,[81] Francisco Serejo[82] e um senhor de nome Arnaldo,[83] que foram delatados por seus trabalhadores escravizados, podem ter se valido de práticas cruéis de todo tipo — apesar de não termos indícios conclusivos nas fontes, seria razoável conjecturar que pudessem intensificar a exploração do trabalho, oferecer porções limitadas de comida, impor limites à circulação e aumentar a vigilância, entre outras torturas — e da aplicação de castigos corporais para punir e inspirar temor nos litigantes. De resto, podemos aventar que tais práticas operassem ainda no acanhamento de serviçais, que, estando igualmente em condição suspeita de cativeiro, pudessem se inspirar pelas ações jurídicas de seus companheiros de trabalho.

Todavia, essa atitude poderia se voltar contra os senhores, já que, em alguns casos, os tribunais das Juntas tomaram medidas para averiguar as denúncias de maus-tratos, bem como para precaver esse tipo de comportamento. O procurador dos índios foi convocado para verificar a denúncia do "índio" Ventura. Não sabemos o nome do proprietário delatado duplamente: por cativeiro ilícito e por sevícias; o que sabemos é que o oficial deveria responder por escrito sobre a procedência da delação.[84] Em reunião de 6 de maio de 1752, determinou-se que a "índia" Teresa e seus filhos fossem retirados do domínio de Francisco Serejo, dadas as sevícias que praticava. A perda definitiva da posse só se efetivaria caso o senhor não apresentasse os títulos de escravidão.[85]

No entanto, a interrupção provisória da administração dos indígenas sem dúvida causara prejuízo ao proprietário.

A ordenação do depósito em mãos do procurador dos índios faz conhecer outra estratégia ilícita dos senhores: o exílio do litigante em propriedades mais afastadas dos tribunais a fim de inviabilizar a continuidade do litígio — prática inscrita na ameaça de Manoel Gaspar Neves de mandar as litigantes Catarina, Domingas e Teodora, juntamente com seus filhos, para o interior.[86] O prior do convento do Carmo de São Luís, Mathias de São Boaventura, foi acusado de maltratar o "cafuzo" Francisco. O trabalhador escravizado temia ainda que fosse remetido para fora da cidade, enquanto a causa transcorria. Para assegurar o término do litígio, ele solicitou ao tribunal que fosse mantido em segurança e que cuidassem de sua permanência na cidade. Ademais, pediu que não houvesse demora na resolução da causa e que não fosse obrigado a trabalhar estando doente e, por consequência, fosse assistido em sua moléstia. Para assegurar o cumprimento das solicitações do trabalhador, a Junta das Missões de São Luís, reunida em julho de 1755, determinou que o "cafuzo" Francisco fosse morar no convento do Carmo.[87]

Ainda em 1755, os deputados da cidade do Maranhão ordenaram que Francisco Pereira e sua irmã Maria dos Santos não enviassem para longe nem vendessem a "índia" Apolônia, que estava movendo causa por liberdade contra eles.[88] Adiciona-se, com isso, mais uma estratégia irregular à defesa dos senhores: a venda dos indígenas durante o litígio. Damásio Ribeiro Viegas e sua filha Teresa Maria de Jesus também receberam notificação das Juntas de São Luís para que não vendessem a "índia" Maria e suas filhas.[89] E o tribunal das Juntas do Maranhão determinou que a "índia" Laura fosse mantida onde estava e que Mathias Pereira não se atrevesse a vendê-la sem a apresentação do título de escravidão.[90] A venda dos litigantes inviabilizaria a continuidade do pleito e passaria adiante o prejuízo do proprietário.[91]

A derradeira estratégia adotada pelos senhores consistia na alteração do conteúdo da demanda. Se, num primeiro momento, eles defendiam a posse dos trabalhadores, com os indígenas considerados livres pelos tribunais eles passavam, num segundo momento, a solicitar o serviço dos litigantes através de outras modalidades ou outros regimes de trabalho,[92] tais como o trabalho livre, uma espécie de administração particular e a escravidão por condição. Carente de certificado de escravidão do "índio" Ventura, Arnaldo solicitou que lhe fosse concedido "o dito índio por forro, para se servir enquanto não aparecia o registro". Teve o pedido deferido, determinando-se que "se conservasse o dito índio em poder do suplicante que será obrigado a ensinar-lhe o seu ofício no tempo de quatro anos como livre, e se no dito tempo tiver registro delle, o apresentará para a sua vista se julgar escravo".[93] O comprometimento com o ensino da carpintaria parece ter sido decisivo na outorga da administração particular do indígena.

Izabel Pereira de Menezes não apresentou o título de cativeiro da "índia" Maria e, com isso, perdeu a propriedade da nativa. No entanto, em petição, pediu que os deputados se apiedassem de sua condição e enviassem Maria para continuar a servir em sua casa, uma vez que, segundo a autora da demanda, a nativa não repugnava o serviço. A Junta de Belém resolveu que Maria permanecesse em casa de sua antiga dona, desde que ela se comprometesse a tratar bem a "índia" livre e a seus filhos e pagasse seus salários.[94] A viúva Francisca dos Santos, já nossa conhecida, perdeu a posse da "mameluca" Apolônia. Pediu embargo de sentença e saiu vencida mais uma vez. Depois disso, alegou em juízo pobreza e desamparo e requereu que lhe "dessem" dois filhos de sua ex-escrava para "o seu serviço", obrigando-se a fazer termo de pagamento de salário no livro da Fazenda. Os deputados da Junta de São Luís resolveram que os filhos poderiam "voluntariamente" servi-la — ficando a escolha para a mãe, caso fossem menores de 25 anos —, desde que a senhora, de fato, se responsabilizasse pelo pagamento de salário e por tratá-los bem, prestando contas deles regularmente.[95] Com essa estratégia, os senhores continuavam explorando a força de trabalho indígena, ainda que os nativos tivessem conquistado um novo estatuto jurídico. Não temos fontes para avaliar em que medida o cotidiano desses indígenas tornados livres foi alterado com a conquista jurídica da liberdade. Mais adiante, tornaremos a explorar essa questão.

Outra tentativa de manutenção da exploração da mão de obra indígena foi solicitar que os litigantes servissem como escravos por condição. O procurador dos órfãos Manuel Lopes Gonçalves adotou essa medida na causa da "índia" Tomásia e da "mamaluquinha" Bernardina. Apesar de não estar de posse de registro de cativeiro nem da mulher, nem da criança, Manuel, em requerimento fundado na verba de testamento de Marcos Caranha, declarou não duvidar dos cativeiros e concluiu que "fossem concedidas por condição por serem pobres os ditos órfãos". O tribunal foi irrevogável, decidiu que, "por não haver registro, fossem declaradas livres de seu nascimento e como tais fossem tratadas e havidas" e não deferiu o pedido "de condição".[96] Esse pedido sugere a permanência da lógica de possessão de pessoas, ainda que mediante o compromisso de provisoriedade do cativeiro. Se no capítulo 1 defendi que a escravidão por condição abria brecha para a escravização duvidosa e explicitamente injusta,[97] neste momento constato o uso desse regime de trabalho para alargar a permanência no cativeiro de sujeitos considerados livres.

Do que foi exposto até o momento, é possível depreender que os senhores adiaram a apresentação dos certificados, protelando as sentenças; alteraram os pedidos, pretendendo perpetuar a exploração do trabalho indígena; praticaram sevícias e outros maus-tratos, enfraquecendo os ânimos dos litigantes; procuraram até vender seus escravos, para evitar prejuízo. Enquanto isso, os litigantes mobilizaram argumentos políticos; moveram ações coletivas, engrossando a denúncia contra os senhores, e alegaram maus-tratos, reforçando argumentos. É difícil rastrear a origem da iniciativa da adoção das estratégias pelos senhores, do mesmo modo que não foi possível fazê-lo para os litigantes. Talvez eles igualmente tenham trocado experiências com seus pares — no caso, outros proprietários acusados; pode ser também que tenham solicitado auxílio de pessoas instruídas no direito. De todo modo, trata-se de estratégias adotadas pelos réus e pelos denunciantes, registradas nas atas dos tribunais, inclusive algumas práticas que margearam as normas.

Tanto litigantes quanto senhores questionaram as resoluções das justiças, apelando das sentenças e recorrendo a outras instâncias, o que gerava morosidade nos processos. E os tribunais, conforme se procurou demonstrar, respondiam às estratégias adotadas pelos sujeitos em litígio. Assim, em resposta à contumácia dos senhores, começou-se a infligir penas que superavam a perda da propriedade, como a prisão. Para evitar maus-tratos, que abrandavam os ânimos dos litigantes, o exílio e mesmo a venda, que poderiam inviabilizar a continuidade dos processos, os deputados das Juntas passaram a notificar os senhores sobre a ilicitude desses constrangimentos no sentido de orientar o modo de proceder durante o litígio.

Tendo explorado as estratégias dos litigantes e dos réus, passado o vaivém dos tribunais, atingiremos, afinal, os despachos e as sentenças.

Despachos e sentenças

Cerca de 70% das demandas por liberdade indígena obtiveram apreciações positivas das Juntas das Missões de São Luís do Maranhão e de Belém do Pará e do rei, em Lisboa. O que significa que 238 sujeitos em litígio obtiveram despachos e

Gráfico 4 — Sentenças e despachos das demandas indígenas por liberdade, 1706-1759.

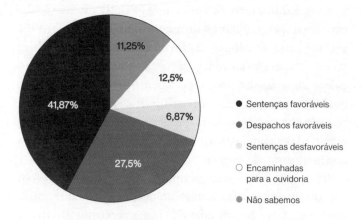

sentenças favoráveis às suas causas. Trata-se de 44 despachos favoráveis e 67 sentenças favoráveis. Aproximadamente 7% das demandas resultaram em sentenças desfavoráveis aos litigantes, ou seja, 29 sujeitos tiveram seus pedidos por liberdade negados. Já vinte pedidos por liberdade indígena foram encaminhados para a ouvidoria, chamada também de tribunal da liberdade. Por fim, em 11,25% das demandas não é possível saber a determinação do tribunal — devido ao estado de conservação dos documentos, à dificuldade de leitura dos manuscritos ou ao fato de a decisão remeter a alguma etapa do auto desconhecida.[98] Em vista disso, não conheceremos o destino de 29 litigantes. Tais dados estão expressos no gráfico 4.

A grande maioria das demandas, portanto, teve apreciação favorável aos trabalhadores escravizados. Contudo, não é possível afirmar que se tratava de resultados positivos, pois sentença e despacho não significavam a mesma coisa. Sentença era uma decisão final, isto é, encerrava o processo, enquanto despacho consistia em procedimento jurídico corriqueiro e não apresentava conteúdo decisório.[99]

Explorando os despachos (44 despachos relacionados a 107 sujeitos em litígio), percebemos que eles foram favoráveis aos indígenas ou se tratava apenas de procedimentos ordinários dos tribunais. Consistiam em determinações — como a notificação enviada a Francisco da Costa para que dentro de oito dias apresentasse o título de escravidão da "índia" Ignácia e de sua irmã à secretaria de governo do Maranhão;[100] como a convocação do procurador dos índios para assegurar que os litigantes persistissem em suas causas, conforme ocorreu com a família da "índia" Mariana, que deveria ser posta em poder do oficial.[101] Em causa intrincada, poder-se-ia determinar "vistas dos autos aos deputados" para que pudessem ajuizar com maior propriedade,[102] medida jurídica corriqueira.

Outro tipo bastante comum de despacho era o encaminhamento dos autos à ouvidoria a fim de que o tribunal da liberdade resolvesse a disputa. Por sua recorrência, mereceu destaque no gráfico. Tanto os despachos quanto o endereçamento da causa para o tribunal inferior foram resoluções intermediárias, de modo que desconhecemos o desfecho desses casos. A título de exemplo da impossibilidade de atingir o resultado das causas, acompanhemos o registro da disputa por liberdade de Teresa e seus filhos, da nação Guanaré. Francisco Serejo recebeu notificação para exibir os atestados de cativeiro daqueles que julgava de seu legítimo domínio. É provável que o senhor não tenha apresentado os certificados. Apesar disso, a disputa não se encerrou. O caso foi remetido ao "juízo das liberdades" e permaneceu inacabado na documentação.[103]

Quanto às demandas cujo desenlace conseguimos verificar, o menor número delas (11) é composto de sentenças desfavoráveis. O que significa que 29 sujeitos deslocaram-se até os tribunais, pediram por liberdade e se mantiveram em cativeiro após o processo. Se o convívio entre escravo e senhor — transformados em rivais no tribunal — já deveria ser dificultoso, imaginemos quão árduo seria após o desgaste de um litígio vão, que apenas reafirmou o domínio senhorial. Passaram por essa situação a "cafuza" Úrsula e o "mulato" Severino, que permaneceram cativos mesmo após a abolição da escravidão indígena, por descenderem de mãe negra.[104] Antes dessa normativa, o ventre nativo também legava o cativeiro, tendo sido, portanto, fundamental na determinação da escravidão de Apolinário, Francisco, Feliciano, Amaro, Estevão e Maria,[105] como vimos no capítulo anterior. Pedro Hipólito Domingos apresentou os atestados de Generosa, Margarida e João, garantindo, com isso, que fossem mantidos em cativeiro, ao passo que se absteve de apresentar o de Júlia e de "seus produtos", que foram liberados.[106] Bento Rodrigues Cardoso exibiu o certificado da "índia" Joana, conservando-a em seu domínio.[107] Nos registros, Pedro e Bento foram os únicos senhores que provaram, com documentos genuínos, a posse de escravos litigantes.[108]

A outra parte das sentenças, 41,87%, resolveu pela liberdade dos litigantes. Assim, os tribunais determinaram que 129 sujeitos viviam em cativeiro de maneira ilícita e deveriam ser postos em liberdade.[109] Seria precipitado, contudo, garantir que, com sentença favorável, tenham se livrado efetivamente do cativeiro. Nas fontes, só é possível acompanhar a trajetória dos litigantes até a resolução dos tribunais. E devemos considerar que, em sociedades escravistas, o cativeiro era persistente. Tanto que alguns proprietários francamente descumpriram as sentenças, contando com a debilidade das instituições de fiscalização e com a leniência das autoridades. Como no caso de Inês, Pedro e Germana, que foram declarados livres após mais de três anos de litígio contra os carmelitas de São Luís, em 1729. Porém, em janeiro de 1731, D. João V escreveu ao governador-geral Alexandre de Souza Freire (1728-1732) determinando que averiguasse se os "índios" estavam de fato em liberdade, devendo receber salário em correspondência com tal condição.[110] E o "cafuzo" Bento atesta a iminência da reescravização ao recorrer às justiças mais de uma vez. Apesar de ter alcançado liberdade em Lisboa, precisou mover outra demanda no tribunal das Juntas do Maranhão. Para conservar sua condição de liberto, sem que os mercedários o obrigassem a servi-los, ele deveria apresentar sua petição com a sentença obtida no reino.[111] Esses casos registram dificuldades de cumprimento das resoluções jurídicas, apontando para a distância entre a determinação do tribunal e a prática social.

O perigo da persistência do cativeiro e da reescravização de indígenas, considerados livres na Justiça, leva-nos a uma questão, já formulada no capítulo 1,[112] a qual retomo agora: será que os indígenas que conquistaram a liberdade jurídica carregavam consigo algo como um atestado, a fim de não serem reescravizados, semelhante às cartas de alforria dos trabalhadores escravizados africanos e ladinos? Ou o registro resumia-se à ata das Juntas? Apesar de tais certificados, cartas de liberdade ou documentos semelhantes não terem sido encontrados nos arquivos, há indícios que nos levam a essa direção.[113] Para a "índia" Antônia atestar a liberdade conquistada no tribunal, "fez-se um assento de Junta para que a todo tempo possa constar essa resolução".[114] Na ata da Junta das Missões do Maranhão de 29 de março de 1756, encerrado o processo da "índia" Ignácia, da "índia" Mônica e dos filhos de ambas, determinou-se expressamente que se lavrassem certidões.[115] A "índia" Francisca, nossa conhecida, requereu à Junta exigindo que entregasse seu "título de liberdade", uma vez que conseguira sentença favorável em primeira instância. Ela acrescentou que sua senhora havia apelado à Junta de Belém e os autos tinham sido "desencaminhados" pelo vigário-geral. A ação estava parada. Como ela não poderia se responsabilizar pelo sumiço dos autos, argumentava que, tendo eles sentença a seu favor, se mandasse dar título de sua liberdade.[116] Já a "índia" Teresa solicitou "carta de liberdade" para si e seus filhos,[117] apontando para a existência de atestados do tipo. Entretanto, não se encontra registro tão pormenorizado quanto o seguinte, da São Paulo colonial:

Por fim, a decisão definitiva foi proferida em 20 de dezembro de 1731 pelo ouvidor geral Amaro de Miranda Coutinho, quando então Francisca obteve a tão almejada liberdade, tendo-lhe sido passada a "Carta de Liberdade e Alforria", que foi registrada nos Autos em 31 de dezembro de 1732, última data do processo 235: "a julgo por forra e liberta por todos princípios primeiro por ser filha de Francisco Leme seu administrador segundo por ser havida do gentio da terra por parte materna que como tal é da sua natureza segundo os decretos das Majestades pelo que a hei por forra condeno a Ré nas custas destes Autos 236". (Brighente, 2012, p. 102)

Havendo ou não documentação comprobatória, chama-nos a atenção a preponderância de sentenças favoráveis aos cativos. Elas nos levam a pensar que as barreiras para a conquista jurídica da liberdade estavam presentes antes do alcance dos tribunais.[118] E que, tendo as mulheres e os homens indígenas, também seus descendentes, percebido o cativeiro no qual estavam imersos, se dado conta da ilicitude de tal condição e, então, mobilizado suas redes de aliança e de auxílio mútuo — talvez o procurador dos índios, com maior probabilidade amigos e pessoas de condição semelhante — e feito demanda por liberdade, tornando-se litigantes, tenham, depois de todo esse percurso, alcançado sem grandes objeções a determinação da liberdade.

Essa consideração nos conduz a mais um questionamento. No primeiro capítulo, avaliamos os interesses do governo português na abertura das instituições às demandas por liberdade indígena. Naquela altura, argumentei que à Coroa interessava administrar as práticas escravistas dos moradores, sobretudo para taxá-las, e que as demandas agiriam como mecanismo de fiscalização local, entre outros por meio do estabelecimento do tribunal das Juntas das Missões e da instituição do cargo de procurador dos índios. No segundo capítulo, sustentei que a possibilidade de mover ação jurídica contra os senhores pretendia também orientar as reações indígenas ao cativeiro para a esfera institucional. Neste capítulo, notamos que a maioria das sentenças resolveu pela liberdade indígena. Então, cabe a pergunta: numa sociedade como a Amazônia portuguesa setecentista, em que o braço cativo era fundamental, por que os litigantes conquistaram liberdade nos tribunais?

Poderíamos propor que as determinações da liberdade contribuiriam para a reprodução da escravidão, atuando como válvula de escape do descontentamento dos trabalhadores escravizados. Afinal, os litigantes não expressaram vontade de liberdade geral, à semelhança das regiões centrais da América de colonização espanhola ou do que haviam previsto as leis portuguesas de 1652 e 1680; pelo contrário, ao argumentar que sua escravização teria sido injusta, reconheciam implicitamente as possibilidades legítimas de cativeiro. No entanto, esse argumento se fragiliza ao lembrarmos que o número de litigantes foi irrisório: cerca de 330 dentre dezenas de milhares de trabalhadores escravizados. De modo que, levando em conta essa pequena dimensão do acesso às justiças, o impacto das determinações de liberdade é consideravelmente reduzido. Portanto, as sentenças favoráveis foram maioria, mas num universo muito pequeno de cativas litigantes. Defendo, então, que as sentenças de liberdade executaram a normativa de regulação do cativeiro. Considerando que as ações de liberdade foram denúncias de descumprimento normativo e de abusos dos colonos na exploração da força de trabalho nativa, as determinações da liberdade indígena cumpriram a lei; atuaram, com efeito, ainda que de maneira circunscrita, como mecanismo de fiscalização local. A legislação indigenista relativa ao cativeiro tinha, dessa maneira, certa vigência.

Assim, terminamos de mapear os interesses da Coroa na abertura das instituições aos trabalhadores indígenas escravizados: após a investida em administrar as práticas escravistas dos colonos, seguida da intenção de conduzir as reações indígenas ao cativeiro para os tribunais, havia uma preocupação com o cumprimento da legislação indigenista — particularmente, as cláusulas da escravidão de 1688 e, depois de 1755, da Lei de Liberdade dos Índios.[119] Ademais, é incontestável que as mulheres e os homens litigantes expuseram o problema do cativeiro clandestino e tensionaram os limites da exploração do trabalho. As acusações de maus-tratos, por exemplo, apontavam o inaceitável na exploração da mão de obra. E, como veremos mais à frente, os pedidos para morar onde quisessem e a intenção de manter a família unida indicavam as perspectivas de futuro dos sujeitos em litígio. Algumas delas tiveram efeito nas condições de trabalho dos indígenas libertos, tanto que os senhores que mantiveram a sujeição dos litigantes comprometeram-se a tratá-los bem e remunerá-los.

Essa afirmação conduz nosso olhar para os proprietários que saíram vencidos das disputas. Uma sentença favorável à liberdade indígena significava a perda da posse daqueles que os senhores consideravam de seu domínio e poderia resultar também no pagamento das custas do processo.[120] O que não significava necessariamente que os amos deixariam de explorar a força de trabalho dos litigantes, pois, como já afirmei, eles poderiam atender a algumas de suas exigências e reivindicá-los em outro regime ou modalidade de trabalho. Seria preciso avançar nas pesquisas sobre cativeiro ilícito na Amazônia portuguesa, mas eu me arriscaria a dizer que, no fim das contas, o senhor não perderia muito em adentrar nas tramas clandestinas da escravidão. Em primeiro lugar, porque a quantidade de denúncias de cativeiro ilícito (associadas às ações de liberdade) foi ínfima perto da estimativa de cativeiros ilegais.[121] Em segundo lugar, é preciso considerar que, em pouco tempo de exploração da mão de obra escrava, o senhor já teria o investimento inicial ressarcido, não incorrendo em prejuízo para o amo. De modo que, num hipotético cálculo dos gastos — (i) investimento inicial com a compra do trabalhador escravizado, possivelmente menor do que o usual, posto que clandestino, isto é, isento das taxas da administração portuguesa, somado ao (ii) saldo da exploração do trabalho escravo de determinado sujeito, e subtraídos os (iii) gastos com o processo jurídico e ganhos futuros com a continuidade da exploração da mão de obra do indígena —, o saldo tenderia a ser positivo. Com isso, o prejuízo do senhor teria lugar apenas numa projeção de futuro. Quanto à administração portuguesa, que já não teria arrecadado nada com a escravização ilícita, a ela caberiam como único ônus os gastos ordinários com o funcionamento das instituições, incluindo o pagamento dos funcionários: as reuniões das Juntas das Missões, os custos com as apreciações nas ouvidorias e as resoluções na corte.

Em síntese, nesta seção notamos que a grande maioria dos pedidos por liberdade das mulheres originárias, dos homens originários e de seus descendentes foi contemplada pelos tribunais coloniais na Amazônia portuguesa. Apesar de não se tratar de um procedimento trivial, aqueles cativos que conseguiram acionar as justiças não jogaram seus esforços fora, pois, em sua maioria, tiveram suas demandas atendidas. Verificamos também que parte dos pleitos permaneceu inconclusa na documentação. E notamos a dificuldade em averiguar se um despacho ou sentença foi, de fato, aplicado. Nos limites das fontes, não conseguiremos auferir como as medidas jurídicas afetaram a trajetória dos trabalhadores e a economia dos senhores. Porém, confrontando os pedidos indígenas com o conteúdo das sentenças, será possível avaliar as potencialidades e os limites da via institucional como estratégia de oposição ao cativeiro, e assim completaremos a caracterização dessa modalidade de resistência à escravidão.

Cativas, litigantes, livres

Os litigantes foram indígenas que se deram conta de que eram trabalhadores escravizados. Descontentes com tal situação e munidos de certa cultura jurídica, confrontaram as leis com a própria condição e, nesse cotejo, averiguaram a ilicitude da redução à escravidão ou a irregularidade da exploração de seu trabalho no regime da escravidão. Diante disso, pesaram as possibilidades de ação e clamaram às justiças. Reconhece- ram as ouvidorias, os tribunais das Juntas das Missões e o rei como instituições capazes de chancelar a liberdade. Como procurei demonstrar no capítulo anterior, ainda que as ações de liberdade, por um lado, estivessem investidas de um dis- curso circunscrito à esfera institucional, por outro lado elas nos indicam que não cabia nas expectativas dos litigantes deixar de trabalhar. Nos confins das possibilidades jurídicas residia a liberdade de morar onde quisessem, partilhar o teto com os seus, habitar o espaço que mais lhes conviesse e lhes apresentasse boas oportunidades de trabalho. Enfim, ter uma vida mais condizente com as suas vontades.[122]

Nesse sentido, os pedidos indígenas por liberdade preten- diam modificar o estatuto jurídico do escravizado. Ademais, mulheres e homens originários que ingressaram na Justiça ansiavam por alterar os termos de sua participação na socie- dade colonial, sobretudo aqueles relativos às funções e às ati- vidades laborais, bem como às conformações de família e às preferências de modo de vida. Para sabermos em que medida tais pretensões e tais expectativas foram atendidas pelas jus- tiças, olharemos para as sentenças positivas dos tribunais e as confrontaremos com os pedidos dos litigantes. Com isso, será possível avaliar quão fecunda foi a via institucional na busca de melhores condições de trabalho e de vida.

Para cumprir essa tarefa, novamente deparamos com a característica sumária dos registros jurídicos. Assim, mais da metade das sentenças favoráveis, 35 das 67, determinou apenas a liberdade jurídica utilizando-se do termo "livre". Outras quatro sentenças usaram do termo "forra".[123] "Livre de sua natureza",[124] "conservados em sua liberdade"[125] e "postos e conservados em sua liberdade"[126] são formulações que remetem à matriz jurídica do direito natural e também foram empregadas em resoluções dos tribunais — e igualmente nos pedidos indígenas, como vimos no capítulo anterior. Tais formulações sintéticas expressam, de qualquer forma, liberdade. Em outro momento, observamos as várias acepções do termo "livre", que retomo agora. A palavra poderia se referir àquele que não era constrangido ou violentado. Dizia respeito ao não escravo. Tratava-se também do sujeito que era senhor de si e de suas ações, aquele que podia fazer o que quisesse. E uma pessoa livre era igualmente isenta, eximida (Bluteau, 1712-1728, v. 5, p. 112-3).[127] O dicionarista Raphael Bluteau especifica ainda: "Dar liberdade ao escravo, mas propriamente significao, sustentar, que hūa pessoa, que he tida em conta de escrava, he livre, e senhora de si, e com esta suposição tiralla das mãos daquelle, que a quer sugeitar ao cativeyro" (Bluteau, 1712-1728, v. 5, p. 113). Essas acepções servirão de norte para a análise final. De modo que vasculharemos as sentenças para averiguar se tais significados ou quais dessas acepções competiam aos litigantes com pleitos bem-sucedidos ou, ainda, se outros elementos contribuíam para a definição da liberdade indígena na Amazônia portuguesa.

Numa primeira mirada, notamos que "Livre de sua natureza e izenta de todo cativeiro", formulação que casa direito natural e lei positiva — expressos na legislação indigenista da época —, foi a determinação de sete litigantes.[128] A expressão "livre e isenta de cativeiro" foi aplicada em duas sentenças.[129] "Livre de qualquer cativeiro" também foi empregada duas vezes.[130] "Livre do cativeiro"[131] e "livre e isenta de todo o cativeiro",[132] uma vez cada uma. "Forra e isenta de todo o cativeiro" foi a sentença da "negra" Antônia.[133] "Forra e livre de cativeiro"[134] apresentou-se em um único registro.[135] Todas essas resoluções indicam com precisão que liberdade significava saída do cativeiro, correspondendo a um dos significados do verbete de Bluteau.

Continuando a inspeção de tais resoluções, é possível perceber a determinação de que os litigantes saíssem do cativeiro — cativeiro definido, cativeiro de um senhor particular —, como também foi decidido que deixassem qualquer cativeiro, que abandonassem todo cativeiro. Talvez a resolução de deixar o cativeiro de um amo específico não implicasse o abandono completo da escravidão. No entanto, será necessário avançar nas pesquisas para sustentarmos essa suspeita. Além disso, é preciso ter cautela com afirmações desse tipo, uma vez que temos de levar em conta a intermediação dos escreventes na redação das sentenças. Mathias Paes de Albuquerque e João Antonio Pinto da Sylva foram dois dos oficiais encarregados dessa tarefa nas Juntas das Missões de Belém, como assinalei de maneira não sistemática nas notas. Valeria a pena explorar suas biografias para termos dados a respeito da formação que tiveram e dos interesses pessoais, familiares e de grupos que poderiam carregar. Sendo assim, devemos ponderar que os registros das resoluções dos tribunais carregam não apenas as aspirações dos litigantes mas também a cultura jurídica dos deputados das Juntas e dos oficiais responsáveis pela confecção das atas.

Sem perder de vista essa ponderação, a partir de agora nos defrontaremos com sentenças mais ricas, capazes de fornecer uma quantidade maior de indícios a respeito da dimensão da liberdade que podia ser alcançada pela via institucional. Ao examiná-las, daremos materialidade para as conquistas jurídicas dos litigantes. Cada uma apresenta certas especificidades, e serão ordenadas da mais próxima para a mais distante do cativeiro, uma vez que a disputa, como sabemos, centrava-se na escravidão indígena.

Comecemos com as sentenças que determinaram a saída dos litigantes do cativeiro, mas que os preservaram sob administração senhorial. São casos que já passamos em revista e nos interessam agora sob o ponto de vista dos sujeitos que pleitearam liberdade nos tribunais. A "índia" Maria foi contemplada com sentença dessa natureza. Ela havia denunciado a irregularidade de seu cativeiro e, por extensão, a de seus filhos. Como a senhora Izabel Pereira de Menezes não havia apresentado título de escravidão, eles foram considerados livres. A despeito disso, não se livraram por completo do mando da viúva de João Barbosa da Costa, pois Izabel solicitou que os indígenas "por piedade" retornassem à sua casa, uma vez que supostamente não repugnavam o serviço. A Junta de São Luís determinou que os litigantes, tornados livres, fossem enviados para sua antiga dona, que, para remediar a situação, devia fazer termo comprometendo-se a tratá-los bem e pagar-lhes salário.[136] Dois dos filhos da "mameluca" Apolônia tiveram destino semelhante. Ela se tornou forra por determinação jurídica, e, com isso, seus filhos saíram do cativeiro. No entanto, a ama Francisca, viúva e com prole, queixou-se de pobreza e desamparo e requereu que dois dos filhos da ex-escravizada lhe fossem dados para seu serviço. O tribunal do Maranhão sentenciou que, se eles concordassem em servi-la voluntariamente, o fizessem, desde que também se pagasse salário. O valor deveria observar o costume da terra. E, caso fossem menores de 25 anos, a vontade da mãe deveria ser respeitada.[137] A sentença do "índio" Ventura determinou a liberdade e ordenou que ele fosse conservado em poder de Arnaldo, contanto que o carpinteiro lhe instruísse no ofício durante quatro anos.[138] Em relação ao verbete de Bluteau, essas sentenças correspondem à isenção de cativeiro e ao compromisso de tratar bem — associado ao trato dos sujeitos livres, que não deveria incluir constrangimentos e violências. Além disso, as resoluções contemplaram o pedido indígena por liberdade, mas não se traduziram no abandono do senhorio. Ou seja, na Amazônia portuguesa, liberdade não significava necessariamente deixar a casa do senhor nem se desobrigar a trabalhar para o antigo proprietário. Liberdade jurídica, portanto, era diferente de liberdade de trabalho e não correspondia, de modo obrigatório, à residência apartada do ex-senhor.

Tais sentenças demostram também que os litigantes conquistaram um espaço de negociação e conseguiram definir alguns dos termos da exploração de seus serviços. Outros foram fixados pelos interesses senhoriais — uma vez que os proprietários, tornados réus, igualmente contavam com um espaço jurídico para negociar a exploração de seus trabalhadores.[139] No cálculo desses interesses antagônicos, a "índia" Maria e seus descendentes, dois filhos da "mameluca" Apolônia e o "índio" Ventura[140] conquistaram liberdade, porém tiveram de residir com os antigos amos. Além disso, eles deveriam continuar trabalhando para os mesmos senhores, possivelmente exercendo atividades laborais semelhantes, tal qual Ventura, que não pôde escolher ofício a que se dedicar. Ademais, podiam ter a família fragmentada, como aconteceu com Apolônia. Embora os interesses dos litigantes não tenham sido contemplados por completo pelos tribunais, podemos considerar que as resoluções não foram de todo ruins. A despeito de todas as constrições, somadas ao risco do cativeiro disfarçado, a permanência junto aos grupos familiares senhoriais podia trazer vantagens frente às dificuldades de integração na sociedade colonial, tais como a garantia de abrigo e de alimentação e a manutenção de laços sociais.[141] Cabe acrescentar que não temos meios para comprovar que as relações de mando tenham sido alteradas após o compromisso firmado nos tribunais, mas é difícil imaginar que uma decisão jurídica tenha modificado, profunda e imediatamente, o trato dos senhores para com seus antigos escravos. Todavia, esses trabalhadores haviam tomado a iniciativa de acionar as justiças uma vez e tiveram causa ganha, de modo que poderiam recorrer às instituições de novo, em caso de quebra de compromisso dos senhores.

O trabalho, portanto, era uma constante na vida dos libertos pelos tribunais, e, nos litígios, eles conseguiram modificar alguns dos termos da exploração de seus corpos e de seus serviços. Devemos considerar que havia dimensões da existência além da lida cotidiana — as quais, por certo, não deixavam de estar relacionadas a ela —, que também estavam na mira dos litigantes e foram modificadas por suas conquistas jurídicas. Sem dúvida, a família foi uma dessas searas. Em adição às — já mais de uma vez exploradas — demandas conjuntas de mães com seus filhos e de aparentados, temos registros de mulheres que pediram que os filhos fossem viver em sua companhia. Foi o caso da "índia" Mariana, julgada forra, que requereu que sua prole deixasse a casa de Manuel Fernandes e Jacinto de Figueiredo e lhe fosse entregue. Os deputados da Junta de São Luís assentaram que os filhos aparecessem na próxima reunião.[142] A "cafuza" Antônia igualmente solicitou a companhia de seus filhos. A Junta do Maranhão resolveu que a senhora Margarida "não tinha domínio algum deles para que ficassem em sua casa", pois ela havia confessado não possuir título de escravidão.[143]

Os dois pedidos indígenas registram a preocupação com a manutenção da unidade familiar ao mesmo tempo que, não posso deixar de assinalar, atestam a recalcitrância das proprietárias em cumprir as sentenças de liberdade dos tribunais e observar a normativa da escravidão via ventre materno, enquanto as novas resoluções das Juntas respeitaram o empenho das indígenas em preservar a família unida. Lembremos que os cuidados com as crianças tradicionalmente eram de responsabilidade das mulheres, e os pedidos das litigantes revelam uma preocupação em estreitar os laços familiares. Além disso, ter os filhos junto de si não aumentava apenas o número de bocas para alimentar mas também o número de braços para prover. Assim, a conquista jurídica de um espaço de autonomia para construir esses laços parece ter caracterizado a noção de liberdade dessas mulheres: ter os filhos junto de si, cuidar das crianças, quem sabe, educá-los conforme os costumes da terra, como também permanecer junto de companheiros e parentes, fugir da separação pelas vendas, contar com o trabalho dos seus para o sustento da casa, tudo isso estava no horizonte de expectativas das mulheres em litígio, e um ou mais desses elementos couberam em algumas das resoluções dos tribunais.[144]

O controle dos espaços de habitação dos indígenas libertos era uma das preocupações expressas nas sentenças das Juntas e um dos pontos de disputa entre litigantes e senhores. O "índio" Martinho, filho de Suzana, devia declarar em casa de quem assistia.[145] A "índia forra" Ignácia Maria solicitou que o ajudante Ignácio Coelho apresentasse o título que atestasse sua sujeição. Ela pediu ainda que, em caso de ausência do certificado, pudesse "viver em sua liberdade aonde quizer". O réu confessou que a "índia" era "livre de nascimento" e, sendo assim, não podia servir a ninguém sem expressa determinação dos missionários. Diante dessa confissão, a suplicante foi declarada livre. No entanto, o tribunal de São Luís determinou que fosse "reposta na Aldeia donde foy extrahida".[146] Apesar de livre, a indígena não poderia residir onde bem entendesse. E habitar um aldeamento acarretava o exercício de uma série de serviços. Como se tratava de uma mulher, ela deveria plantar mandioca, fazer farinha, cultivar e tecer algodão, dar conta do sustento da aldeia e, eventualmente, servir em casa de colono como ama de leite e farinheira.[147] Com essas sentenças, começamos a notar a importância da definição dos lugares de residência indígena e do vínculo entre espaços coloniais e categorias de trabalho. Morar em aldeamento correspondia a exercer trabalho livre compulsório, enquanto fixar-se em casa de colono poderia significar cativeiro ou trabalho remunerado. Em vista disso, compreendemos que importava controlar o lugar de residência para definir a modalidade de trabalho das mulheres e dos homens indígenas.

O entrelaçamento entre moradia e serviço fica evidente também no caso dos irmãos "mamelucos" Ignácia e José. Sebastião da Costa concedeu alforria condicional a eles em seu testamento. Os "mamelucos" alforriados, por sua vez, solicitaram à Junta do Maranhão suspensão da cláusula testamentária que os obrigava a servir aos herdeiros, Tomas e Manoel da Costa. Em resposta, os órfãos pediram que os ex-escravizados fossem concedidos "em condição de isentos de cativeiro". Os deputados reunidos em São Luís determinaram que vivessem "os Mamelucos Suplicantes em sua Liberdade, donde lhes parecer".[148] O pedido de isenção de serviço dos litigantes foi respondido pela sentença de liberdade, acompanhada da determinação de viverem onde quisessem. A requisição centrada no serviço obteve resposta focada no lugar de moradia. A relação entre espaço e trabalho se faz notar nas disputas pela liberdade indígena na Amazônia portuguesa, apesar de não estar inscrita no verbete geral de Bluteau. Ademais, notamos que sair do cativeiro passava também por sair da casa senhorial, e escolher o local de habitação abria espaço para a eleição do patrão a quem servir e da atividade laboral à qual se dedicar.

Não era gratuito, portanto, o interesse pela definição dos locais de moradia e de serviço, expresso nos pedidos dos litigantes, nas respostas dos proprietários e nas sentenças dos deputados das Juntas. Acompanhemos mais alguns casos. O "índio" George e sua mulher, Januária, viram no falecimento do amo Mathias Lobatto de Oliveira a oportunidade para requerer liberdade. Foram sentenciados como "forros e isentos de todo cativeiro e que poderiam assistir donde melhor lhes parecesse".[149] O que aconteceu também com o "mameluco" Xavier, que obteve a seguinte sentença: "livre e ingênuo de todo o cativeiro para que possa viver onde bem lhe parecer".[150] A "índia" Hilária requisitou que lhe fosse concedido "o viver donde quizer com seus filhos, familia e mais parentes de sua geração".[151] Ela era uma mulher distinta, viúva de um Principal, e seu pedido foi bastante ambicioso: desejava manter a família unida e escolher onde morar. Os deputados determinaram que fosse posta em liberdade e não teceram uma palavra a respeito da condição de seus filhos e parentela, aparentemente frustrando a perspectiva de partilharem a mesma moradia. Portanto, reitero que a liberdade jurídica dos indígenas passava pelo abandono do espaço senhorial e pela conquista de um espaço próprio. Sair do senhorio e poder escolher onde morar era, literalmente, conquistar um espaço maior de autonomia.

Para entendermos, em definitivo, esse ponto e avançarmos na análise, vale a pena explorar um último caso, o da "índia" Quitéria, que pediu liberdade no tribunal de São Luís. Ela foi declarada forra, determinando-se que fosse morar em casa do procurador dos índios. O amo Joaquim da Serra Freire não reconheceu a liberdade de sua antiga escrava, contudo. Tanto que a indígena fugiu do senhorio para cumprir as determinações jurídicas. Em resposta, o morador acionou o tribunal e solicitou que Quitéria fosse reposta em sua casa, comprometendo-se a tratá-la como forra e pagar-lhe salário. Se, como viemos notando, a noção de liberdade dos litigantes carregava a ânsia pela conquista da escolha do lugar de moradia, ao que vinha acoplada a conquista de um espaço maior de autonomia para cuidar dos seus, para viver de uma maneira mais condizente com suas vontades e para trabalhar, dentro de certos limites, conforme seus desígnios, a atitude do proprietário Joaquim da Serra Freire é representativa da noção de liberdade dos senhores. Tal noção passava pelo pagamento de salário e pelo compromisso de tratar bem o trabalhador, mas não passava necessariamente pelo distanciamento ou pela ausência dos sujeitos de suas propriedades. Se considerarmos que a morada do colono era espaço de exercício do governo senhorial sobre a família, escravos e dependentes, afastado do controle das autoridades, entenderemos que a manutenção dos ex-escravos sob domínio senhorial era terreno fecundo para a perpetuidade de práticas escravistas. Dessa forma, é compreensível que os partícipes das Juntas das Missões — principais das ordens religiosas e administradores —, bem como os litigantes, reconhecessem que o afastamento da casa senhorial representava, de modo literal, um distanciamento do cativeiro.

Dito isso e voltando a Quitéria, notamos que, numa primeira sentença, determinaram-na livre e ordenaram que fosse viver em casa do procurador dos índios. Em resposta à solicitação do senhor de regresso ao seu domínio, estabeleceu-se que fosse morar em companhia do "mameluco" José Dias, de modo que ela abandonou definitivamente o cativeiro. Como era casada e o companheiro possuía residência na cidade, determinou-se que fosse "viver na sua companhia sem ter obrigação de ir a outra casa servir".[152] Além de ser considerada livre, Quitéria conseguiu sair da casa senhorial e foi eximida de servir em casa de colono. Saiu do cativeiro, mas foi vinculada à casa do companheiro; foi desobrigada a servir por ter se responsabilizado pelo trabalho doméstico. Tal sentença é reveladora não só do entrelaçamento entre espaço de habitação e de serviço mas também do limitado terreno de autonomia da mulher indígena na Amazônia colonial.

Verificada a centralidade da disputa pela definição do lugar de moradia e de trabalho, acompanhemos uma última série de sentenças. Nelas, procurou-se garantir que os indígenas e seus descendentes libertos do cativeiro fossem tratados conforme tal estado. Assim, Manoel Machado, procurador da "índia" Tomásia e da "mamaluquinha" Bernardina, afirmou que elas eram "livres de natureza" e pediam liberdade, apesar de constarem no inventário de Marcos Caranha. A despeito do pedido do procurador dos órfãos do defunto de concedê-las "por condição", considerando a pobreza das crianças, elas foram declaradas "livres de seu nascimento e como tais fossem tratadas e havidas". E a solicitação do cativeiro por condição[153] foi negada.[154] Tal determinação jurídica aponta para um modo de tratar indígenas livres — sem constrangimentos e emprego de violência, conforme Bluteau —, que seria diferente daquele dispensado aos escravizados.

Avancemos mais um pouco na escala da liberdade alcançada nos tribunais. Anna, "índia do sertão" — cujo caso expus no capítulo 1 —, pediu que fosse declarada livre da escravidão para poder "usar de sua liberdade". Não temos a sentença, mas o tribunal despachou em favor da litigante, determinando que a parte respondesse no termo de cinco dias.[155] Na causa intrincada da "índia" Margarida e seus filhos, entre resoluções, embargos, suspeição de votos e sentenças, eles foram julgados "Livres, e izentos de todo o captiveiro e que como tais [pudessem] uzar de Sua Liberdade".[156] Embora não conheçamos o conteúdo do pedido do "índio" Antônio, da nação Manao, pois sua demanda foi registrada apenas como "pedido de liberdade", foi determinado que ele deveria "usar de sua liberdade".[157]

Essas resoluções aproximam-se de outra acepção de liberdade contida no verbete de Raphael Bluteau, aquela que dizia que o sujeito livre era senhor de si e de suas ações, tratando-se de pessoa que podia fazer o que quisesse.[158] Dessa forma, a autodeterminação apresenta-se como sentença possível, a sentença mais distante do cativeiro. Todavia, não alcemos voos muito altos com essa resolução. Na Amazônia portuguesa do Setecentos, seria perigoso e francamente anacrônico associar a liberdade jurídica com a liberdade do sertão ou, pior ainda, a liberdade de não trabalhar. Como procurei demonstrar no capítulo anterior, é improvável que os litigantes carregassem noções de liberdade relacionadas àquela liberdade refeita dos territórios, à liberdade de viver de acordo com os costumes. Eles possivelmente tinham como perspectiva uma liberdade circunstanciada ao espaço colonial.[159] Além do mais, as sentenças estavam inscritas numa sociedade de colonização portuguesa de Antigo Regime, na qual a liberdade não poderia eximir os indígenas de contribuir com a sociedade através do trabalho. De modo que poder usar da liberdade poderia significar também não trabalhar para o antigo senhor, como foi determinado para a "índia" Tomásia e a "mamaluquinha" Bernardina, e poder escolher, dentro de certos limites, a atividade a exercer e o colono a quem servir, como também poder morar onde quiser e manter a família unida. Assim, a determinação de uso da liberdade aparece para nós como a soma das preocupações indígenas elencadas anteriormente.

Portanto, "usar de sua liberdade" foi a sentença máxima dos tribunais da Amazônia portuguesa. Poderíamos esperar um complemento para tal determinação: as mulheres indígenas, os homens originários e seus descendentes que obtiveram tais sentenças poderiam usar da liberdade para quê? Contudo, é provável que o conceito de liberdade seja mais uma incógnita para os observadores contemporâneos do que para os sujeitos daquela sociedade. Mas, ainda que não consigamos definir em absoluto os significados da liberdade conquistada nos tribunais, por meio da análise dos pedidos indígenas, da inspeção das defesas dos senhores, do estudo dos litígios e da investigação das sentenças dos tribunais, é possível afirmar que a liberdade jurídica passava sobretudo pelo controle de três aspectos da existência, intrinsecamente relacionados: a moradia, o trabalho e a composição das relações sociais. Isso porque, como vimos, a princípio a definição do lugar de residência estava atrelada à categoria laboral: aldeamento correspondia a trabalho livre compulsório, e casa de colono, a trabalho escravo. Seguindo essa associação, os litigantes ansiavam por sair das aldeias missionárias e abandonar a casa senhorial para se tornar efetivamente livres. Não espanta que os senhores tenham, de seu lado, insistido na permanência dos indígenas em seus domínios, seja descumprindo as sentenças, seja reivindicando os trabalhadores libertos como escravos por condição ou se comprometendo a remunerá-los e tratá-los bem. Soma-se a isso a conquista de maior autonomia na composição das relações sociais, notadamente em se tratando da família, da criação dos filhos e de relações conjugais. É possível que a liberdade jurídica fosse composta de outros elementos que não conseguimos acessar nas fontes analisadas, os quais permanecerão em silêncio até que mais pesquisas sejam feitas.

Cabe ainda uma última questão: afinal, a eleição da via institucional foi uma estratégia de imposição de limites à exploração do trabalho adequada aos interesses dos indígenas litigantes? A maioria obteve sentença favorável, o que não quer dizer que suas reivindicações tenham sido plenamente atendidas. O campo jurídico era um espaço de negociação e de disputa: negociação dentro de certos limites, pois, como vimos, não cabiam ações que tivessem como perspectiva a liberdade do sertão, nem tampouco a vida fora do trabalho; e disputa protagonizada pelos litigantes e pelos réus, supervisionada pelos administradores, que deveriam representar os interesses da Coroa. Dessa forma, os pedidos dos cativos, num primeiro momento, passavam pelo funil da adequação à escrita e à gramática jurídica e, num segundo momento, eram rebatidos pelos argumentos dos senhores, que, além de se defenderem da acusação de cativeiro ilícito, poderiam, como partes da causa jurídica, demandar a exploração do trabalho indígena sob outros termos, afetando as conquistas dos litigantes. Nas sentenças, o funil jurídico-administrativo reaparecia quando se obrigava a prestação de contas sobre o lugar de moradia, quando se determinava o trabalho livre compulsório associado à residência em aldeamento, quando se concedia a moradia junto ao companheiro, quando se dava a possibilidade de escolher onde morar e, por extensão, a quem servir. Sendo assim, as demandas indígenas por liberdade foram confrontadas por homens e mulheres proprietários e conformadas nos limites da sociedade colonial.

No fim das contas, para os litigantes, uma demanda por liberdade atendida poderia, no pior dos casos, corresponder à conquista do estatuto de livre, mas implicar a permanência sob mando e autoridade do senhor, com o compromisso de bom tratamento e remuneração. Tal acordo jogava as conquistas dos litigantes para a esfera senhorial, difícil de ser fiscalizada. Além disso, por um lado, revelava o poder dos proprietários na disputa pela liberdade indígena, mas, por outro lado, delimitava um espaço de negociação para os trabalhadores. Liberdade jurídica poderia também significar a manutenção da unidade familiar, traduzindo-se, no melhor dos casos, na possibilidade de conformação de um núcleo de habitação próprio aos trabalhadores e na conquista de um espaço de autonomia, com a determinação de residir onde quisessem. A saída do cativeiro poderia expressar não apenas a modificação do estatuto jurídico — de trabalhador escravizado para trabalhador livre compulsório — mas também uma melhoria das condições de exploração do trabalho devido ao afastamento de sevícias rotineiras, de ameaças e abusos de todo tipo, de vigilância e circunscrição do espaço de circulação, de interdições de várias ordens. Embora liberdade jurídica não significasse necessariamente liberdade de trabalho, algumas sentenças abriram a possibilidade para a negociação dos termos de exploração da mão de obra indígena e para o atendimento de preferências dos trabalhadores, permitindo uma realocação laboral. Ou seja, as sentenças da liberdade indígena foram conquistas de espaços de autonomia no interior das formas de trabalho compulsório. A liberdade jurídica máxima — o uso da liberdade pelo litigante bem-sucedido — poderia se resumir à soma de todos esses aspectos e ainda mais elementos impossíveis de esgotar por meio da análise documental. A partir daí, os constrangimentos passaram a ser externos e contextuais; não mais oriundos da própria condição do trabalhador. Para a Coroa, a abertura das instituições aos indígenas representou, sobretudo, a administração das práticas escravistas dos colonos, mas também a condução, para os tribunais, da resistência indígena ao cativeiro — implicando gastos com o funcionamento das instituições já existentes — e o cumprimento da lei. Ademais, a aposta na via institucional previa a formação de indígenas inscritos na ordem colonial — miseráveis em direito e sujeitos livres situados e obrigados ao trabalho. Para os moradores, as demandas por liberdade indígena os tornaram réus e os convocaram para o âmbito da disputa judicial. Nesse âmbito, de imediato, não perdiam a posse dos escravizados e, em geral, tinham a garantia de continuar explorando a força de trabalho originária durante o litígio. E, com esse âmbito, abriu-se um campo de negociação, onde chegaram a perder o domínio da exploração da mão de obra, mas puderam perpetuá-la mediante a transformação do estatuto jurídico do trabalhador. A via institucional foi, assim, um caminho de resistência às agruras do cativeiro que circunscreveu os projetos de futuro dos trabalhadores nos limites da ordem colonial e os contrabalanceou com os interesses dos senhores.

Considerações finais

Neste capítulo, acompanhamos o desenvolvimento dos litígios. Frente aos pedidos por liberdade dos nativos, nos deparamos com as defesas dos réus proprietários. Expus as estratégias jurídicas das partes e joguei luz em algumas práticas que passavam ao largo das normas. Se, de um lado, os litigantes denunciavam as práticas de escravização ilícitas de seus senhores, eventualmente somavam prova com a evidência de sevícias e maus-tratos, recorriam a testemunhos e insistiam em suas causas, os senhores, de outro lado, protelavam os pleitos, recusavam-se a comparecer em juízo e afastavam os cativos do litígio ao maltratá-los, circunscrever seus espaços de circulação, enviá-los para fora das cidades e vendê-los. Aos litigantes importava a conquista de condições mais adequadas de trabalho e melhoria do cotidiano, enquanto, para os senhores, a preocupação residia na proteção dos seus bens — incluídos aí os trabalhadores escravizados — e dos seus rendimentos auferidos pela exploração da força de trabalho originária. Nesse sentido, uma das estratégias praticadas pelos senhores consistia em aceitar a alteração de estatuto jurídico — de trabalhador escravizado para trabalhador livre compulsório —, ao passo que propunha alterações no regime de trabalho, tais como o comprometimento em pagar salário e o bom tratamento do trabalhador, ou a transitoriedade do cativeiro na fórmula da escravidão por condição, ou ainda o que poderíamos descrever como administração particular.

Por fim, as sentenças: ao analisá-las, percebemos que os resultados obtidos com a resistência pela via institucional foram limitados e circunscritos. Embora o trabalho fosse uma constante, os litigantes que obtiveram resoluções favoráveis ampliaram seus espaços de ação num contexto escravista. Possivelmente, os senhores passaram a respeitar um pouco mais suas vontades, na medida em que os litigantes negociaram alguns dos termos de exploração de seu trabalho. Dentro de certas restrições, puderam escolher a quem servir, definir onde morar, unir-se com quem conviesse, manter o convívio com os filhos e com a parentela. Nos litígios por liberdade indígena, verificamos tensionamentos do cativeiro e pressões pela melhoria das condições de trabalho e de vida dos nativos. No entanto, não é possível averiguar se a condição de propriedade foi ultrapassada apenas com uma sentença positiva, da mesma forma que é difícil verificar o respeito aos novos termos de exploração do trabalho.

Há ainda muito para saber sobre as experiências de trabalho e as preferências dos indígenas inseridos na sociedade colonial amazônica. O que é possível dizer com alguma certeza é que o âmbito da liberdade jurídica passava pela moradia, pelo trabalho e pela composição das relações sociais. Três esferas da existência particularmente importantes e interligadas. Além disso, é incontestável que o tensionamento do cativeiro e a proposição de novas condições de trabalho pelos litigantes respeitaram a linguagem jurídica e os limites da ordem colonial[160] e ainda foram cerceados pelos interesses escravistas dos moradores. Os cativos levaram seus senhores aos tribunais, transformando-os em réus ao tornarem-se litigantes. Adotaram o âmbito jurídico como espaço de luta contra o cativeiro e conquistaram, pelas determinações dos tribunais, um espaço maior de autonomia. Assim, os litígios são importantes indícios dos sofrimentos e da luta dos trabalhadores indígenas pela alteração dos termos de exploração do trabalho e pela melhoria de condições de vida na Amazônia sob domínio colonial português.

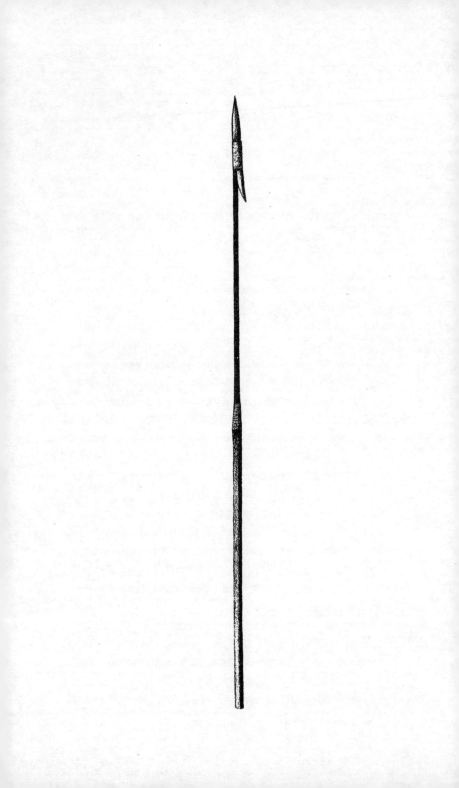

Conclusão

Trazer a Tuíra no coração, no estômago, nas tripas. A lâmina do terçado da Tuíra, o fio afiado da lâmina do terçado da Tuíra, a lâmina de sutileza profunda, estrela que não hesita porque humana, desesperadamente humana.

— Paloma Amorim, "O lugar de fala e a fala do lugar"

A presente investigação cumpriu dois objetivos: compreender como se deu o uso das justiças por mulheres e homens indígenas e seus descendentes escravizados na Amazônia portuguesa entre os anos de 1706 e 1759, e caracterizar a via institucional como modalidade de contraposição à exploração do trabalho. Seguindo essas diretrizes, nos aproximamos daquela realidade passada a fim de situar o problema. Assim, verificamos a centralidade da disputa pela força de trabalho nativa — cujos antagonistas eram os moradores e a Coroa — e, por consequência, o lugar marginal das demandas por liberdade de ameríndios escravizados. Nesse âmbito, a abertura das instituições jurídico-administrativas às demandas indígenas pode ser entendida, em primeiro lugar, como parte dos esforços metropolitanos no sentido de administrar as formas de arregimentação do trabalho indígena; em segundo lugar, como tentativa de orientar para os tribunais as reações indígenas ao cativeiro — a figura jurídica de miseráveis em direito aparece como esforço de captura dos originários pelo ordenamento jurídico num lugar subalterno; em terceiro lugar, significou uma preocupação com o cumprimento das cláusulas da escravidão indígena e, depois de 1755, com o respeito à abolição do cativeiro nativo. Se a existência de leis indigenistas e a fundação de tribunais na colônia — a ouvidoria e as Juntas das

Missões — foram pressupostos para que indígenas entrassem nas justiças, a figura do procurador dos índios e a categoria jurídica de miserável em direito foram imprescindíveis para a maioria dos cativos que trataram de mover demandas autorais.

A possibilidade de trabalhadores escravizados denunciarem a irregularidade das práticas de redução ao cativeiro e exploração do trabalho cometida por seus senhores não significou, por certo, que todos os escravizados clandestinos se tornassem litigantes. Com efeito, há registro de um número ínfimo de mulheres e homens indígenas cativos litigantes — bastante ínfimo em relação às estimativas populacionais de indígenas escravizados, mas deveras significativo em termos qualitativos —, e isso se deu por conta das particularidades dessa forma de contraposição ao cativeiro. Para que um indígena movesse demanda era necessário que congregasse certos conhecimentos, compreendesse a língua corrente e tivesse acesso à informação que lhe permitisse reconhecer a situação de cativeiro à qual estava submetido. Era preciso também ter conhecimento de que existiam leis de regulação da escravidão e a oportunidade de confrontar o próprio cativeiro com as normativas para averiguar sua irregularidade. Era necessário saber ainda da existência dos tribunais para reclamar e da possibilidade de contatar um procurador para prestar-lhe auxílio nos procedimentos jurídicos. Tudo isso era facilitado pela residência em ambiente citadino — tendo a oportunidade de sair da casa dos amos, circular pelas ruas, encontrar-se com sujeitos de condições semelhantes, trocar saberes e táticas de sobrevivência, estabelecer redes de aliança e apoio mútuo. Além das condições materiais, para que um indígena optasse pela via institucional, haveria de convergir expectativas e projetos de futuro com as possibilidades de ganho apresentadas pelos tribunais. Voltar para o sertão e deixar de trabalhar não estava no horizonte dos litigantes, enquanto a saída do cativeiro e a melhoria das condições de trabalho e de vida apresentavam-se como possibilidades exequíveis. Dentre os litigantes, destaquei e analisei a maioria de mulheres, como também tratei dos aldeados e dos mamelucos, mulatos e cafuzos. Todos esses subgrupos apontam para a precariedade da liberdade na Amazônia portuguesa e registram a escravidão generalizada, fundada no cativeiro ilícito. Se as comunidades originárias se fragmentaram em "índios" — trabalhadores coloniais —, as demandas por liberdade são testemunhos da confecção de novos laços com base no signo comum da exploração laboral.

Conhecemos ainda as estratégias de acusação dos litigantes e de defesa dos réus, tanto as lícitas quanto algumas que margearam a legalidade. Se a preocupação dos senhores residia no resguardo de seus bens e na continuidade da exploração da mão de obra nativa, as cativas litigantes apresentaram limites à exploração do trabalho e propuseram modos de vida mais consequentes com seus interesses e perspectivas. Apesar de a maioria das demandas indígenas ter sido atendida pelos tribunais coloniais, parte dos libertos continuou servindo a seus antigos proprietários sob novos regimes e modalidades de trabalho, como a escravidão por condição e uma espécie de administração particular. Os trabalhadores cujos anseios foram atendidos por completo conseguiram morar distantes do cativeiro, conformar residência com os seus e escolher — dentro dos constrangimentos contextuais — a quem vender sua força de trabalho e com quais atividades laborais se sustentar. As demandas por liberdade registram, assim, os esforços dos indígenas para se realocarem no espectro do trabalho escravo ao trabalho livre, ainda que compulsório.

Esta investigação é uma narrativa sobre a ilegalidade do cativeiro indígena na medida em que as demandas por liberdade fixaram práticas ilícitas de escravização e exploração do trabalho escravo originário. Se no início eu pensava que iria estudar a liberdade, com o desenrolar da pesquisa me dei conta de que o presente objeto de investigação é o trabalho compulsório, livre e escravo, bem como as lutas dos indígenas para atenuar a exploração sobre seus corpos e suas atividades laborais. Além disso, notei que os trabalhadores não eram apenas os nativos mas também aqueles seus descendentes mestiços, e que tal miscigenação acompanhava o ritmo da introdução de escravizados africanos na Amazônia colonial. Trata-se de uma diversidade que poderíamos chamar étnica e também de distintas modalidades de trabalho associadas a diferentes categorias jurídicas: cativos, escravos por con-dição, administrados, ladinos, forros, escravizados com ofícios, livres, livres para viver onde quisessem, livres para usar de sua liberdade. Com isso, configura-se um campo a ser explorado que conjuga esses múltiplos atores com dife-rentes estatutos jurídicos e categorias laborais na Amazônia portuguesa do Setecentos.

Ainda que, como dito, a via institucional não pudesse con-templar o retorno à liberdade do sertão — não havia como voltar, ele "não existia mais" —, o recurso aos tribunais permitiu que os trabalhadores indígenas e descendentes de mulheres e homens originários se deslocassem da escravi-dão à liberdade jurídica. Livrar-se de maus-tratos e escolher, mesmo que dentro de certos limites, onde morar, com quem se casar, qual atividade laboral exercer, a quem servir, é uma conquista incontestável. Relatei uma história de que não há escapatória fora do mundo do trabalho e de que o máximo de liberdade que os litigantes poderiam adquirir residia na possibilidade (restrita) de eleger quem os exploraria. Essa história integra a memória das resistências à explora-ção do trabalho e deve ser acionada ou atualizada sempre que necessário, especialmente em contextos de perdas de direitos trabalhistas e nos quais o trabalho forçado similar à escravidão ganha ares de legalidade.

A via institucional pode ser, como foi, aglutinada a outras formas de resistência. Demandas por liberdade, fugas, rebeliões, aleivosias, terçados de Tuíra caminharam juntos e podem ser recriados como via de contestação e luta contra ações de dominação e subjugamento. Tais formas compõem um repertório de estratégias que, para além de serem conhecidas e reconhecidas segundo sua importância histórica, política e social, devem servir de espelho para que, pelo reconhecimento tanto da opressão quanto de sua negação, possamos encontrar no horizonte futuro uma via na qual a liberdade signifique mais do que a possibilidade de eleger seu próprio senhor.

Notas

Prefácio

1 Termo da Junta das Missões (8 jun. 1739). "Livros de assentos, despachos e sentenças que se determinaram em cada Junta de Missões na Cidade de São Luís do Maranhão", Códice 1, Arquivo Público do Estado do Maranhão (APEM), f. 4-6.

2 DUPRAT, Deborah. Memorial no Ag. Reg. no Recurso Extraordinário com Agravo, 803.462, Mato Grosso do Sul. Brasília: Ministério Público Federal, 2015.

Introdução

1 É muito provável que esse aldeamento estivesse assentado nas imediações do rio Urucu, afluente do rio Solimões pela margem direita — conhecido, possivelmente, por Urucumirim e por Urucuguaçu, pois apresenta uma grande variação de fluxo ao longo de seu curso, alargando-se na embocadura do lago Aruã. Além da proximidade toponímica, a suspeita é fortalecida pela distribuição dos aldeamentos entre as ordens, na qual os carmelitas ficaram responsáveis por aqueles situados nas margens dos rios Negro e Solimões. Para um levantamento das Missões construídas entre meados do século XVII e 1752, cf. mapa apresentado em Bombardi (2014, p. 25-6). Para facilitar a localização geográfica, Urucumirim estaria nas terras que compõem os limites do que é hoje Coari, vasto em dimensões como tantos outros municípios do estado do Amazonas (ver mapa p. 20-1).

2 "Escravos, almas, rios, nações de índios, drogas, comércio, guerras e régulos — o sertão amazônico estava assim eivado de sentidos." Neste livro, emprego o termo "sertão" e seus equivalentes "sertões", "sertão das Amazonas" ou "sertões das Amazonas" (amplamente encontrados na documentação) para tratar dessas áreas, por vezes

apartadas das vilas e das cidades, mas que davam lugar a uma série de práticas — em especial escravistas, de conversão, de extrativismo e de comércio — que se relacionavam de modo direto com o processo colonial. "O sertão amazônico colonial, diferentemente de outros sertões das conquistas portuguesas na América, não parece ter sido construído em oposição ao litoral (sobretudo às cidades de São Luís e de Belém). O Estado do Maranhão e Pará não podia existir sem o seu sertão." Para saber mais, cf. Chambouleyron, Bonifácio & Melo (2010). As citações desta nota são das páginas 18 e 49, respectivamente. Vale acrescentar que, justo por conta das mencionadas atribuições, sertão não tinha lugar fixo. Antes, era marcado pela mobilidade, de maneira que sua localização acompanhava o avanço colonial, correspondendo em especial à expansão das frentes de missionação e de escravização.

3   Conforme as considerações da nota 1 deste texto introdutório, sua provável localização é na ilha de Paratari, nas margens do rio Solimões, bem próximo ao encontro com o rio Negro para a formação do rio Amazonas. Esse aldeamento estaria situado nas terras do que é hoje o município de Manacapuru, na zona metropolitana de Manaus.

4   Na escrita da história dos povos originários, a determinação dos etnônimos apresenta-se como uma imensa agrura. Muitas vezes um mesmo grupo é chamado de maneiras diferentes pelos responsáveis pelo registro, outras vezes é difícil encontrar uma denominação aproximada para certos grupos conforme foram grafados, como no caso desses Umauazes. Já que não encontrei sua referência, opto por manter a grafia presente nas fontes. Utilizo como material de apoio para tarefas desse tipo Porro (2007).

5   Os nomes próprios de indígenas foram grafados conforme registro nas fontes, já que foi pouco frequente encontrar menção a um mesmo Principal mais de uma vez, o que poderia fornecer elementos comparativos de denominação. Usei como material de referência o dicionário de Porro (2007), bem como o dicionário de tupi antigo do pesquisador Eduardo Navarro (2013). Vale acrescentar que "Principal" era uma das maneiras como os chefes indígenas eram chamados. Esse termo permanecerá com letra maiúscula para evitar ambiguidades.

6   Cidade do Pará é como muitas vezes era chamada a capital Belém.

7   Na documentação analisada, não foi possível obter informações a respeito do reencontro entre Pedro e a irmã.

8   O rio Japurá é afluente da margem esquerda do rio Solimões.

9   Segundo contabilização de Camila Dias (2012b), em *Livro das canoas* — que contém registros de variados formatos e objetivos, datados de 1739 a 1755 —, quando há informação de procedência dos prisioneiros indígenas: "51% vieram do rio Negro e 33% do Japurá. Nos anos de 1744 e 1745, 79 índios vieram do rio Solimões, pertencentes a apenas três pessoas. Uma ou outra peça veio do rio Madeira, ou de Pauxis".

10   "Amarração" consistia na invasão de aldeia seguida de sequestro de seus moradores, destinados, então, ao cativeiro. Tratarei com mais vagar das tropas de resgate e das amarrações no capítulo 2.

11   A aldeia de Maracanã era posto de passagem entre as capitanias do Pará e do Maranhão, de acordo com Carvalho Júnior (2005, p. 108).

12   Trata-se da antiga aldeia de Tapuitapera dos Tupinambá. De acordo com Rafael Chamboleyron e Alírio Cardoso (2009, p. 41-2): "A região onde está localizada Alcântara é a 'Terra Firme', como eram conhecidos os territórios continentais próximos às ilhas habitadas. A sede da nova capitania de Cumã, doada em 1627 a Antônio Coelho de Carvalho, era conhecida também pelas valiosas jazidas de sal, desejadas pelos holandeses. Alcântara está também localizada em ponto estratégico, do outro lado da baía de São Marcos num sítio cercado por morros e vales. Tal como vimos, esses requisitos seguem as duas funções primordiais das cidades do Império: proteção e navegabilidade. Não por acaso, nos séculos XVII e XVIII, Alcântara era escala importante das embarcações que faziam a 'carreira' entre São Luís e Belém, Belém e São Luís. Sua população também não era expressiva. Em 1650, dois anos depois de ganhar a condição de vila, teria 300 moradores [...]".

13   Foi possível narrar essas trajetórias com base na leitura a contrapelo dos seguintes documentos: "Carta Régia para o Governador do Estado do Maranhão sobre conservar na sua liberdade aos índios

Pedro, Ignês e Germano [sic] e Cia [2 fev 1729]", Anais da Biblioteca Nacional (ABN), v. 67, 1948, p. 228-30, 250-1; "Despacho do Conselho Ultramarino para o procurador da Coroa, em que informa da resposta à carta do Governador do Maranhão, sobre a conservação da liberdade de Pedro, Inês e Germana, naturais dos sertões do rio das Amazonas e moradores da vila de Santo Antônio de Alcântara [ant. 18 jan. 1727], que apresenta como anexo a Certidão de Justificação do missionário carmelita Frei Timóteo de Santa Bárbara [6 jun. 1726]", Arquivo Histórico Ultramarino (AHU), Avulsos do Maranhão, cx. 15, doc. 1551. Para nos aproximarmos dos traços gerais do que pode ter sido a vida de um aldeado, consultei: "Regimento e Leis das Missões do Estado do Maranhão e Pará" (Naud, 1971, p. 228-31); bem como Carvalho Júnior (2013). Como se nota, na carta régia transcrita nos Anais da Biblioteca Nacional, as duas crianças são tratadas no masculino — Pedro e Germano. Todavia, consultei os manuscritos originais dos outros dois documentos, salvaguardados no Arquivo Histórico Ultramarino, e tanto neles quanto na cota do documento a pequena é chamada de Germana e, por isso, refiro-me a ela no gênero feminino. Vale dizer que a publicação da Biblioteca Nacional resultou do cotejo de dois códices compostos de cópias executadas à vista do original de Évora, sem, contudo, ter sido realizada uma edição paleográfica em razão de o original encontrar-se na Biblioteca Pública Eborense em Évora, Portugal. Conforme "Explicação", ABN, v. 66, 1948, p. 7-8, nota 1.

14 Opto por não me referir a Germana como nativa ou indígena, apesar de não ter certeza de sua mestiçagem. Afinal, o "sangue branco" teria sido a base da justificativa de frei Timóteo para a "doação" da criança pelo Principal Marauoni. Essa questão da mestiçagem e do referencial para a determinação de categorias sociais será mais bem trabalhada na seção "Mamelucos, cafuzos, mulatos", do capítulo 2.

15 As expressões "conservadas em liberdade" e "preservadas em liberdade" apontam para a liberdade indígena fundamentada pelo direito natural. Tratarei desse ponto no capítulo 1.

16 Uma das principais autoridades de São Luís à época, Mathias da Silva Freitas, atestou a justificação do missionário. Ele era ouvidor-geral da capitania e, em 1726, atuava também como chanceler e juiz das justifica-

ções e dos juízos da Coroa, provedor dos defuntos e ausentes, corregedor e provedor da comarca com alçada no cível e no crime. O exercício de todos esses cargos lhe conferia respeitabilidade e, certamente, era considerado na legitimação do depoimento de frei Timóteo.

17 "Carta Régia para o Governador do Estado do Maranhão sobre conservar na sua liberdade aos índios Pedro, Ignês e Germano [sic] e Cia. [2 fev. 1729]", ABN, v. 67, 1948, p. 228-9.

18 Neste trabalho, os termos "liberdade" e "livre" são tomados, em primeiro lugar, como uma condição jurídica objeto de disputa entre os vários sujeitos das contendas, apresentando, por isso, significados diversos. Vale dizer que os sentidos de liberdade em uma sociedade de Antigo Regime são outros que aqueles de sociedades posteriores à Revolução Francesa que se pretendem igualitárias e democráticas. No último capítulo, nos aproximaremos das medidas da liberdade, notadamente para aqueles que demandavam por ela nos tribunais. A historiografia costuma trabalhar com a categoria jurídica "ação de liberdade" para se referir aos processos de trabalhadores escravizados que desejavam sair do cativeiro. Por exemplo, para indígenas litigantes, cf. Mello (2005; 2006). Já para africanos e afro-brasileiros litigantes, observe, por exemplo, o trabalho de Grinberg (1994).

19 A inversão nominal representa o deslocamento mais a oeste dos interesses políticos e administrativos no norte da América portuguesa.

20 Segundo Sweet (1974, p. 694-5), os seguintes governadores atuaram na região, no período abarcado pela pesquisa: João Velasco de Molina (1705-1707), Christóvão da Costa Freire (1707-1718), Bernardo Pereira de Berredo (1718-1722), João da Maia da Gama (1722-1728), Alexandre de Souza Freire (1728-1732), José de Serra (1732-1736), António Duarte de Barros (1736-1737), João de Abreu Castelo Branco (1737-1747), Francisco Pedro de Mendonça Gurjão (1747-1751), Francisco Xavier de Mendonça Furtado (1751-1759).

21 Nas notas a seguir em que se referenciam trechos extraídos destes materiais, eles serão citados, a partir da segunda ocorrência, desta maneira, sem os títulos completos entre aspas: Termo da Junta das Missões [data], Códice 1, APEM/ Códice 10, APEP/ Códice 23, APEP/

(Wojtalewicz, 1993, número da página correspondente). Para os dados completos, ver a seção Referências. Documentos extraídos dos Anais da Biblioteca Nacional e de outras fontes históricas serão citados na forma completa. [N.E.]

22 ABN, v. 66 e 67, 1948. Apesar da consulta realizada em diversos fundos, há que se considerar as seguintes lacunas documentais na análise dos dados: para a capitania do Maranhão, os anos iniciais de 1683 a 1738; e, para a capitania do Pará, os períodos de atuação das Juntas compreendidos entre 1701-1720 e 1726-1736. Tanto as reuniões quanto os respectivos registros, nos anos iniciais de atuação dos tribunais, não eram tão regulares quanto em outros períodos. Para entender mais do funcionamento dessa instituição, cf. Mello (2007), assim como o capítulo 1 deste volume.

23 Entre outros, cf. Munduruku (2018).

1. De cativos a litigantes: pressupostos para o acesso indígena aos tribunais

1 Nas fontes, é comum a expressão "peça" para se referir ao trabalhador escravizado; no entanto, não encontrei referência ao valor ou à equivalência de uma "peça" indígena. Em sua tese, o historiador Carlos Zeron (2011a, p. 180-1) especifica o que seria uma peça (negra) em nota que reproduzo aqui: "A peça — peça, boa peça ou peça das Índias — representa um negro de 15 a 25 anos. Um negro de 8 a 15 anos (molecão) ou de 25 a 35 anos não forma uma peça inteira: são necessários três para fazer duas peças. As crianças de menos de 8 anos (moleques) e os adultos de 35 a 45 anos equivalem a meia peça. As crianças em fase de amamentação acompanham as mães e não contam. Os doentes e os com mais de 45 anos são avaliados por juízes. O escravo ideal é a peça de 1,82 m, com idade de 25 anos e sem defeitos físicos. Abaixo de 1,65 m, uma peça perde muito de seu valor. Uma lista de preços de 1657 permite-nos apreciar a diferença entre essas diversas categorias. Os escravos custam: uma peça = 22 mil reais, o negro 'barabado' de 25 a 35 anos = 18 mil reais, o velho

= 14 mil reais, a molecona = 17 mil a 19 mil reais, o molecão = 18 mil reais, o moleque ou a moleca = 12 mil a 16 mil reais. (Fréderic Mauro, *Le Portugal et l'Atlantique au XVII e siècle (1570-1670): étude économique*, p. 173)". Embora esse trecho relacione peça especificamente ao trabalhador escravizado negro, não iremos muito longe se atenuarmos essa distinção e a associarmos também ao indígena, até porque, como veremos, eles podiam ser chamados de "negros" e "negros da terra". Ou é provável que uma mesma palavra, "peça", tivesse um mesmo referente, escravo, fosse ele indígena ou negro. Certamente, é preciso considerar também a variação dos preços das "peças" ao longo do tempo e nas diversas regiões.

2 Estavam em fazenda dos carmelitas, mas foi impossível averiguar em qual de suas propriedades.

3 O fato de os indígenas terem fugido de um cativeiro para outro indica, de um lado, a dificuldade de romper os limites da escravidão e, de outro, que tal condição não parece ter sido o pior de seus problemas, mas antes o senhorio de Gregório da Costa Goulart.

4 Termo da Junta das Missões [31 maio 1738], "Livro dos Termos das Juntas das Missões que se dariam nesta capitania do Pará em que se julgavam as liberdades dos índios, cujas Juntas foram extintas com a Lei das Liberdades que se publicou nesta cidade aos 29 de maio de 1756" (Wojtalewicz, 1993, p. 97-9). Os caminhos institucionais das ações por liberdade serão apresentados na terceira seção deste capítulo.

5 É interessante destacar que o jesuíta defendeu a liberdade dos indígenas, ainda que os tenha tratado como "peças". O que pode nos parecer contradição manifesta, com efeito, os diferentes tons do espectro entre a liberdade e a escravidão na Amazônia portuguesa setecentista. No capítulo 3, tratarei melhor desse ponto.

6 "Auto de Devassa de Francisco da Gama Pinto sobre o cativeiro de índios no Maranhão, contrariamente às ordens de Sua Majestade [19 maio 1722]", AHU, Avulsos do Maranhão, cx. 13, doc. 1332. Agradeço a Fernanda Bombardi por esta referência.

7   A falta de interesse do tribunal em recolher depoimentos dos indíge-
     nas fugidos aponta para a centralidade da restituição da propriedade,
     tendo em vista que não era inusual que indígenas fossem chamados
     para depor nas disputas por liberdade, como conferimos na reunião
     de Junta das Missões de 14 de julho de 1738 — menos de dois meses
     depois da apuração do caso tratado. Na sessão de Junta, os indígenas
     Anna, Antônio, Raymundo, Agostinho, Francisco Merim, Natalia,
     Domingos, Manoel, Francisco Asû e Margarida foram ouvidos no
     tribunal em Belém a respeito de sua condição e declarados "forros e
     livres de sua naturesa, como também o eram, os outros tres que dotou
     o dito Reverendo Padre a sua Irmã, as quaes já falescerão, por não se
     apresentar registo ou outro algû titulo juridico, por onde se possão
     julgar por escravos". Termo da Junta das Missões [14 jul. 1738] (Woj-
     talewicz, 1993, p. 102-4).

8   Termo da Junta das Missões [31 maio 1738] (Wojtalewicz, 1993, p. 97-9).

9   Minha preocupação reside em tecer uma narrativa mais complexa
     e menos excludente, acompanhando uma certa "descentralização
     da história". Nesse sentido, a ação indígena é pressuposto tal qual a
     ação dos demais sujeitos, sendo fundamental entender o peso de tais
     sujeitos e o peso de suas ações. As ações por liberdade existiram, e
     temos acesso a parte de seus registros, não preciso provar isso. Resta
     entender, portanto, o uso que os cativos fizeram desse mecanismo e
     o resultado que obtiveram com ele. Tenho no horizonte a seguinte
     formulação da historiadora Camila Dias (2018): os índios são agentes,
     mas de quais processos?

10   No próximo capítulo, tratarei com mais vagar da outra dimensão do
     esforço normatizador metropolitano: o controle sobre os indígenas,
     propriamente as reações ameríndias ao cativeiro.

11   Vale também reiterar as considerações feitas na "Introdução", pois
     a conjunção do problema de pesquisa com as fontes — enviesadas,
     mas também fragmentárias, manuscritas e de difícil leitura — impõe
     limites à reconstituição das tramas. De modo que, contrariando
     uma narrativa "naturalizada", procurarei explicitar as lacunas e os
     movimentos que fiz no sentido de atenuá-las. Quando foi impossível
     dirimi-las, sua identificação indica novos rumos de pesquisa.

12 Nos próximos capítulos, desdobrarei essa compreensão das ações de liberdade, notadamente em relação aos escravizados.

13 Os procedimentos e as prováveis mediações na proposição das ações de liberdade serão objeto da segunda seção deste capítulo.

14 Termo da Junta das Missões [24 maio 1738] (Wojtalewicz, 1993, p. 96).

15 Vale dizer que, no capítulo 3, tratarei das consequências do não comparecimento em juízo, das sanções em casos de contumácia. Termo da Junta das Missões [24 maio 1738] (Wojtalewicz, 1993, p. 96).

16 Uma questão que permanece em aberto nesta pesquisa é: será que indígenas, considerados livres na Justiça, carregavam consigo algo como um atestado de liberdade, a fim de não serem reescravizados, semelhante talvez às cartas de alforria dos trabalhadores escravizados africanos e ladinos? Ou o registro resumia-se à ata das Juntas? Não encontrei nenhum indício documental nos arquivos, tampouco o encontraram outros pesquisadores dedicados ao tema. Entretanto, é plausível que tenham existido, dados o perigo de reescravização em uma sociedade fundada no braço escravo e o fato de que, em meados do século XVIII, havia ao menos uma resolução das Juntas em que está expressa a determinação de elaboração de uma certidão: o processo concluído da indígena Ignácia em que se manda lavrar as certidões necessárias. Termo da Junta das Missões [29 mar. 1756], Códice 1, APEM, f. 61-2. É provável que seja raro encontrarmos até mesmo referência a esses documentos comprobatórios, porque a grande maioria das causas disponíveis está incompleta, como veremos no capítulo 3.

17 Para além das especificidades das matrizes jurídicas, é preciso adiantar que eram de práticas de liberdade distintas: uma consistia na liberdade do sertão; outra, bem diferente, a da cidade. Uma era a vida integrada em comunidade; outra, a do indivíduo transformado em força de trabalho. O capítulo 3 será particularmente dedicado a essa questão.

18 O termo "ameríndio" é empregado aqui por designar de maneira mais objetiva os povos nativos das três Américas, diferenciando-os dos nativos de outros continentes (África e Ásia, por exemplo), grupos com que os europeus também travaram contato na modernidade. Porém,

como o leitor já deve ter notado, emprego com maior frequência os termos "índia", "índio" e "indígena"; os dois primeiros são recorrentes nas fontes. Opto por não maquiar a generalização que tais termos carregam, pois penso que ela é indicativa do processo de introdução dos ameríndios na sociedade colonial e da redução deles à condição de trabalhadores superexplorados. É o processo de "virar índio" de que trata Eduardo Viveiros de Castro, ainda que se refira à outra ponta do processo: momento de desvirar ou revirar índio. "Bem, o índio isolado ninguém tem coragem de dizer que não é mais índio, sobretudo porque ele nem é índio ainda. Ele não sabe que é índio; não foi contatado pela Funai ou coisa do gênero. Ou seja, primeiro se tem que virar índio para depois deixar de ser" (Sztutman, 2008, p. 150).

19 Em outra oportunidade, Fernanda Bombardi e eu afirmamos que "as ações de liberdade foram capazes de evidenciar tais práticas desviantes na medida em que índias e índios escravizados injustamente tomavam a legislação para reivindicar seus direitos" (Bombardi & Prado, 2016, p. 186).

20 Termo de Junta das Missões do Maranhão [18 dez. 1751], Códice 1, APEM, f. 85v-86.

21 Nota-se, aqui e em outras fontes, o emprego dos termos "negra" e "negra da terra" para referir-se aos trabalhadores escravizados indígenas. A denominação indistinta, no primeiro caso, e aproximada, no segundo, para africanos e indígenas pode indicar que a função social pesava mais que o lugar de origem ou a cor da pele em São Luís e em Belém coloniais. Isso também ocorreu em São Paulo de Piratininga, como conferimos na obra de John Monteiro (1994b, p. 155, 164-7).

22 Termo da Junta das Missões [26 fev. 1751] (Wojtalewicz, 1993, p. 166-7).

23 Termo da Junta das Missões [27 fev. 1726], "Alvarás, regimentos e termos da Junta das Missões (1720-1740)", Códice 10, Arquivo Público do Estado do Pará (APEP), s. p. Na transcrição documental (feita por terceiros), está escrito "sua avô", abrindo espaço para dúvidas quanto ao gênero do antepassado das irmãs. No entanto, é provável que se trate da avó delas, uma vez que os ventres das ascendentes

eram acionados na determinação da escravidão ou da liberdade, como veremos no próximo capítulo.

24 "Carta Régia para o Governador do Maranhão [Christóvão da Costa Freire] em que se lhe ordena defira na forma das ordens de Sua Majestade ao Requerimento da índia Ângela de Jesus a respeito da liberdade que pede [22 fev. 1714]", ABN, v. 67, 1948, p. 120-1. Nesse e em mais dois outros casos, encontrei reforço de argumento vinculado à distinção social. Por não se tratar de uma variação típica, preferi explorá-la no conjunto das estratégias argumentativas — dos cativos e dos senhores — de que trato no capítulo 3. Por enquanto, gostaria de destacar que a diferenciação social cristalizada na expressão "filha da principal família que ha nesses Sertões" talvez indique que nem todos os ameríndios poderiam ser reduzidos ao cativeiro. Essa hipótese não é descabida se considerarmos, por exemplo, situações semelhantes em Angola colonial, como podemos conferir no artigo de Silvia Lara (2016).

25 Termo da Junta das Missões [21 jun. 1751] (Wojtalewicz, 1993, p. 168-70). Casos de aldeados tornados trabalhadores escravizados serão tratados no capítulo 2.

26 Termo da Junta das Missões [26 fev. 1751] (Wojtalewicz, 1993, p. 166-7).

27 Termo da Junta das Missões [27 fev. 1726], Códice 10, APEP, s. p. No entanto, para as irmãs, seus filhos e netos, a liberdade só foi assegurada depois de cerca de trinta anos de litígio judicial. Prova de que as sentenças nem sempre são definitivas e de que a exploração do braço escravo não é interrompida no vaivém de recursos e apelações. Exploraremos mais alguns aspectos desse caso bastante rico na próxima seção deste capítulo. No entanto, adianto que não tratarei de esgotá-lo e que alguns que vieram antes, como Marcia Mello e, em especial, André Ferreira, examinaram com esmero os requerimentos, as cartas, as portarias em torno do destino das irmãs. Cf. Mello (2005) e Ferreira (2017).

28 "Carta Régia para o Governador do Maranhão [Christóvão da Costa Freire] em que se lhe ordena defira na forma das ordens de

Sua Majestade ao Requerimento da índia Ângela de Jesus a respeito da liberdade que pede [22 fev. 1714]", ABN, v. 67, 1948, p. 120-1.

29 Tanto as demandas quanto os despachos anteriores a 1755 apresentam a mencionada dupla afirmação de liberdade. Trato aqui sobretudo das demandas; as resoluções dos processos serão trabalhadas no capítulo final do livro.

30 Aqui, caracterizo as demandas indígenas; já na terceira seção deste capítulo, "Os tribunais das Juntas das Missões de São Luís do Maranhão e de Belém do Pará: instâncias de acolhimento das demandas indígenas por liberdade", descreverei os procedimentos corriqueiros desse juízo em relação às ações de liberdade.

31 A justificativa apresentada por Sebastião Gomes, além de não ajudar, parece ter complicado sua situação. O título de escravidão da "índia" Esperança — segundo o vendedor, o soldado Protássio do Rosário — estaria com um padre, que poderia muito bem ser um dos missionários responsáveis pela administração do aldeamento de Mortigura, de onde a indígena fora retirada e, pela primeira vez, tornada objeto de transação comercial, o que indicaria prática escravista irregular. Conheceremos os litigantes aldeados adiante, no capítulo 2. Termo da Junta das Missões [21 jun. 1751] (Wojtalewicz, 1993, p. 168-70).

32 Verificamos a ausência da afirmação da liberdade natural da segunda trabalhadora escravizada — assim como, algo já mencionado, ausência de liberdade civil — e, complementarmente, a presença de afirmação da mesma liberdade natural pela indígena considerada trabalhadora livre. Esse jogo de esconde-esconde, em que a liberdade natural podia ser obliterada e precisava ser afirmada, é indicativo de que até o direito natural, também ele, estava em disputa, podendo ser descumprido e precisando ser afirmado em contexto de escravização indígena generalizada. Acompanharemos, no capítulo 2, mais um registro de descumprimento do direito natural, mas desta vez em relação à determinação da condição jurídico-social do descendente segundo o ventre materno, *partus sequitur ventrem*.

33 De acordo com o historiador António Manuel Hespanha, o Antigo Regime português era marcado por um pluralismo jurídico, isto é,

pela coexistência de ordens jurídicas diversas no seio de um mesmo ordenamento jurídico. De acordo com o autor: "coexistência de distintos complexos de normas, com legitimidades e conteúdos distintos, no mesmo espaço social, sem que exista uma regra de conflitos fixa e inequívoca que delimite, de uma forma previsível de antemão, o âmbito de vigência de cada ordem jurídica" (Hespanha, 2016. p. 97). Acrescento que, se no Antigo Regime conviviam o direito secular comum (tradição romanística), o direito canônico, o direito secular próprio (direito do reino) e o direito consuetudinário, para o colonial, somam-se a eles as legislações específicas, tributárias da prática social — leis e ordens régias, alvarás de lei, cartas régias, regimentos, provisões e demais tipos documentais que tinham valor de lei. Para um histórico da legislação portuguesa e seus códigos, cf. a introdução de Cândido Mendes às *Ordenações filipinas ou Ordenações e leis do Reino de Portugal*, Livro I (1985).

34 Segundo Carlos Zeron (2011a, p. 39), "é justamente porque o pensamento político tomista aceita a escravidão que os jesuítas recorreram a ele para emitir julgamentos sobre os agentes implicados no tráfico, sobre os proprietários de engenho ou para justificar sua própria implicação no tráfico e na utilização de mão de obra escrava". O autor refere-se aos jesuítas, pois alguns teólogos dessa ordem foram figuras-chave na normatização da escravidão moderna e recorreram ao manancial da segunda escolástica (o direito natural lido por Santo Agostinho e São Tomás de Aquino) para legislar sobre a escravidão moderna.

35 Não entrarei nessa discussão, mas, após mais de quarenta anos de debate, os nativos do Novo Mundo foram reconhecidos como seres humanos em documento papal de 1537. A bula *"Veritas Ipsa* afirma sumariamente que os ameríndios são homens verdadeiros (*'veri homini'*), que devem ter o direito de gozar de sua liberdade e de seus bens sem serem oprimidos e que não podem, por conseguinte, ser reduzidos à escravidão". Não encontrei o documento original, tampouco tradução fiável. Assim, remeto à leitura de Carlos Zeron (2011a, p. 193). A fonte do historiador é *America Pontificia ex Registris et Minutis Praesertim in Archivo Secreto Vaticano Existentibus* (p. 364-6). Ele afirma também, na nota de rodapé 3 da mesma página, que a bula é igualmente conhecida sob os títulos de *Sublimis Deus*

e *Excelsus Deus*. É preciso acrescentar ainda que, para a economia deste item, trato apenas do reconhecimento dos indígenas como homens. Na próxima seção, especificarei a medida da humanidade dos povos americanos na América portuguesa.

36 Em sua tese de doutorado, Carlos Zeron dispôs-se a entender o debate de legitimação da escravidão moderna, particularmente a posição central dos jesuítas nessa discussão. Segundo suas palavras (Zeron, 2011a, p. 203-4): "O aporte fundamental do pensamento escolástico do século XVI para o debate sobre a escravidão moderna consistiu em fornecer argumentos para enfrentar os autores cada vez mais numerosos que, resgatando a ideia de 'servidão natural' contida no livro I da *Política* de Aristóteles, propugnavam uma naturalização do regime de trabalho forçado. Nessa disputa, a Igreja começou a definir uma posição unificada a partir de 1537, com a promulgação da bula *Veritas Ipsa*. Mas foi na Universidade de Salamanca que, a partir desse mesmo ano, empreendeu-se o esforço mais notável de construção de um discurso consensual e hegemônico sobre a origem e as justificativas da escravidão. Tal empreendimento baseou-se igualmente num comentário sobre a filosofia moral de Aristóteles, mas combinando-o à exegese dos textos sagrados de Agostinho e Tomás de Aquino, e à tradição jurídica ocidental, civil e canônica (*Corpus Iuris Civilis*, *Corpus Iuris Canonici*...). A despeito da heterogeneidade dessas fontes, visou-se demonstrar, pela autoridade dos textos, que eles convergiam para uma interpretação diversa sobre a origem e as justificativas da escravidão, particularmente enfatizando os aspectos históricos subjacentes à noção aristotélica de 'servidão natural'". Não aprofundarei esse debate, pois, no século XVIII, as autoridades antigas e medievais tinham sido abandonadas em prol dos teóricos com experiência americana, especialmente José de Acosta e Juan de Solórzano Pereira. Suas ideias foram retomadas nas poucas controvérsias sobre a escravidão e a liberdade indígenas presentes nas fontes. Poucas, pois não trato das disputas no campo normativo, mas sim da mobilização das normas pelos indígenas na luta contra o cativeiro.

37 Para António Manuel Hespanha (2010, p. 207), daí viria a etimologia da palavra "servo": "palavra que diziam originada em *servare*, conservar, pois os escravos seriam aqueles prisioneiros que os vencedores conservavam vivos, em vez de os passarem à espada".

38 Vemos, com isso, que três dos quatro títulos de escravidão correspondiam à comutação de uma pena mais pesada, como a morte (nas mãos do inimigo ou por conta da fome), pelo cativeiro. Ainda havia a possibilidade da escravidão como castigo de crimes.

39 Para um histórico da legislação indigenista nas terras luso-americanas antes do estabelecimento do Estado do Maranhão e Grão-Pará, cf. Thomas (1982) e Zeron (2011).

40 As principais normativas indigenistas para a Amazônia portuguesa não tratam especificamente da venda de si. No entanto, há o caso notável da indígena Joanna Baptista que vendeu a si mesma em momento posterior à abolição do cativeiro nativo. Para saber mais, cf. Cunha (1985) e Sommer (2013).

41 Nesta investigação, procuro organizar o trabalho indígena a partir de três referenciais: regime, modalidade e sistema, derivados da reflexão conduzida por Gustavo Velloso no Grupo de Pesquisa sobre o Trabalho nas Américas — Laborindio, sob coordenação do historiador Carlos Zeron. Regime refere-se aos marcos regulatórios (escritos ou não) que procuram ordenar as formas de trabalho. Modalidade remete às formas concretas de trabalho, locais e específicas. Já sistema diz respeito aos mecanismos mais ou menos regulares de atividades laborais que desempenham um papel ativo nos metabolismos de reprodução (física, material ou simbólica) de uma dada sociedade. Tais formulações estão presentes em Velloso (2020).

42 Há uma significativa quantidade de documentos normativos sobre liberdade e escravidão indígena na Amazônia portuguesa. É bem provável que nem todas as normas tenham sido preservadas ou notificadas e sejam conhecidas pela historiografia. Aquelas que são de amplo domínio nem sempre são de fácil acesso; por exemplo, sabe-se da existência da Lei de Liberdade de 1652 (por menção em outros documentos), no entanto seu texto legal não é conhecido. Dentre as normas comumente trabalhadas pelos estudiosos, selecionei as que tiveram maior tempo de aplicação, bem como as que pontuam o ritmo da política indigenista e da prática social dos colonos a respeito do trabalho dos nativos. Como base para pesquisa, usei o apêndice legislativo da obra inaugural da historiografia sobre os povos ori-

ginários no Brasil, derivado da dissertação de mestrado de Beatriz Perrone-Moisés (1992b). Também foi de grande valia a base de dados "Legislação: trabalhadores e trabalho em Portugal, Brasil e África colonial portuguesa", organizada pelo Centro de Pesquisa em História Social da Cultura (Cecult) da Universidade Estadual de Campinas (Unicamp), sob orientação de Silvia Hunold Lara. Além de auxiliar no levantamento da legislação, a base torna acessível digitalmente e num mesmo sítio todo esse universo de leis sobre trabalho nas principais colônias portuguesas e em Portugal até as atuais constituições.

43 "Ley por que Sua Magestade mandou que os Indios do Maranhão sejão livres, e que não haja administradores nem administrações nelles, antes possão livremente servir e trabalhar com quem lhes bem estiver e milhor lhes pagar seu trabalho [11 nov. 1647]", ABN, v. 66, 1948, p. 17-8; "Treslado do Alvará de Sua Magestade, que Deos guarde sobre a taxa do que hão de haver de Jornal os Indios do Maranhão [12 nov. 1647]", ABN, v. 66, 1948, p. 18.

44 Voltaremos a essa modalidade de trabalho no capítulo 3. Por enquanto, indico a leitura de Dias (2012b) e Dias & Bombardi (2016), para essa espécie de administração particular na Amazônia. Digo "espécie", pois a historiadora Camila Dias lança essa proposição em uma comunicação em 2012; depois disso, ela e Fernanda Bombardi tratam marginalmente dessa modalidade de trabalho no artigo conjunto supracitado. Portanto, acabo por reiterar, neste trabalho, o argumento da existência de administração particular no contexto amazônico. Sobre São Paulo, ver Monteiro (1994b).

45 Como adiantei, encontramos apenas menções a essa normativa, como na lei de 1653 e na lei de 1655, por exemplo; mas não o texto legal em si. Assim, preferi não a explorar. Decisão respaldada também por sua vigência fugaz. No entanto, a lei de 1652 não foi a primeira e tampouco a última normativa que só ficou no papel, pois a lei de 1647, além de extinguir a administração particular, já havia instituído a liberdade indígena; e, como veremos, as leis sucessivas também estarão longe de ser cumpridas em sua integridade. O descompasso entre lei e prática evidencia o jogo de forças entre Coroa e colonos.

46 O que incluía, por exemplo, a negação em pagar tributos e a recusa em prestar serviços ao rei na forma de trabalho e no combate a seus inimigos.

47 Resgate significava tanto a ação de resgatar prisioneiros quanto o preço que se dava pelo cativo (Bluteau, 1712-1728, v. 7, p. 280). O padre Antônio Vieira (1951, p. 55) elucida uma dessas acepções: "Chamam-se nesta terra resgates certo número de fouces e machados, que fazem o preço de um escravo".

48 "Provisão sobre a liberdade e Captiveiro do gentio do Maranhão [17 out. 1653]", ABN, v. 67, 1948, p. 19-21. Trata-se de uma provisão passada em forma de lei, tipo documental que servia para informar e legislar. O resgate se fundamentava no título supracitado da comutação da pena de morte. Através dele, segundo a normativa coetânea, seguiam-se três vantagens: os nativos se livrariam da morte certa, ainda mais em rituais antropofágicos; os sobreviventes teriam a oportunidade de ser reduzidos à fé católica; e, finalmente, os moradores teriam mão de obra escravizada disponível. É o que podemos conferir, por exemplo, em "Provisão sobre os escravos de corda [20 jul. 1646/1647?]", ABN, v. 66, 1948, p. 23, que observava também que não se deveria, por esse pretexto, reduzir "índios" livres ao cativeiro.

49 Tais exames já haviam sido sugeridos na legislação para o Brasil. O assento de 1574 determina que os resgatados deveriam ser encaminhados para a alfândega onde se realizaria exame de cativeiro: "Assento que tomou sobre o resgate dos índios do Estado do Brasil, 1574" (Anchieta, 1988, p. 374-8). Cabe acrescentar que os exames de cativeiro deveriam gerar documentos textuais, os quais deveriam conter as assinaturas do missionário e do cabo de tropa das expedições de resgate e de guerra. Havia uma série de questões que poderiam colocar em xeque a autenticidade desses documentos, como a ausência de intérpretes nas tropas e a má-fé dos missionários. Assim, no século XVIII, esses certificados também poderiam ser avaliados pelas Juntas das Missões. Para saber mais sobre a falácia dos exames de cativeiro, cf. Farage (1991, p. 30) e o capítulo 2 deste volume. Na América espanhola, os corpos indígenas também atuavam como suporte documental. Cativos de guerra justa eram ferrados no rosto com um "G", enquanto os de resgate o eram com um "R", o que podemos encontrar, por exemplo, no texto de síntese de John Monteiro (2008, p. 17).

Nas fontes da pesquisa, encontrei apenas uma menção a este tipo de registro corporal, em denúncia de Francisco Xavier de Mendonça Furtado. O governador do Estado teria ficado estarrecido ao notar que proprietários puniam os fugitivos — em grande parte sem registro de cativeiro — ferrando o peito deles não apenas com suas iniciais, mas ainda com nome completo, conformando "letreiros". "Carta de Francisco Xavier de Mendonça Furtado [16 nov. 1752]" (Mendonça, 2005, v. 1, p. 387-9). Na legislação indigenista para o Brasil, também há denúncia desse tipo de sevícia, por exemplo, no "Assento que tomou sobre o resgate dos índios do Estado do Brasil", de 1574, que prevê pena para os moradores que ferravam indígenas livres como se fossem seus escravos (Anchieta, 1988, p. 374-8).

50 As guerras ofensivas precisariam da autorização régia (sendo ouvidos o governador, o ouvidor-geral, o provedor da fazenda e os prelados, e com parecer do Conselho Ultramarino), e as defensivas poderiam seguir ordem do governador. No entanto, para que os prisioneiros dessas últimas fossem considerados legítimos, o rei haveria de concordar com o conflito.

51 "Lei que se passou pelo Secretário de Estado em 9 de abril de 1655 sobre os índios do Maranhão", ABN, v. 66, 1948, p. 25-8.

52 Para saber mais sobre o contexto de criação dessa "esdrúxula figura jurídica chamada de escravos de condição", cf. Zeron (2016, p. 241).

53 "Carta Régia ordena S. Magestade [D. João V] ao Governador [Joze da Serra] que como por alguas ordens suas está determinado que os Indios em que há duvida no seu Captiveiro se dem de condição por cinco annos no fim delles livres, e para saber os que assim se achão haja hum Livro em que se matriculem, o qual terá o Procurador dos Indios para que findo o termo dos cinco annos lhes solicite a Liberdade [13 abr. 1734]", ABN, v. 67, 1948, p. 258-9. Nesse documento, a prática prevista em lei de 1655 aparece nomeada como escravidão de condição, que é como também foi registrada em alguns casos que serão explorados no capítulo 3, por isso trato de denominá-la dessa maneira.

54 De acordo com as fontes: "Concordando todos os Deputados em que somente se poderião concederr por sinco annos estes Indios na forma

da ordem de Sua Magestade de 9 de abril de 1655, fasendo a pessoa a quem se consedem hum termo, em que se obrigue com as seguranças necessarias para entregar acabados os sinco annos os mesmos Indios para serem applicados a huma das Aldeyas das Missões, a qual Aldeya se declara logo no refferido termo, e em consequencia delle passara o dito Patrono destes Indios huma obrigação por escripto, de os entregar na tal Aldeya, a qual obrigação se entregara ao Pe. Missionario della, de cujo Zello se fia, que acabado o termo dos ditos sinco annos, terá cuidado de reclamar os tais Indios para a sua Missão; e que disto mesmo se fará assento no Livro do Procurador dos Indios, para que tenha a sua devida execução". Termo da Junta das Missões [25 ago. 1744] (Wojtalewicz, 1993, p. 131-2).

55 A justificativa para a suspensão de todos os casos de cativeiro era a seguinte: "suposto que sejão licitos os captiveiros por justas razões de direito nos casos exceptuados na dita Ley de 655 e nas anteriores, comtudo que são de maior ponderação as razões que ha em contrario para os proibir em todo o caso, serrando a porta aos pretextos simulações e dolo com que a malicia abusando dos casos em que os captiveiros são justos introduz os injustos, enlaçando-se as conveniencias não somente em privar a liberdade aquelles a quem a comunicou a natureza e que por direito natural e positivo são verdadeiramente livres, mas tambem nos meios ilicitos de que usão para este fim". "Lei sobre a liberdade do gentio do Maranhão [1 abr. 1680]", ABN, v. 66, 1948, p. 58.

56 Cf. Azevedo (1901, p. 101-21); Chambouleyron (2006. p. 90-6).

57 Como vemos em: "Carta Régia [D. Pedro II] para o Governador do Maranhão [Artur de Sá e Meneses] sobre a representação da pobreza em que se achavão aquelles moradores por falta de escravos, se lhe diz haver-se passado varias ordens sobre este particular as quaes se devem cumprir [15 nov. 1687]", ABN, v. 66, 1948, p. 78-9. O rei autorizou que fossem realizados resgates no sertão para atenuar a sobredita pobreza.

58 Segundo a letra da lei, os moradores que escravizassem nativos deveriam ser presos e enviados ao Limoeiro em Lisboa, onde receberiam pena adequada. O governador e os prelados deveriam informar sobre

as dificuldades de cumprimento da norma ao Conselho Ultramarino e à Junta das Missões.

59 Termo da Junta das Missões [21 jun. 1751] (Wojtalewicz, 1993, p. 168-9).

60 A normativa da época previa que os prisioneiros de guerra justa fossem leiloados em praça pública, e os resgatados, conduzidos às câmaras para serem repartidos entre os moradores.

61 Termo da Junta das Missões [21 jun. 1751] (Wojtalewicz, 1993, p. 168-9).

62 "Regimento e Leis das Missões do Estado do Maranhão e Pará" (Naud, 1971, p. 228-31).

63 "Alvará porque V. Mag. Pelos respeitos neles declarados, há por bem derrogar a lei feita no 1º abr. 1680, etc. [28 abr. 1688]" (*Regimento e leis sobre as Missões do Estado do Maranhão, e Pará, e sobre a liberdade dos índios*,1724, p. 20-6). O alvará, na diplomática colonial, trazia modificações, alterações, declaração ou reiteração de normas já estabelecidas pela autoridade. Neste caso, o alvará de 1688 retoma e altera a lei de 1655. Cf. Bellotto (2002, p. 47). A justificativa desse alvará reside na continuidade das guerras entre os "índios" que geravam prisioneiros, os quais, por sua vez, eram vendidos aos estrangeiros, consumidos em rituais antropofágicos ou simplesmente mortos. Logo, segundo a lógica colonial portuguesa, os prisioneiros de grupos indígenas teriam um destino melhor no cativeiro, tendo no horizonte a possibilidade de conversão.

64 Como vemos em: "Carta Régia [D. Pedro II] para os Officiais da Camara do Maranhão sobre se lhes permitirem os resgates a arbítrio da Junta das Missões [20 nov. 1699]", ABN, v. 66, 1948, p. 192-3. E podemos acompanhar melhor este ponto em Dias & Bombardi (2016).

65 Como já havia acontecido, por exemplo, na suspensão de devassa expressa em: "Carta do governador Artur de Sá e Meneses para o rei D. Pedro II [27 nov. 1689]", AHU, Avulsos, cx. 4, doc. 434, analisado em Neves (2012, p. 259). Concordo com a interpretação da historiadora para tais situações e a reitero.

66 "Traslado do Alvará por que Sua Majestade [D. Pedro II] ordena se tirem por forros os escravos feitos contra a sua lei dos resgates [6 fev. 1691]" (Naud, 1971, p. 239-40). Agradeço a Camila Dias por essa referência.

67 Termos da Junta das Missões [5 out. 1754; 12 out. 1754], Códice 1, APEM, f. 48-9, 49-50.

68 Devemos considerar que a falsificação de documentos, o uso de nomes alheios, a simulação da gravidez, o travestir-se de outro sexo eram práticas condenáveis na sociedade de Antigo Regime, de hierarquias e ordenações, como bem nos lembra Hespanha (2010, p. 50-1). No capítulo 3, retomarei essa estratégia (ilícita) dos réus dos processos de liberdade.

69 "Auto da índia Francisca acerca de um auto de liberdade [11 ago. 1739 - 23 abr. 1740]", Biblioteca Nacional de Portugal (BNP), Coleção Pombalina, Códice 642, f. 99-142, 125 v.

70 Também segundo António Manuel Hespanha, nas sociedades de Antigo Regime a prova estava fundada no testemunho. A este era dado crédito a depender da autoridade dos depoentes associada ao valor do juramento que o acompanha. Aos "rústicos" europeus, pesava a suspeita da mentira e do perjúrio, o que para o autor seria uma estratégia de resistência às formas da Justiça oficial. Aos rústicos do Novo Mundo, somada a esses desvios estava a pecha de inconstantes. Como conferimos em Juan de Solórzano Pereira (1776, p. 210): "Em terceiro lugar concluo que essa mesma incapacidade opera, que assim como nos rústicos se ocultam nos índios quanto possível, que não lhes peça nem tome juramento, nem da obrigação de dizer verdade, e depõem ordinariamente como os instruem ou persuadem, ou que entendem será mais do gosto do juiz que os examina [...] ainda estaria melhor aos índios que não lhes creiam, que colocá-los em ocasião que se perjurem, pela pouca firmeza e estabilidade de seu juízo e declarações, e pelas suspeitas que sempre teremos de falsidade". E sobre os rústicos europeus, cf. Hespanha (2010, p. 141-98).

71 Foi impossível transcrever o manuscrito por completo. O nome a que cheguei é Almente, o que parece um tanto estranho, por isso optei

por mencioná-lo apenas em nota. Cabe acrescentar que o "índio" afirmou em juízo que um seu tio fora testemunha ocular da venda de Francisca. Trata-se, portanto, de um depoimento indireto que contou a favor de Anna de Fonte. Valeria a pena aprofundar o estudo dos critérios de resolução das causas por liberdade. Empreitada difícil, pois contamos com um número limitado de processos integrais. Entre nós, historiadores, é conhecido apenas o processo de Francisca, e, nesta pesquisa, trabalhei também com o auto inédito do mameluco Xavier, que será explorado um pouco mais no último capítulo deste volume.

72 É interessante ressaltar que o depoimento de Apolinária foi recolhido com a intermediação de um intérprete, capitão Diogo Pinto da Gaya, pois ela não falava português, ainda que tivesse descido para Belém, como Francisca, há mais ou menos 25 anos — o que dá mostras da dinâmica linguística da cidade naquela época. Já d. Anna de Fonte teve seu testemunho recolhido em casa por escrivão particular, de acordo com sua distinção social, mas, sendo mulher, precisou de procurador. Na próxima seção, tratarei da categoria jurídica dos indígenas que apresentava paralelos com a das mulheres no Antigo Regime, ambos sujeitos de direito incompleto, e, no capítulo 3, explorarei traços do perfil dos proprietários, inclusive a condição da mulher. "Auto da índia Francisca acerca de um auto de liberdade [11 ago. 1739 - 23 abr. 1740]", BNP, Coleção Pombalina, Códice 642, f. 99-142. O trecho referenciado encontra-se no fólio 122v. Trata-se do famoso caso relatado em Sweet (1987). Voltarei a esse rico processo em outros momentos do livro.

73 As testemunhas de dona Anna de Fonte foram as seguintes: João Serreno Alves, 55 anos; Miguel de Siqueira Alves, 37 anos; Pedro, "índio", escravo de Anna de Fonte, 30 anos — que não precisou de intérprete, portanto deveria viver em área central da localidade, em comparação com as margens ocupadas pela prostituta Apolinária; Antonio Coelho da Silva, alferes da infantaria desta praça, 20 anos; Pedro S. Luís da Silva, cunhado da ré, 74 anos; Manoel Ferreira Carvalho, serviçal de dona Anna, 55 anos; Almente (cujo nome foi impossível transcrever com exatidão), "índio" escravo de Pedro Alves, cunhado da ré, 37 anos; Manoel de Góis, o cabo da expedição,

242

54 anos. As testemunhas da ré não foram questionadas ainda que fossem seus parentes, servos ou escravos.

74 Grosso modo, pois, no capítulo 2, apresentarei os dados desta investigação. Para entendê-los, voltarei às normas e olharemos mais de perto para sua flexibilização.

75 Essa exceção na lei abrirá brecha para infrações, das quais tratarei no próximo capítulo.

76 "Directorio, que se deve observar nas povoaçoens dos Indios do Pará, e Maranhão, enquanto Sua Magestade não mandar o contrario" (Naud, 1971, p. 263-79).

77 Segundo a pesquisadora Heather Roller (2013, p. 206-7), "a legislação do Diretório tentou institucionalizar o comércio do sertão: padronizar os procedimentos de envio das canoas de coleta em todas as povoações indígenas; regularizar a participação nas expedições e a compensação daqueles envolvidos; reduzir o contrabando e as práticas de trabalho ilegais (as quais proliferaram durante a era missionária)". Investida metropolitana no comércio do sertão correspondente àquela que se procurou mostrar aqui foi adotada na arregimentação e na exploração de trabalhadores.

78 "Lei porque Vossa Majestade [José I] há por bem restituir aos índios do Grão-Pará e Maranhão a liberdade de suas pessoas, bens e comércio na forma que nela se declara [6 jun. 1755]" (Naud, 1971, p. 256-61).

79 Ficaria difícil para o capitão-mor alegar desconhecimento da normativa, uma vez que fora declarada em 1755, publicada em Belém em 1756 e registrada nos livros dos termos das Juntas das Missões em 1757. Termo da Junta das Missões [28 maio 1757] (Wojtalewicz, 1993, p. 182); Termo da Junta das Missões [23 jun. 1757], Códice 1, APEM, f. 77-84v.

80 Termo da Junta das Missões [6 abr. 1758], Códice 1, APEM, f. 85v-86.

81 Demandas do tipo foram tão recorrentes que as reuni no subgrupo de litigantes mamelucos, cafuzos e mulatos, que explorarei no pró-

ximo capítulo. Termo da Junta das Missões [8 abr. 1758], Códice 1, APEM, f. 86-86v.

82 A preocupação em marcar as posições dos grupos sociais em torno das leis — os responsáveis por sua determinação (considerando, por certo, o seu caráter de retroalimentação com a prática social), os desviantes e os delatores — pretende registrar as disputas em torno da exploração do trabalho indígena, mais do que tecer uma narrativa a respeito da expansão do Estado moderno.

83 Opto pelo uso do termo "categoria" por considerar que representa bem a sociedade de estamentos do Antigo Regime. "Capacidade jurídica" ou "personalidade jurídica", que poderiam soar mais adequados, são anacrônicos. Pois, segundo Hespanha (2010, p. 83 ss.), apesar de existir o termo "capacidade" correspondente em latim, ele era usado apenas dispersamente nos manuais de direito, e só em fins do século XVIII a civilística alemã esboçou uma teoria geral da personalidade, incluindo a capacidade jurídica. Ambas as expressões remetem à ascensão do individualismo em detrimento dos estamentos.

84 Parte das reflexões contidas nesta seção foi apresentada nas XI Jornadas de História Colonial, em Santiago do Chile, em outubro de 2018. Agradeço os comentários e as contribuições, especialmente em se tratando das intersecções com a condição jurídica do "índio" na América hispânica, aos colegas que integraram a mesa "Justicias cotidianas y dinámicas de poder: jurisdicciones, sujetos y culturas", coordenada pelas pesquisadoras Aude Argouse e María Eugenia Albornoz Vásquez.

85 Na década de 1720, Manoel Gaspar Neves ocupava o cargo de contratador de ofícios do Estado do Maranhão e conseguira sesmaria nos campos do rio Iguará; no decênio seguinte era capitão e, nos anos 1740, comprou o ofício de escrivão da Fazenda e Almoxarifado. Podemos acompanhar a sucessão de cargos de Manuel Gaspar Neves nos seguintes documentos: "Requerimento do contratador dos subsídios Manuel Gaspar Neves ao rei D. João V, em que solicita a entrega de seus bens [ant. 2 abr. 1726]", AHU, Avulsos do Maranhão, cx. 15, doc. 1505; "Requerimento de Manuel Gaspar Neves ao rei D. João V, em que solicita carta de confirmação de data de sesmaria nos campos

do rio Iguará [ant. 8 fev. 1729]. Anexo: 1 bilhete e 1 carta de data de sesmaria", AHU, Avulsos do Maranhão, cx. 17, doc. 1721; "Requerimento
do capitão Manuel Gaspar Neves ao rei D. João V, pedindo provisão
para que o ouvidor-geral, José de Sousa Monteiro, não proceda contra ele a sentença que o julga por suspeito de vários delitos [ant. 22
jan. 1735]", AHU, Avulsos do Maranhão, cx. 21, doc. 2223; "Carta do
provedor-mor da Fazenda Inácio Gabriel Lopes Furtado ao rei D. João
V, informando a venda do ofício de escrivão da Fazenda e Almoxarifado de José Teles Vidigal para Manuel Gaspar Neves [16 out. 1743]",
AHU, Avulsos do Maranhão, cx. 27, doc. 2809; "Carta do procurador
da Coroa e Fazenda Real do Maranhão, André Corsino Pereira, ao
rei D. João V, a informar das suspeitas de favorecimento, pelo provedor-mor da Fazenda Real do Maranhão, Faustino da Fonseca Freire
de Melo, na resolução do caso da suspensão do ofício de escrivão da
Fazenda Real, Almoxarifado e Alfândega do Maranhão, de que era
proprietário Manuel Gaspar Neves [4 set. 1747]. Anexo: vários docs".
AHU, Avulsos do Maranhão, cx. 30, doc. 3053.

86 Termo da Junta das Missões [27 fev. 1726], Códice 10, APEP, s. p. Os
nove pontos foram apreciados na sessão de Junta, e trato somente
de alguns deles. Certos detalhes na reconstrução da trajetória recu-
perei do "Requerimento de Martinho Lopes da Fonseca e Damásio
Pereira ao rei D. João V, solicitando que se mandasse proteger os
índios e se conservassem as suas liberdades naquele Estado [ant. 28
jan. 1737]", AHU, Avulsos do Maranhão, cx. 23, doc. 2333.

87 Termo da Junta das Missões [10 maio 1738] (Wojtalewicz, 1993, p. 94-5).

88 De acordo com o dicionarista Raphael Bluteau (1712-1728, v. 7, p. 784),
"sumariamente" significa agir com brevidade, em suma, em substân-
cia, e proceder sumariamente consistia em proceder sem figura de
juízo, sem as acostumadas fórmulas do direito, que vêm a ser con-
trariedades, réplicas, tréplicas e outras dilações. Vale acrescentar
que a resolução sumária certamente favorecia os indígenas, ao passo
que, não posso deixar de dizer, dificulta o trabalho dos historiadores, que contam com um número reduzido de informações a respeito
dos litigantes, dos proprietários e dos processos jurídicos. Nisso
consiste um dos desafios da história: os resquícios da realidade passada — transformados em fontes de pesquisa pelos historiadores

— foram produzidos para cumprir finalidades circunstanciadas, e não para responder aos questionamentos contemporâneos. De modo que temos que avaliar se a análise das fontes permite a produção de dados capazes, por sua vez, de responder a nossas perguntas. As fontes primárias desta pesquisa, as atas das Juntas das Missões, as petições enviadas ao rei, as cartas régias em resposta às demandas indígenas e os processos por liberdade derivados delas dão conta de responder a alguns questionamentos; para outros, é preciso contar com a análise contextual /tributária da (incipiente) produção historiográfica sobre o tema; para outros ainda, é necessário mobilizar a lógica e a imaginação históricas, e em outros casos permanecemos sem resposta. Os marcadores discursivos empregados no texto procuram evidenciar a variabilidade de certeza que obtive na análise das fontes. Nesse sentido, o termo "possivelmente" é mais seguro que "porventura", e assim por diante. Não pretendo oferecer respostas definitivas aos questionamentos, antes compreendo que, neste momento, a leitura mostrou-se operacional tendo em vista as evidências "necessariamente incompletas e imperfeitas" e procurando respeitar a "dialética do conhecimento histórico". Procuro seguir as recomendações de Thompson (1981, p. 49), em especial aquelas expressas no capítulo 7, "Intervalo: a lógica histórica".

89 Não se trata aqui da classificação empreendida pelo padre José de Acosta, pois levaria a discussão para outro rumo. Mas vale pontuar que sua organização dos povos de além-Europa em três *clases de barbaros* orientou as políticas de conversão e de exploração do trabalho na América colonial. Cf. Acosta (1984-1987).

90 De acordo com Caroline Cunnil, na América hispânica, desde as primeiras instruções reais, foi dispensado aos indígenas o mesmo tratamento que se aplicava aos miseráveis europeus — às mulheres, aos dementes, às crianças —, mas apenas no final do século XVI é que se disseminou o uso da categoria. De início, ela teria sido mobilizada pelos dominicanos, notadamente pelo bispo de Chiapas, Las Casas, a fim de tomar para os religiosos a prerrogativa da proteção dos indígenas frente às ameaças dos colonos, considerando sua pobreza e ignorância. De acordo com o que pude apurar, depois disso, no século XVII, Juan de Solórzano Pereira justificou a extensão da categoria aos ameríndios, amparando-se em auto-

ridades diversas, e definiu privilégios e favores concernentes aos indígenas miseráveis. Embora não tenha sido possível estabelecer uma trajetória definitiva da adoção da categoria no lado português da América — o que desdobraria esta pesquisa em outra —, é bem provável que a referência tenha sido o jurista espanhol, oráculo do padre Antônio Vieira e livro de cabeceira de Francisco Xavier de Mendonça Furtado. De todo modo, apesar de não ter encontrado uma sistematização legal da categoria no *corpus* jurídico português, verifiquei seu uso nos processos por liberdade. Encontrei uma única menção à categoria de indígenas miseráveis na historiografia sobre a América portuguesa em Brighente (2012). Seguem-se as demais referências sucessivamente: Cunill (2011) e Pereira (1776).

91 Misericórdia era considerada "virtude, com a qual se inclina o animo a aliviar a miseria alheya. No homem, involve a misericordia uma materialidade, que não ha em Deos, a saber, Tristeza, compaixão & dor interna". Haveria catorze obras de misericórdia, sete corporais e sete espirituais. Dentre as primeiras, estava o compromisso com a remissão dos cativos. As demais misericórdias corporais eram: "dar de comer aos que hão fome; dar de beber aos que hão sede; vestir os nus; visitar os enfermos; dar pousada aos peregrinos; enterrar os mortos"; e as espirituais: "dar bom conselho; ensinar os ignorantes; consolar os tristes; castigar os que errão; perdoar as injurias; sofrer com paciencia as fraquezas de nossos próximos; rezar a Deos pelos vivos, & defuntos" (Bluteau, 1712-1728, v. 5, p. 508).

92 Isso fica patente também na resposta do rei D. Pedro II à preocupação do ouvidor-geral do Pará de zelar pelos "índios" aprisionados. O rei constatou que os "índios" viviam incômodos porque viam seus livramentos retardados por não terem dinheiro e ordenou que, pelo contrário, fosse dado livramento com toda a brevidade possível, pois haveriam de gozar "[...] o privilegio dos pobres pagando somente meias custas dos Autos [...]" (ABN, v. 66, 1948, p. 239).

93 "Requerimento de Martinho Lopes da Fonseca e Damásio Pereira ao rei D. João V, solicitando que se mandasse proteger os índios e se conservassem as suas liberdades naquele Estado [ant. 28 jan. 1737]", AHU, Avulsos do Maranhão, cx. 23, doc. 2333. É importante mencionar que diferentemente da América espanhola, onde um tribunal

de corte tratava dos litígios indígenas, na Amazônia portuguesa, como veremos, os casos de liberdade indígena foram tratados primeiro diretamente pelo rei, mas, com o tempo e o acirramento das disputas entre os interesses da Coroa e dos moradores, passaram a ser tratados na colônia pela ouvidoria e pelo tribunal das Juntas das Missões — que deveria atuar como última instância e resolver sumariamente as causas por liberdade.

94 Valeria a pena aproximar as categorias a fim de verificar semelhanças e diferenças entre os "índios" e os rústicos, os "índios" e as mulheres, os "índios" e as crianças, os "índios" e os dementes, e assim por diante. Um paralelo interessante se estabelece, por exemplo, entre crianças e indígenas. A menoridade das crianças seria superada com os anos, enquanto a dos indígenas, acreditava-se, passaria apenas com processo civilizatório. Francisco de Vitoria (2016), por exemplo, comparou indígenas a crianças, prevendo que seus tutores fossem os religiosos. Essa perspectiva atravessa a história das relações entre indígenas e não indígenas, alterando eventualmente o responsável pela tutela. Assim, a partir do período pombalino, o Estado atuaria como condutor do processo civilizatório e de integração dos indígenas à sociedade ocidental.

95 A falta de reconhecimento da autodeterminação dos indígenas que habitam o território a que chamamos hoje de Brasil é uma fórmula persistente. Como vimos, eles foram considerados relativamente capazes na colônia e só tiveram, afinal, sua integridade jurídica reconhecida na Constituição de 1988. No capítulo dos índios, o artigo 232 determina que: "Os índios, suas comunidades e organizações são partes legítimas para ingressar em juízo em defesa de seus direitos e interesses, intervindo o Ministério Público em todos os atos do processo" (*Constituição da República Federativa do Brasil*. Texto constitucional promulgado em 5 de outubro de 1988, com as alterações determinadas pelas Emendas Constitucionais de Revisão n. 1 a 6/94, pelas Emendas Constitucionais n. 1/92 a 91/2016 e pelo Decreto Legislativo n. 186/2008. Brasília: Senado Federal, Coordenação de Edições Técnicas, 2016, p. 134). Portanto, há pouco mais de 35 anos, mulheres e homens indígenas foram reconhecidos, em lei, como sujeitos de direito, hábeis para entrar em juízo por conta própria.

96 O historiador Carlos Zeron comparou a situação de um tutelado com a de um escravizado no seguinte trecho: "A tutela é uma formulação jurídica ainda atual, que prevê o exercício de direitos no lugar de uma pessoa menor, ou reconhecida incapaz de exercê-los plenamente (ditos 'amentes'). A tutela implica também a ideia de proteção dos interesses dessa pessoa, cuja personalidade jurídica é declarada incompleta. A tutela é, pois, basicamente diferente da escravidão, que se caracteriza antes pela proscrição da personalidade jurídica do escravo" (Zeron, 2011, p. 142).

97 "Regimento que ha de guardar e observar o Procurador dos Índios do Estado do Maranhão [sem data]", Série Diversos, Códice 2, APEP, s. p. Esse documento foi trabalhado em Mello (2012).

98 Para saber mais sobre o cargo, cf. o verbete "Mamposteiros-mores dos cativos" (*Dicionário da administração pública brasileira*, Memória da Administração Pública Brasileira, 2011). O historiador Stuart Schwartz contextualiza a introdução do cargo no Brasil da seguinte forma: "A nomeação dos mamposteiros no Brasil foi uma das primeiras tentativas de submeter a questão indígena a controle secular, e refletiu o crescente desejo da Coroa de proteger os índios" (Schwartz, 2011, p. 52). Valeria a pena conferir o "Regimento dos Mamposteiros-mores" (BNP, Coleção Pombalina, 741) e talvez complementar essa justificativa. Na sequência, farei esse exercício, mas em relação à criação do cargo de procurador dos índios.

99 Na América portuguesa também há ocorrência de ações de liberdade de negros escravizados, como podemos conferir no trabalho de Keila Grinberg (1994).

100 Encontrei as seguintes menções historiográficas ao cargo de procurador dos índios: Thomas (1982), Perrone-Moisés (1992a), Zeron (2011), Mello (2005, 2012), Brighente (2012), Ferreira (2017) e Korzilius (2017). Grosso modo, elas se referem à criação do cargo e quando muito reproduzem a justificativa legal de sua criação. Zeron contextualizou a criação do cargo, Ferreira teceu considerações sobre a atuação dos procuradores dos índios na capitania do Maranhão, e Korzilius investigou a atuação dos procuradores nos tribunais de liberdade de São Paulo. Certamente há outros trabalhos que tocam

no tema, porém me detive nos que fazem maior número de considerações e tratam do Estado do Maranhão e da capitania de São Paulo. Tal enquadramento geográfico dá-se por conta das aproximações desses locais em termos de exploração do trabalho indígena colonial, bem como, não se pode negar, por tratar-se de uma pesquisa realizada na Universidade de São Paulo. Reitero que há ainda que se fazer uma investigação de fôlego sobre os procuradores dos índios. A lacuna é tamanha que em obras de referência, como o trabalho de Graça Salgado (1985), e na base de dados tributária dessa obra, o *Dicionário da administração pública brasileira* — que, por sua vez, faz parte do grupo de pesquisa Memória da Administração Pública Brasileira (MAPA) do Arquivo Nacional do Rio de Janeiro —, não há verbetes sobre o ofício.

101 A criação do cargo de procurador dos índios integra os esforços reais para orientar aos tribunais as contraposições ao cativeiro. Desenvolverei esse ponto no próximo capítulo.

102 Trata-se de uma prática de redução ao cativeiro de longo prazo, como veremos no próximo capítulo.

103 O contexto de estabelecimento da Junta é descrito por Zeron (2011, p. 111 ss.). Os pontos tratados foram: (i) controle dos "índios" fugidos e devolução para os proprietários daqueles que tivessem título legítimo — "escrito do Senhor governador ou ouvidor geral" — e daqueles forros que desejavam trabalhar para os moradores; (ii) visitas regulares de controle do ouvidor às aldeias; (iii) instituição de um procurador dos índios com competente salário "porque a justiça dos Indios perece muitas vezes por falta de quem por elles procure"; (iv) redução extensiva da escravidão pelo casamento de "índios" livres com cativos; (v) exame obrigatório dos títulos de cativeiro dos "índios" antes de efetivar qualquer transação comercial; (vi) destituição de posse de escravos por colonos que subtraía à verificação da Justiça. Ver: "Trabalhos dos primeiros jesuítas no Brasil", *Revista do Instituto Histórico e Geográfico Brasileiro*, t. LVII, parte I, 1894, p. 225-6.

104 "Lei que se passou pelo Secretário de Estado em 9 de abril de 1655 sobre os índios do Maranhão", ABN, v. 66, 1948, p. 25-8.

105 É importante marcar este ponto para não incorrer no anacronismo de projetar direitos conquistados pela luta do movimento indígena e de apoiadores registrados na Constituição Brasileira de 1988 sobre a situação dos ameríndios da sociedade escravista e de estamentos do período colonial.

106 *Regimento e leis sobre as Missões do Estado do Maranhão, e Pará, e sobre a liberdade dos índios*, cit., 1724.

107 Na década de 1750, ocorreu uma disputa em torno da eleição dos procuradores dos índios entre o superior das Missões e o governador--geral Francisco Xavier de Mendonça Furtado. O primeiro defendia a manutenção da escolha em suas mãos, enquanto o segundo defendia que o procurador fosse escolhido por todos os integrantes da Junta das Missões. Tal disputa foi retratada por Ferreira (2017, p. 85-9).

108 Esta pesquisa procurou atender à convocação de Beatriz Perrone--Moisés em seu artigo "Índios livres e índios escravos" (1992a). Foi nele que deparei pela primeira vez com o procurador dos índios e é nele também que a antropóloga registra a lacuna e a potencialidade de se estudar documentação judiciária. Procurei marcar, ao longo do texto, avanços e limites a fim de que outras investigações possam derivar deste esforço inicial.

109 Os procuradores tinham outras atribuições, tais como a já citada incumbência de registrar os escravos de condição — vide nota 53 —, também a tarefa de averiguar a licitude do cativeiro de escravos recém-descidos do sertão — como registrado em variadas reuniões das Juntas de Missões — e a de conceder atenção ao cumprimento da legislação trabalhista dos aldeados. "Requerimento do procurador-geral dos índios do Estado do Maranhão ao rei D. José, a solicitar que ordene aos governadores que façam as listas dos índios que existem em cada aldeia para que sejam repartidos. 1 anexo. [ant. 18 jun. 1748]", AHU, Avulsos do Maranhão, cx. 30, doc. 3100. Por outro lado, seu trabalho deveria se limitar a atender aos escravizados indígenas e não aos africanos, como vemos na recusa da petição do procurador — cujo nome desconheço — a respeito dos maus-tratos por que passavam uns "pretos da mina" de Antonio de Almeida Serram: "e pelos ditos escravos serem pretos da mina e não pertecerem diretamente no requerimento a esta Junta;

rezolvemos nós o Cappitam Mor e [ilegível] os deputados que o dito Doutor Ouvidor Geral procedesse conforme lhe parecesse justiça; e que os Auctos fossem remetidos para o Juizo da Ouvidoria Geral [...]". Termo da Junta das Missões [30 mar. 1743], Códice 1, APEM, f. 8.

110 Como conferimos no seguinte artigo e em suas referências: Valenzuela Márquez (2017, p. 319-80). Pretendo, em outra oportunidade, comparar os cargos de procurador dos índios com seus correspondentes na América hispânica: procuradores, advogados e defensores de índios.

111 O trecho referido é o seguinte: "O procurador dos índios, cujo ofício continuou nos superintendentes do moderno Serviço Brasileiro de Proteção ao Índio, era um funcionário real. Pelo seu trabalho, recebia um ordenado conveniente que, no exercício de seus deveres, o tornava independente dos interesses de grupo" (Thomas, 1982, p. 225-6). É preciso colocar em suspeita afirmações idealizadas desse tipo. Somado a isso, é no mínimo curioso que Georg Thomas tenha atribuído neutralidade aos servidores do Serviço de Proteção ao Índio (SPI) e, além disso, estendido tal neutralidade aos procuradores dos índios justamente em 1968, data da publicação do original em alemão. Isso pois, em 1967 e tendo como base comissões parlamentares de inquérito de 1962 e 1963, ocorreu a famosa investigação de Jader de Figueiredo. O também procurador correu o Brasil com sua equipe passando por cerca de 130 postos do SPI e produziu o conhecido Relatório Figueiredo, de cerca de sete mil páginas, que denuncia as mais diversas atrocidades cometidas contra os indígenas por fazendeiros e pelos servidores do SPI. Os resultados da investigação correram o mundo — com publicações no *New York Times* e *Sunday Times Magazine* — e culminaram na extinção do SPI e na criação da Fundação Nacional do Índio (Funai). Para saber mais, recomendo a leitura da republicação do seguinte artigo: LEWIS, Norman. "Genocídio" [1969], trad. Renato Marques de Oliveira, *piauí*, n. 148, jan. 2019.

112 Termo da Junta das Missões [7 dez. 1737] (Wojtalewicz, 1993, p. 91-3).

113 É o que vimos no caso de abertura desta seção, no qual, lembremos, as indígenas foram depositadas em casa do procurador para evitar os maus-tratos do senhorio. E também o que veremos num dos

casos da seção "Mulheres", no capítulo 2, em que indígenas fugidos do interior são recebidos em morada na cidade para darem conta de sustentar demanda na Justiça.

114 O já citado trabalho de Korzilius (2017) discute justamente a condição jurídica dos escravizados durante o processo por liberdade e sua relação com a questão da propriedade dos senhores.

115 Termo de Junta das Missões do Maranhão [1 jul. 1752], Códice 1, APEM, f. 33-33v.

116 Termo de Junta das Missões do Maranhão [12 ago. 1752], Códice 1, APEM, f. 36-37.

117 Termo de Junta das Missões do Maranhão [11 set. 1752], Códice 1, APEM, f. 38-39.

118 "Regimento que ha de guardar e observar o Procurador dos Índios do Estado do Maranhão [sem data]", Série Diversos, Códice 2, APEP, s. p.

119 "Ordem Régia ao Capitão-mor José Cunha Dessa [5 jul. 1715]", *Regimento e leis sobre as Missões do Estado do Maranhão, e Pará, e sobre a liberdade dos indios*, cit., p. 56-7.

120 Termo de Junta das Missões do Maranhão [4 ago. 1753], Códice 1, APEM, f. 41-43v.

121 Convém reiterar que não se tratou de um levantamento sistemático, mas de uma busca nas fontes. Para enriquecer os dados sobre os procuradores, seria interessante fazer uma investigação, por exemplo, na documentação camarária e nas provisões régias.

122 Como foi o caso de Icabary, Principal da aldeia do Castanheiro, que fez requerimento solicitando que seus filhos fossem devolvidos a ele, apesar de — justifica — tê-los dado como escravos para evitar que fosse preso. Termo de Junta das Missões do Maranhão [ant. 14 set. 1734], Códice 10, APEP, s. p. Ou o caso de Manoel de Cairos, pai livre, que solicitou a liberdade de Prudência, sua filha com a escrava Crispiana. Termo da Junta das Missões [22 jun. 1739], Códice 1, APEM,

f. 5v-6f. Excetuam-se aqui os casos de mães que estenderam os pedidos de liberdade a seus filhos, os quais veremos no capítulo 2.

123 Há ainda outra figura de intermediação que não investiguei, mas vale a pena ser mencionada: os escrivães. Responsáveis pelas atas das Juntas, pela coleta de testemunhos e, eventualmente, pela redação de petições, atuavam como filtros para as demandas indígenas, conformando-as à linguagem jurídica. E apesar de, nesta pesquisa, eu não ter atentado para seus nomes nem para suas trajetórias, seu papel de mediação foi registrado nas fontes.

124 É interessante observar que, hoje, eventualmente temos notícia da recusa de demandas indígenas autorais. Essa diferença com o contemporâneo talvez se relacione às matérias em disputa: se antes tratava-se de liberdade, hoje a disputa centra-se na terra.

125 Essa reduzida familiaridade, aliás, explicaria a ausência de sistematização legal da categoria na América portuguesa. Como vimos, o cargo de procurador foi estabelecido junto com a regulação das práticas escravistas, e talvez só então é que se tenha pensado no lugar (de miserável) dos indígenas nesse processo.

126 Como vimos anteriormente, além de moeda, era corrente a utilização de rolos de pano (de algodão) nas compras de trabalhadores escravizados e no pagamento de salários aos aldeados.

127 Conto esse caso a partir dos seguintes documentos: Termo de Junta das Missões do Maranhão [17 set. 1743], Códice 1, APEM, f. 9v-10v; "Requerimento de Luís de Melo e Silva ao rei D. João V, pedindo provisão para o Tribunal da Junta das Missões expedir a sua apelação ao Tribunal da Relação da Corte, sobre o direito que tem sobre alguns escravos [ant. 30 maio 1743]", AHU, Avulsos do Maranhão, cx. 27, doc. 2780; "Carta do governador e capitão-general do Estado do Maranhão e Pará, João de Abreu de Castelo Branco, para o rei D. João V, em resposta à provisão de 20 de junho de 1743, sobre a petição de Luís de Melo e Silva, em que solicitava provisão para que a Junta das Missões expedisse a respectiva apelação [2 dez. 1743]", AHU, Avulsos do Pará, cx. 26, doc. 2487.

128 Para auxiliar na fixação desse trânsito burocrático, cf. o anexo deste volume, "Percurso das demandas indígenas por liberdade na Amazônia portuguesa, 1706-1759". Tal anexo partiu de um artigo de Marcia Mello (2006) e foi revisto à luz das fontes desta pesquisa. É importante registrar que as apelações eram destinadas diretamente às instâncias de apelação no reino porque, no período que nos cabe, não existia Tribunal da Relação no Estado do Maranhão. "Os estados da Amazônia portuguesa não estavam subordinados à Relação da Bahia (1609) ou à do Rio de Janeiro (1751). Somente em 1812, com a criação da Relação do Maranhão, é que as justiças paraenses passaram a submeter-se a uma instância de apelação local, já que, até então, o único caminho de recurso disponível era a Casa da Suplicação, em Lisboa. Cf. Carta Régia de 28 de agosto de 1758, Arquivo Nacional do Rio de Janeiro (AN), SDJ, Devassas 026, cx. 10.541, doc. 37" (Sampaio, 2006, p. 50-1, nota 5). Valeria a pena averiguar se demandas foram enviadas à Mesa de Consciência e Ordem, em Portugal, uma vez que era responsável pela orientação, pela assistência e pela redenção dos cativos e porque a Lei de Liberdade de 1755 definiu-a como tribunal de apelação. Cf.: "Lei porque Vossa Majestade [José I] há por bem restituir aos índios do Grão-Pará e Maranhão a liberdade de suas pessoas, bens e comércio na forma que nela se declara [6 jun. 1755]" (Naud, 1971, p. 256-61).

129 "Carta Régia para o Governador do Maranhão [Christóvão da Costa Freire] sobre se mandar pôr na sua liberdade a índia Hilária viúva do Principal Jerônimo Gigaquara [11 maio 1706]", ABN, v. 66, 1948, p. 278-9.

130 "Carta Régia para o Governador do Maranhão [Christóvão da Costa Freire] em que se lhe ordena defira na forma das ordens de Sua Majestade ao Requerimento da índia Ângela de Jesus a respeito da liberdade que pede [22 fev. 1714]", ABN, v. 67, 1948. p. 120-1.

131 As ouvidorias tornaram-se instância comum das petições de liberdade em 1733, no Estado do Brasil, e em 1735, no Estado do Maranhão, por conta de demanda das Juntas das Missões de Pernambuco, que percebia dificuldades no cumprimento das atribuições dos ouvidores de Pernambuco e do Rio de Janeiro — nomeados por Ordem Régia em 1700 Juízes Privativos das Causas de Liberdade dos Índios —, sobretudo

em razão das distâncias das capitanias subordinadas. Daí a sugestão de que os ouvidores-gerais de cada capitania tomassem conhecimento sumário da questão da escravidão indígena a fim de darem parecer às causas de liberdade dos nativos. Houve discussão no Conselho Ultramarino, mas a resolução respeitou a sugestão com o acréscimo de que o Tribunal das Juntas das Missões seria a segunda instância com decisão final, não cabendo agravo nem apelação. Cf. Mello (2006). Explorar a documentação camarária, se é que se conserva até os nossos dias, representaria um desafio para além do que esta pesquisa comportaria.

132 Pesquisei de maneira não sistemática nos Avulsos do Maranhão e do Pará do Arquivo Histórico Ultramarino. Quem sabe ainda terei oportunidade de investigar no fundo Casa de Suplicação, no ANTT, em Lisboa, Portugal.

133 Sobre a Instituição da Junta das Missões [post. 1686]. Cota: Códice 50-V-37, Biblioteca da Ajuda, f. 355-355v. Documento transcrito em Mello (2007, p. 291-2).

134 Marcia Mello dedicou-se a estudar as Juntas das Missões nas terras de colonização portuguesa em seu doutorado. Recomendo enfaticamente seu trabalho (Mello, 2007).

135 "Se perderam ou foram vítimas do calor úmido e do mofo e das traças. Muitos foram vendidos por quilo a um fabricante de fogos de artifício há muitos anos, por um diretor do Arquivo do Estado do Pará, homem menos apreciador do seu valor histórico que do valor comercial do bom papel em que estavam escritos" (Sweet, 1987, p. 327).

136 Termo da Junta das Missões [28 jul. 1738] (Wojtalewicz, 1993, p. 105-6).

137 Termos da Junta das Missões [11 jan. 1740; 25 jan. 1740; 1 fev. 1740; 2 fev. 1740], Códice 23, APEP, s. p.

138 Termo da Junta das Missões [21 maio 1757] (Wojtalewicz, 1993, p. 181-2). Exploraremos mais este caso no próximo capítulo.

139 "Carta do Bispo do Pará ao Secretário Sebastião José de Carvalho e Mello sobre o modo como é conduzida a Junta das Missões [19

set. 1755]", Cota: Conselho Ultramarino-Maranhão 1756 set. 09, ANTT (Mello, 2007, p. 313-5). No capítulo 3 deste volume, acompanharemos alguns casos de religiosos envolvidos com práticas escravistas ilícitas.

140 Cf. nota 107 deste capítulo.

141 Não era incomum que o tribunal recebesse denúncias e fosse averiguá-las *in loco*. Nesses casos, geralmente o procurador dos índios era convocado a visitar a propriedade delatada. Nas situações que a denúncia procedia, os cativos eram conduzidos ao tribunal para serem examinados ou se formavam causas de liberdade. Foi o caso da "rapariga India do Gentio da terra chamada Vicencia", tomada de Francisco Antônio pelo procurador dos índios Manoel Machado. Termo da Junta das Missões [26 fev. 1751] (Wojtalewicz, 1993, p. 166-7).

142 Vários documentos conjugados permitem a reconstituição de uma sessão de Junta que tratou de demandas por liberdade. Dentre eles, destaco o seguinte trecho: "Requerimento que por escripto lhe fizera o Procurador dos Indios Manoel da Silva de Andrade acerca das Indias Catarina, Domingas e Theodora e seus filhos [...] eu o Secretário do Estado ao diante nomeado dey cumprimento [aprezentando] todas as sobreditas Petiçoens, Portarias, e mais documentos, que todas forao lidas de verbo adverbum em vos clara, e intelligivel, que bem foi entendida e percebida pellos sobreditos Adjuntos, e sendo assim lidos os ditos papeis, logo pello dito Senhor governador e Capitão-General foi proposto, que por serviço de Sua Magestade votasse cada um livremente [...] E sendo por todos vistos, e examinados os documentos assima referidos, e ponderados, e consultados [corroido] os nove pontos da proposta assima do Governador e Capitão-General vottaram uniformemente todos", Termo da Junta das Missões [27 fev. 1726], Códice 10, APEP, s. p.

143 Como na reunião de 11 de fevereiro de 1754, em que "se presentarão hum Indio chamado Jullião, e huma India chamada Jeronima que se achavam em poder do Sargento mor João Furtado de Vasconcelos, Reputados como escravos, e sendo chamado Jose Monteiro de Noronha, que presentou procuração do mesmo Sargento Mor, e pre-

guntado que se lhe se tinha titulo algum daquelles Indios que foram descidos do Matto, com o qual provasse a sua escravidão, Respondeo que nao tinha titulo, ou Registro algum delles, e que só seu constituinte os tinha comprado a hum terceiro, e visto não haver titulo algum foram julgados uniformemente Livres os ditos Indios", Termo da Junta das Missões [11 fev. 1754] (Wojtalewicz, 1993, p. 175-6). Cabe acrescentar que é impossível mensurar o nível de oralidade das sessões, mas, em se tratando de uma sociedade onde a palavra escrita ocupava um lugar bastante restrito, é impossível recuperar parte do que foi dito nas reuniões das Juntas.

144 Contudo, o aspecto sumário dos registros pode ser mais bem entendido se considerarmos, junto com António Manuel Hespanha que: "Quanto às sentenças dos juízes locais, parte delas não terá sequer sido reduzida a escrito, dado que as Ordenações promoviam a simplicidade e a oralidade do processo nos tribunais locais, satisfazendo-se frequentemente com a mera redacção do assento final ('protocolo') pelo escrivão, o que impede, nomeadamente, o conhecimento das motivações da sentença (*rationes decidendi*) e da argumentação do juiz. Mesmo em relação a sentenças escritas — que, contra a regra comum do direito português, poderão nem sequer apresentar a motivação —, muito poucas são as que estão disponíveis para estudo. De facto, a generalidade das colecções de sentenças apenas recolhe sentenças dos tribunais superiores, as quais raramente dão uma descrição capaz da decisão recorrida. As inéditas jazem nos caóticos arquivos judiciais ou municipais" (Hespanha, 2010, p. 144).

2. Litigantes: mulheres; mamelucos, cafuzos e mulatos; aldeados

1 Trata-se de um número mínimo. Nos casos em que os litigantes são retratados por expressões como "índios" e "índias", "outras" e "outros", "filhas" e "filhos", "sobrinhas" e "sobrinhos", "netas" e "netos", o valor adicionado ao total foi 2, valor mínimo do plural, podendo referir-se a um número ainda maior de sujeitos litigantes. É importante acrescentar também que a quantidade de ações jurí-

dicas não corresponde necessariamente à quantidade de pessoas envolvidas nessas ações, ou seja, uma petição pode fazer referência a dois ou a mais peticionários, conformando petições coletivas; ou, ainda, várias pessoas podem estar vinculadas a uma mesma demanda pela extensão de pedidos. Tratarei deste último caso na seção "Mulheres" deste capítulo.

2   É importante ressaltar que o ordenamento em subgrupos não corresponde, de maneira alguma, a uma classificação rígida e excludente, posto que, como veremos, vez ou outra há intersecção entre os subgrupos: casos de mulheres aldeadas que demandaram por liberdade no tribunal, de mulheres mestiças que se valeram das justiças e assim por diante. Dessa maneira, o ordenamento proposto funcionará antes como enfoques, permitindo-nos fazer ver certos aspectos significativos dos litigantes, do que como recortes de perfil.

3   A documentação de cunho normativo será acionada com uma acentuada cautela, já que uma das marcas da escravidão indígena na Amazônia de colonização portuguesa foi justamente o distanciamento entre prática social e legislação, como vimos no capítulo anterior.

4   A fragmentação é constitutiva das fontes dos grupos subalternizados. Não fossem subalternizados, teriam domínio do registro, das instituições e, portanto, maior número de fontes escritas, maior domínio sobre os processos de criação da memória coletiva e da história oficial. Não falo aqui em termos de preservação das fontes, mas de sua criação. Nesse sentido, para dar visibilidade aos litigantes para além dos limites dos tribunais — especialmente por se tratar de escravizados, de indígenas, de mulheres e de mestiços, isto é, grupos que quase nunca detinham o poder do registro —, seria preciso analisar documentos de naturezas distintas das que me propus a cotejar com as fontes primárias. Seria interessante garimpar fragmentos de trajetórias, por exemplo, em relatos de viajantes e em documentação jesuítica, mas a pesquisa poderia se desdobrar em outras, e confio que relevar aspectos dos litigantes é suficiente para a economia deste capítulo. Um esforço magistral naquele sentido, mas para outra realidade, a de São Paulo do século XVIII até as vésperas da abolição, e tratando especificamente de mulheres pobres, livres, forras e cativas, foi realizado por Dias (1983).

5 Os seguintes artigos também apontam para a instabilidade das condições dos trabalhadores entre a liberdade e a escravidão na Amazônia portuguesa: Sommer (2005) e Dias & Bombardi (2016).

6 A moradia mais distante dos sujeitos em litígio parece ter sido Mearim, localizado em terreno alto nas margens do rio de mesmo nome, um pouco antes de sua desembocadura na baía de São Marcos, que circunda a ilha de São Luís. Somente no caso de Antônio ou Antônia da Luz (pela leitura do manuscrito, ficou incerto o gênero) contra Lizarda da Costa é que os deputados forneceram algum tipo de especificação a respeito da maneira pela qual a justificativa da ré deveria ser realizada, uma vez que a suposta proprietária justificou-se à distância (o que não era comum), dado o significativo caminho entre sua residência e o tribunal. Assim consta: o primeiro despacho da Junta, de 31 de janeiro de 1756, determinou que Lizarda apresentasse o título de cativeiro da suplicante em três dias. Porém, na reunião de 29 de março do mesmo ano, passados quase dois meses, os deputados, provavelmente por duvidarem da autenticidade das informações apresentadas, especificaram que a resposta da ré deveria ser firmada por termo e testemunhada no distrito do Mearim. Cf. Termos da Junta das Missões [31 jan. 1756; 29 mar. 1756], Código 1, APEM, f. 59v, 61-62. É importante acrescentar que não são muitos os casos que apresentam o local de residência dos cativos no momento em que se tornaram litigantes. Porém, naqueles em que há indicações, as referências são das cidades de São Luís ou de Belém ou de ocupações em suas cercanias, o que provavelmente ocorreu devido à localização citadina dos tribunais das Juntas e da exigência de que o denunciante permanecesse em casa de seu suposto proprietário, tornado réu, durante todo o processo. Nos tribunais, podemos considerar a obrigatoriedade de indígenas em litígio continuarem a residir nas casas de seus senhores (e opositores), entre outros dados, pela prisão do procurador dos índios Manoel da Silva Andrade em vista de sua recusa em cumprir a ordem de entregar as índias Catarina, Domingas, Teodora e seus filhos, que tinham escapado de seu senhor e pedido ajuda e abrigo ao procurador para fazer a petição sem serem coagidas. Cf. Termo da Junta das Missões [27 fev. 1726], Código 10, APEP, s. p.; "Carta do governador da capitania do Maranhão, João da Maia da Gama, para o rei João V, sobre as liberdades dos índios e os assentos da Junta das Missões [10 jul. 1726]", AHU, Avulsos do

Maranhão, cx. 15, doc. 1528. Tratei desse último ponto na seção "Miseráveis em direito e procurador dos índios: a categoria jurídica dos indígenas e seus representantes nos tribunais", no capítulo 1.

7   Para saber mais sobre demografia histórica, entre outros, cf. Bacellar, Scott & Bassanezi (2005).

8   Sobre o desenvolvimento da demografia histórica na Amazônia, ver Barroso (2014).

9   Refiro-me aqui ao artigo publicado pelas pesquisadoras (Dias & Bombardi, 2016), no qual estimam dados populacionais para os indígenas recrutados no sertão para a primeira metade do século XVIII, que apresentarei logo mais. Reporto-me também às análises populacionais sobre as quais as historiadoras e o estatístico Eliardo Costa se debruçaram em vista da publicação de um novo artigo (Dias, Bombardi & Costa, 2020). Talvez pela mencionada dificuldade documental, bem como pela exigência de tempo desse tipo de pesquisa, outros trabalhos semelhantes ainda não tenham sido realizados.

10 Os autores ponderam que é preciso imaginar que essa população não se acumulou, ao longo do tempo, em Belém e São Luís, mas foi habitar também as margens do rio Amazonas para servir na rede de comércio portuguesa. Além disso, alertam-nos de que nesse cômputo não foram considerados fatores de depopulação, como fugas e surtos epidêmicos (Dias, Bombardi & Costa, 2020). Quanto à clandestinidade do cativeiro, em outro texto, as historiadoras apontam para uma estimativa de 80% de cativeiros ilícitos, de acordo com fontes de época (Dias & Bombardi, 2016, p. 275).

11 O auge da produção de cacau nos anos 1739-1755 não correspondeu à introdução de mão de obra escravizada de origem africana, como se poderia pensar, considerando a tradicional leitura historiográfica que identifica a articulação aos circuitos mercantis do Atlântico com o tráfico africano. No Estado do Maranhão o incremento da produção e da exportação das drogas do sertão, na primeira metade do século XVIII, teria se realizado pela intensificação da exploração da mão de obra nativa. Esses trabalhadores foram recrutados, cada vez mais, pelos colonos particulares, primeiro sob a forma de des-

cimentos privados e, depois, pelos resgates particulares, longe da intermediação da Coroa (Dias & Bombardi, 2016).

12 Para uma discriminação detalhada desse material, bem como sua localização nos arquivos (por se tratar de documentos em grande parte inéditos), cf. Mello (2015).

13 Trata-se de uma estimativa geral da população. Grande parte desses mapas organizou a população associando condição jurídica à marcação racial através das categorias: livres, cativos e índios. É importante lembrar que, no final do século XVIII, somente o cativeiro africano e de seus descendentes estava regulamentado. Portanto, os dados oficiais de trabalhadores escravizados não poderiam referir-se mais aos indígenas em cativeiro — muito embora a escravização de nativos e de seus descendentes tenha persistido, uma vez que litígios por liberdade, que atuaram como denúncias do cativeiro ilícito, foram registrados após 1755, data da promulgação da Lei de Liberdade dos Índios.

14 Embora se trate de um período posterior ao recorte desta pesquisa, marcar o movimento populacional do entresséculos pode contribuir com o intuito aqui apresentado, consideradas as dificuldades supracitadas.

15 Os números foram obtidos pela soma da população de cada capitania disponível no mapa populacional de 1774, coligido em Mello (2015). Para a população indígena, estimei um número com base nas porcentagens de "índios", organizadas por capitania (com exceção da do Piauí), presentes no mesmo artigo.

16 Para um trabalho que cruza os dados das demandas indígenas do final do século XVIII com os mapas de população, cf. Sommer (2013).

17 Pondero que haja ainda que se investigar o crescimento da população branca e mestiça frente à constância ou ao declínio da população indígena, posto que esta pode ter sido diluída naquelas. Farei um esforço nesse sentido, mas no que diz respeito aos litigantes, na seção "Mamelucos, cafuzos, mulatos" deste capítulo.

18 O levantamento populacional integra os instrumentos básicos de pesquisa deste trabalho. Apesar disso, não obtive meios para realizá-lo de maneira satisfatória e, como dito anteriormente, realizá-lo traz o risco de adentrar por outros caminhos; por isso, recorro à historiografia. Ressalto a particularidade do recorte, posto que a cronologia costumeiramente adotada nos estudos historiográficos sobre a Amazônia portuguesa é: últimos anos do século XVII até a primeira metade do século XVIII, período pombalino, período pós-pombalino. Tal divisão fundamenta-se em fatores econômicos, legislativos e de ordem política. A cronologia adotada nesta investigação assenta-se, por sua vez, nas fontes da pesquisa e na suspeita de que a prática social não corresponde imediatamente à legislação, e, como veremos, justifica-se por apostar nas permanências das práticas escravistas em período de abolição do cativeiro indígena. Todavia, por não se enquadrar nas cronologias tradicionais, lidarei com uma série de dificuldades, como a aqui apresentada.

19 O processo de liberdade da "índia" Francisca está salvaguardado na BNP e compõe o conjunto documental desta pesquisa, como apresentei na "Introdução". Sua localização, conforme justa indicação do historiador em seu artigo, é: Coleção Pombalina, Códice 642, f. 100-142. No início da década de 1980, momento da publicação do trabalho, o processo foi considerado excepcional, por se tratar do único exemplar, preservado e conhecido até então, de pedidos de liberdade de indígenas nos tribunais da Amazônia portuguesa. Consoante ao avanço das pesquisas, comprovadas pela demonstração dos dados, encontrei um número bem maior de casos, como também outro processo por liberdade integral do "mameluco" Xavier. Sua localização é a seguinte: "Auto (treslado) do mameluco Xavier, servo do provedor-mor da Fazenda Real da capitania do Maranhão, Faustino da Fonseca Freire de Melo, acerca de um auto de liberdade [19 fev. 1753]", AHU, Avulsos do Maranhão, cx. 32, doc. 3299. Vou me debruçar sobre tais processos, juntamente com os demais requerimentos, petições e apelações, no capítulo 3, que terá como um dos enfoques o funcionamento das instituições no que tange, especificamente, à questão da liberdade indígena.

20 A autora também tratou do tema em Mello (2006). Nesse, porém, não apresentou dados estatísticos. Vale dizer que o interesse desta pesquisa advém desses dois trabalhos seminais de Mello.

21 É importante não perdermos de vista que havia os chamados "casos de exceção de liberdade", nas palavras de Alexandre Rodrigues Ferreira. Os Mura, os Munduruku e os Karajá continuaram sofrendo guerras justas e sendo escravizados após a Lei de Liberdade dos Índios. Para saber mais sobre o tema, cf. Amoroso (1992).

22 "Carta Régia [D. Pedro II] para o governador geral do Estado do Maranhão [João Velasco de Molina] sobre se mandar pôr na sua liberdade a India Hilaria, viúva do Principal Jerônimo Gigaquara. [11 maio 1706]", ABN, v. 66, 1948, p. 278-9.

23 "Carta Régia [D. João V] para o governador geral do Estado do Maranhão [Christóvão da Costa Freire] em que se lhe ordena deffira na forma das ordens de Sua Magestade ao Requerimento da India Angela de Jezus a respeito da liberdade que pede [22 fev. 1714]", ABN, v. 67, 1948, p. 120-1.

24 Tratei delas na seção "Os tribunais das Juntas das Missões de São Luís do Maranhão e de Belém do Pará: instâncias de acolhimento das demandas indígenas por liberdade", do capítulo anterior.

25 "Auto de Devassa de Francisco da Gama Pinto sobre o cativeiro de índios no Maranhão, contrariamente às ordens de Sua Majestade. São Luís do Maranhão, 19 de junho de 1722", AHU, Avulsos do Maranhão, cx. 13, doc. 1332.

26 "Traslado do Alvará por que Sua Majestade [Pedro II] ordena se tirem por forros os escravos feitos contra a sua lei dos resgates" (Naud, 1971, p. 239-40). Agradeço à historiadora Camila Dias pela referência. A condição jurídica do indígena e suas possibilidades de acesso aos tribunais foram objeto do capítulo 1. Acrescento também que essa preocupação dos representantes locais do poder régio em controlar as operações ilegais de escravização, cujos lucros escapavam aos cofres da Coroa, já está presente no Regimento de Tomé de Souza, conforme podemos conferir na leitura do documento realizada pelo historiador Carlos Zeron (2011, p. 325).

27 Para a capitania de São Paulo, um bando de 14 de março de 1733 previa o pagamento de multas pelos que mantinham, ilicitamente, indígenas no cativeiro. Boletim do Archivo Municipal de Curytiba, Livro I, v. XI, Typ. e lith. a vapor Imprensa Paranaense, 1906, p. 98-9 *apud* Brighente (2012, p. 17). No próximo capítulo, tratarei dos prejuízos aos réus na seção "Despachos e sentenças".

28 Com o governo de Mendonça Furtado, foi definida uma nova capital, Belém, e o que antes era chamado de Estado do Maranhão e Grão--Pará foi extinto, sendo recriado no Estado do Grão-Pará e Maranhão. A inversão nominal representa o deslocamento mais a oeste dos interesses políticos e administrativos no norte da América portuguesa. Como a cronologia deste trabalho perpassa esses dois momentos administrativos, comumente refiro-me à região como Amazônia (de colonização) portuguesa.

29 Ao transformar escravizados em súditos do reino, havia o interesse em garantir o território amazônico para Portugal, já que as áreas fronteiriças estavam em disputa com outros reinos europeus, como França, Inglaterra e Espanha. Assim, a modificação do estatuto jurídico de escravo para livre estava profundamente vinculada à possessão de terras e, além disso, de maneira alguma eximiu os indígenas do trabalho compulsório. Com a liberdade jurídica, veio o fardo do trabalho livre.

30 A lei foi primeiramente lida em reunião de Junta na cidade de Belém, comprovando a nova centralidade dessa cidade na geopolítica do agora Estado do Grão-Pará e Maranhão. Cf. Termo da Junta das Missões [28 maio 1757] (Wojtalewicz, 1993, p. 182); Termo da Junta das Missões [23 jun. 1757], Códice 1, APEM, f. 77-84v.

31 Embora as fontes trabalhadas até o momento não avancem mais no tempo, podemos conferir pela historiografia a presença de ações por liberdade no fim do governo pombalino. Sampaio (2006) aponta dois casos que trabalharei em momento oportuno. Barbara Sommer (2013) também trabalhou com as petições para entender o contexto em que foi possível que Joanna Baptista se vendesse como escrava.

32 Como notamos nos trabalhos de demografia de Marcia Mello (2015). Um caminho fecundo para pesquisa será investir no entendimento

dos estatutos jurídicos e das categorias laborais dos trabalhadores indígenas, africanos e mestiços na segunda metade do século XVIII na Amazônia sob colonização portuguesa. Em busca não sistemática nas fontes, levantei 28 ações por liberdade de indígenas e descendentes indígenas entre 1759 e 1770. Um último apontamento para pesquisas futuras é que as ações de liberdade cresceram na segunda metade do século XVIII não apenas em terras do norte da América portuguesa, mas também na São Paulo colonial. Conforme podemos verificar em Brighente (2012, p. 73). E especialmente em Monteiro (1989). Com o avanço das investigações, talvez possamos afirmar que a utilização da Justiça por indígenas na luta contra o cativeiro foi um fenômeno que aconteceu nas duas capitanias mais dependentes da mão de obra escrava indígena, tendendo ao fim do cativeiro nativo e à implementação, cada vez maior, do trabalho escravizado de africanos.

33 O oposto, por certo, não se confirma. Todos os litigantes passaram pelo cativeiro, mas certamente nem todos os trabalhadores escravizados, que se voltaram contra sua condição ou procuraram atenuar as agruras do cativeiro, utilizaram-se das instâncias jurídico-administrativas. Como veremos, a fuga, por exemplo, fez parte do horizonte de estratégias de resistência dos indígenas em cativeiro.

34 Como vimos no capítulo anterior, de acordo com o alvará de lei de 1688, que retoma a norma de 1655, as guerras justas poderiam ser declaradas em três casos: (i) impedimento da pregação do evangelho; (ii) prática de hostilidades contra vassalos do reino e grupos nativos aliados dos portugueses; e (iii) quebra de pactos celebrados. O governador e o ouvidor deveriam prestar contas por escrito a respeito da justiça das guerras, todos os anos, a fim de que seus prisioneiros pudessem se tornar cativos lícitos. Entretanto, como veremos, a prática costumava se distanciar da legislação. Para as disposições completas da lei, cf.: "Lei que se passou pelo Secretário de Estado em 9 de abril de 1655 sobre os índios do Maranhão [9 abr. 1655]", ABN, v. 66, 1948, p. 25-8; "Alvará porque V. Mag. pelos respeitos neles declarados, há por bem derrogar a lei feita no 1º/04/1680, etc. [28 abr. 1688]", *Regimento e leis sobre as Missões do Estado do Maranhão, e Pará, e sobre a liberdade dos índios*, cit., p. 20-6.

35 "Lei porque Vossa Majestade [José I] há por bem restituir aos índios do Grão-Pará e Maranhão a liberdade de suas pessoas, bens e comércio na forma que nela se declara [6 jun. 1755]" (Naud, 1971, p. 256-61).

36 Os Aruã, habitantes da ilha de Joanes (atual ilha do Marajó), são um grupo de origem Aruak que sempre foi identificado como hostil a qualquer tipo de aliança e muitas vezes foi referenciado na documentação como responsável por ataques a povoamentos portugueses. Para saber mais, cf. Bombardi (2014, p. 118-24).

37 Termo da Junta das Missões [17 jun. 1752], Códice 1, APEM, f. 31-31v. Todavia, os réus recorreram da decisão do tribunal e apenas em 3 de outubro de 1752 é que a "índia" Margarida e seus filhos conquistaram, definitivamente, a liberdade. Acompanhamos esse caso nas seguintes sessões da Junta de São Luís: 18 dez. 1751, 5 fev. 1752, 11 mar. 1752, 15 abr. 1752, 6 maio 1752, 3 jun. 1752, 17 jun. 1752, 1 jul. 1752, 12 ago. 1752, 19 ago. 1752, 11 set. 1752 e 3 out. 1752.

38 A respeito da política dos descimentos, cf. Bombardi (2014).

39 "Regimento e Leis das Missões do Estado do Maranhão e Pará" (Naud, 1971. p. 228-31).

40 Termo da Junta das Missões [27 jul. 1736], Códice 10, APEP, s. p.

41 A reconstituição de uma tropa de resgate típica do sertão da Amazônia que se segue foi com base em Vieira (1951, p. 33-71). Utilizei também a correspondência do governador do Estado do Maranhão Francisco Xavier de Mendonça Furtado, a carta 28 especificamente, contida em Mendonça (2005, v. 1, p. 371-3). E ainda Dias (2012b).

42 Para conhecer mais dos ofícios e das atividades desenvolvidas por indígenas aldeados e também, em alguma medida, pelos escravizados, cf. Carvalho Júnior (2013, p. 78-84).

43 A norma em relação às tropas de resgate determinava que elas teriam como objetivo resgatar prisioneiros à corda — indígenas que supostamente seriam mortos em rituais antropofágicos —, como também aqueles que seriam vendidos a outras nações. Em ressarcimento, os

resgatados deveriam trabalhar para seu comprador. Cf. "Lei que se passou pelo Secretário de Estado em 9 de abril de 1655 sobre os índios do Maranhão [9 abr. 1655]", ABN, v. 66, 1948, p. 25-8; "Alvará porque V. Mag. pelos respeitos neles declarados, há por bem derrogar a lei feita no 1º abr. 1680, etc. [28 abr. 1688]", *Regimento e leis sobre as Missões do Estado do Maranhão, e Pará, e sobre a liberdade dos índios*, cit., p. 20-6.

44 Termo da Junta das Missões [27 jul. 1736], Códice 10, APEP, s. p. Nessa reunião, os deputados retomam o exame de Icabary, Principal da aldeia do Castanheiro, ocorrido em sessão de 10 de agosto de 1734. O chefe foi convocado a comparecer à Junta para depor por conta da denúncia dos camarários contra frei Mathias de São Boaventura. A acusação era de que o carmelita o teria obrigado a descer para a missão que administrava. O depoimento do Principal aponta ainda para a necessidade de historicizar a tópica da "doação" dos filhos. Muitas vezes encontramos na documentação colonos e missionários argumentarem que recebiam filhas de chefes indígenas como prova da disposição em estabelecer aliança, costume indígena que foi, inclusive, documentado pela etnografia. Contudo, as circunstâncias apresentadas pelo chefe indicam uma situação em que as condições para encetar alianças eram muito restritas. Talvez a cessão dos filhos, em circunstância como a de Icabary, consistisse, puramente, em estratégia de sobrevivência.

45 Nádia Farage (1991, p. 30) afirma também que tais exames eram uma falácia. E a historiadora Tamyris Neves, tratando das tropas de resgate ilegais, descreve a prática comum de instruir os indígenas em suas respostas no exame de cativeiro: "E para que, no exame feito pelo missionário e o cabo de tropa, não perdessem o direito sobre as peças, instruíam os índios nas respostas que deviam dar: que havia ocorrido guerra entre suas nações e que, ficando cativos destinados à morte, foram resgatados pela tropa. E como queriam se assegurar de que responderiam corretamente, ameaçavam os cativos de morte, acompanhando-os de perto durante o julgamento de legitimidade, para com a sua presença coagi-los" (Neves, 2012, p. 266). Por outro lado, é importante destacar que a pauta de algumas sessões das Juntas de Missões foi a legitimidade da escravidão de indígenas, seja preocupando-se com a averiguação da licitude das tropas de resgate ou

de guerra, seja enviando o procurador dos índios às fazendas para que verificasse a justiça dos títulos dos trabalhadores escravizados, conforme vimos na terceira seção do capítulo 1.

46 É o que podemos conferir nas seguintes cartas régias: "Carta Régia [D. João V] para o Governador do Maranhão [João da Maia da Gama] por que se lhe ordena que todas as vezes que se descerem índios do sertão ou sejam descidos por particulares ou nas tropas de resgate mande dar parte ao Reverendo Bispo do Pará para o tomar a rol a fim de serem batizados [24 abr. 1728]", ABN, v. 67, 1948, p. 224; "Carta Régia [D. João V] para o Bispo da capitania do Pará sobre o mesmo [2 fev. 1729]", ABN, v. 66 e 67, 1948, p. 225-8 [sic]. A página correta deveria ser 226. Determinação que nos ajuda a entender o fato de os litigantes terem sido, nos tribunais, designados por seus nomes em português, apesar de muitos deles, recém-ingressos na sociedade colonial, certamente carregarem nomeações em suas línguas de origem.

47 As condições de trabalho de indígenas aldeados e cativos parecem ter sido muito aproximadas. Segundo Beatriz Perrone-Moisés (1992a, p. 121): "o difundido desrespeito às normas da repartição e utilização, por parte de moradores que, [...], tentam manter índios das aldeias como escravos. A liberdade é violada, o prazo estipulado desobedecido e os salários não são pagos; há vários indícios de que os índios das aldeias acabam ficando em situação pior do que os escravos: sobrecarregados, explorados, mandados de um lado para outro sem que sua 'vontade', exigida pelas leis fosse considerada". Tratarei com mais vagar desse ponto na seção "Aldeados" deste capítulo.

48 A historiadora Heloísa Bellotto, entre outros estudiosos, nos diz que "a Coroa era também polo de apropriação do indígena, já que interferia por meio de suas prerrogativas de empregador de mão de obra para edificações públicas, ou de legislador supremo, ora a legitimar, ora a proscrever" (Bellotto, 1988. p. 52).

49 É o que podemos conferir na petição do "índio" Maurício Rayol, que solicitou às Juntas que fossem baixadas ordens visando trazer de volta à sua aldeia "índias e índios" fugidos para as ribeiras do Pindaré e Maracu e para Tapuitapera, uma vez que eram empregados no correio do Maranhão e no socorro de viajantes de uma para

outra capitania, o que era conveniente ao serviço de S. Majestade. Cf. Termo da Junta das Missões [16 set. 1748], Códice 1, APEM, f. 17-17v.

50 As salinas reais situavam-se nas imediações da aldeia de Maracanã; traziam lucros à Fazenda Real e abasteciam a capitania (Carvalho Júnior, 2005, p. 108).

51 Para saber um pouco mais da formação e do trabalho dos indígenas artífices, cf. Martins (2009).

52 Recomendo a leitura de Carvalho Júnior (2005, p. 321-67).

53 Os deputados respondiam a uma provisão régia que continha a proposta dos oficiais da câmara de São Luís sobre ser conveniente haver escolta que apanhasse os escravos fugidos. Cf. Termo da Junta das Missões [5 fev. 1749] (Wojtalewicz, 1993, p. 154-5).

54 Vale investigar se eram trabalhadores escravizados nativos, já que a região do Moju, marcadamente agrícola, recebeu afluxo de cativos de origem africana, sobretudo a partir da segunda metade do século XVIII. Cf. Termo da Junta das Missões [12 out. 1737] (Wojtalewicz, 1993, p. 87). Para saber mais a respeito das fugas de trabalhadores escravizados (indígenas e africanos) e a formação de mocambos nas terras ao norte do Brasil, cf. Marin & Gomes (2003).

55 Há também o caso de abertura do capítulo 1, no qual, lembremos, indígenas fugidos foram acoitados pelos carmelitas e passaram por processo de restituição de propriedade, tendo se resolvido pelo retorno deles ao cativeiro. Um ponto desse caso permaneceu subjacente no capítulo anterior e será desenvolvido adiante.

56 Se escrever história colonial com povos originários já é um desafio, imaginemos então as dificuldades de escrever a história das fugas e dos fugitivos indígenas. Por certo, uma delas repousa nas fontes, uma vez que, até o momento, sabe-se que apenas as fugas fracassadas foram documentadas pelos aparatos institucionais repressivos e judiciais.

57 Termo da Junta das Missões [2 jun. 1726], Códice 10, APEP, s. p. O documento encontra-se parcialmente ilegível, portanto é de ques-

tionar a inversão de responsabilidades entre o indígena Roque e o seu procurador ou avaliar se tal inversão é indicativa da abertura das instituições às demandas autorais indígenas — que foram ampla maioria, como vimos no capítulo 1.

58 Para a identificação e a análise dessa estratégia empregada pelos Anaperus, cf. Bombardi (2014, p. 124-30; 2020).

59 Termo da Junta das Missões [18 dez. 1751], Códice 1, APEM, f. 23v-24. O protocolo-padrão de acesso aos tribunais foi descrito no capítulo anterior. Atualmente, os descendentes do povo de Ventura estão em retomada e fortalecimento étnico na região do Baixo Parnaíba, no Maranhão. O povo se autodenomina Anapuru Muypurá, pois Anapuru seria a corruptela da palavra, em língua indígena, Muypurá e, por isso, a utilização das duas denominações pareadas. Para saber mais, cf. Muypurá (2021). Agradeço à antropóloga Ana Caroline Oliveira por me informar sobre a atual ação política dos Muypurá Anapuru.

60 Cabe acrescentar que a escravização de enteados ou irmãos postiços — filhos "bastardos" de colonos com trabalhadoras escravizadas — por suas madrastas e seus irmãos, após a morte dos pais, aparece como estratégia de sobrevivência e enriquecimento das viúvas e dos órfãos, como veremos no capítulo 3, na seção "Estratégias dos litigantes e dos réus nos pleitos por liberdade indígena".

61 "Carta do [governador e capitão-general do Estado do Maranhão], João da Maia da Gama, para o rei [João V], sobre o pedido de Maria Luísa [sic], solicitando a devolução do soldado Manuel de Quadros, por ser seu escravo. Anexo: certidão e requerimento. [12 set. 1726]", AHU, Avulsos do Pará, cx. 9, doc. 849. Embora na cota do documento conste Maria Luísa, a viúva é chamada no manuscrito de Luíza Maria.

62 Embora Valenzuela trate de mulheres nativas peticionárias no Chile, suas considerações são bastante pertinentes para compreender o acesso de indígenas aos tribunais na Amazônia portuguesa (Valenzuela Márquez, 2017). Teci considerações a partir da paráfrase de um trecho das p. 357-8. O protocolo de acesso aos tribunais foi objeto do capítulo 1 deste estudo. Aqui, tratarei das condições materiais que

viabilizaram o acesso indígena aos tribunais, a fim de qualificar a via jurídica, ou melhor, as particularidades de seu acesso, para que de alguma forma consigamos mensurar sua utilização pelos indígenas.

63 Às vezes, em associação com outras estratégias, como vimos nos casos dos indígenas Ventura e Roque.

64 Termo da Junta das Missões [27 fev. 1726], Códice 10, APEP, s. p.

65 Termo da Junta das Missões [27 fev. 1726], Códice 10, APEP, s. p.

66 Termo da Junta das Missões [24 maio 1738] (Wojtalewicz, 1993, p. 96).

67 Termos da Junta das Missões [21 jun. 1752; 21 out. 1752] (Wojtalewicz, 1993, p. 168-70, 171-2).

68 Termo da Junta das Missões [27 ago. 1751], Códice 1, APEM, f. 22-22v.

69 "Carta Régia [D. João V] para o governador geral do Estado do Maranhão [Christóvão da Costa Freire] em que se lhe ordena deffira na forma das ordens de Sua Magestade ao Requerimento da India Angela de Jezus a respeito da liberdade que pede", ABN, v. 67, 1948, p. 120-1.

70 Termos da Junta das Missões [28 jul. 1753; 14 dez. 1753; 22 mar. 1755; 28 jun. 1755; 27 set. 1755; 4 fev. 1756; 8 maio 1756; 6 out. 1759], Códice 1, APEM, f. 40-41, 47v-48, 52v-53, 53-54v, 56v-57, 60, 62-63, 89-89v.

71 Termos da Junta das Missões [7 ago. 1756; 19 fev. 1757], Códice 1, APEM, f. 64-65, 69.

72 Não há coincidência entre os sobrenomes dos indígenas escravizados com os sobrenomes dos réus; no entanto, há um traço em comum entre os três primeiros. Eles remetem à tradição católica, e seus portadores trabalharam para religiosos: Ambrósio dos Reis e Ana do Sacramento haviam trabalhado para os carmelitas, e Ângela de Jesus, na Casa de Misericórdia do Pará. É possível também que tenham tido outros donos os quais talvez tenham transmitido aos cativos o nome da família senhorial, como faziam os senhores dos trabalhadores escravizados negros no mundo luso. Ou tenham simplesmente

sido batizados nos arraiais nas margens dos tributários do Amazonas, ou nos portos de São Luís e de Belém, assim que chegados, e os sobrenomes, por isso, não se relacionam com a família do proprietário.

73 Termo da Junta das Missões [13 jul. 1726], Códice 10, APEP, s. p.

74 Termo da Junta das Missões [26 fev. 1751] (Wojtalewicz, 1993, p. 166-7).

75 Duas demandas registradas no Termo da Junta das Missões [20 maio 1752], Códice 1, APEM, f. 28v-29v. E uma ação registrada em: Termos da Junta das Missões [27 fev. 1756; 5 fev. 1757], Códice 1, APEM, f. 67-68, 69. Tais litigantes podem ter sido cativados ou descendentes de cativos da guerra contra os Manao e os Maipena (1724-1736), mas precisaríamos de mais indícios nas fontes para confirmar essa hipótese.

76 Termo da Junta das Missões [15 abr. 1752], Códice 1, APEM, f. 26-27v.

77 Termos da Junta das Missões [6 maio 1752; 20 maio 1752; 17 jun. 1752], Códice 1, APEM, f. 27v-28, 28v-29, 31-32v.

78 Termos da Junta das Missões [11 mar. 1752; 15 abr. 1752], Códice 1, APEM, f. 25v-26, 26-27v. Para as normas de grafia dos nomes indígenas, cf. a Introdução. Convém dizer novamente que respeito a grafia da documentação, mas é difícil lidar com as identidades étnicas no período colonial, pois muitas das denominações registradas foram atribuídas por outros grupos indígenas, em especial por aqueles de origem Tupi, pois a língua geral (tributária do tupi antigo) era língua franca, falada por muitos colonos, que por sua vez detinham o domínio da escrita e do registro.

79 Temos registro também de uma demanda feita por um "índio Antonio José, natural da cidade de Macau da nascao China". Não investiguei o percurso do nativo de Macau até o tribunal em São Luís, mas é de conhecimento que o despacho procurou aliviar as sevícias que lhe eram dispensadas. Cf. Termo da Junta das Missões [18 dez. 1751], Códice 1, APEM, f. 23v-24.

80 Termo da Junta das Missões [25 out. 1755], Códice 1, APEM, f. 57v-58v. Essa conformação de nome próprio em português com referência

étnica no sobrenome é bastante comum ainda hoje entre as mulheres e os homens indígenas.

81 Seria interessante investigar os motivos do silenciamento a respeito dos grupos de pertencimento dos indígenas, uma vez que tais grupos poderiam indicar alianças e inimizades com os colonos e, por consequência, se determinada guerra teria sido justa ou não, e se seus prisioneiros seriam cativos ou livres, o que seria fundamental nos processos por liberdade. Ou talvez tal obliteração seja indicativa da desconsideração dessa divisão entre os nativos, ou seja, a prática da escravização generalizada.

82 Causas registradas nos seguintes documentos: "Carta Régia [D. Pedro II] para o governador geral do Estado do Maranhão [João Velasco de Molina] sobre se mandar pôr na sua liberdade a India Hilaria, viúva do Principal Jerônimo Gigaquara [11 maio 1706]", ABN, v. 66, 1948, p. 278-9; "Carta Régia [D. João V] para o governador geral do Estado do Maranhão [Christóvão da Costa Freire] em que se lhe ordena deffira na forma das ordens de Sua Magestade ao Requerimento da India Angela de Jezus a respeito da liberdade que pede [22 fev. 1714]", ABN, v. 67, 1948, p. 120-1. Três documentos para os índios Inês, Pedro e Germana: "Carta Régia [D. João V] para o Governador do Estado do Maranhão sobre conservar na sua liberdade aos indígenas Pedro, Ignês e Germano [sic] e Cia. [2 fev. 1729]". ABN, v. 67, 1948, p. 228-30, 250-1; "Despacho do Conselho Ultramarino para o procurador da Coroa, em que informa da resposta à carta do Governador do Maranhão, sobre a conservação da liberdade de Pedro, Inês e Germana, naturais dos sertões do rio das Amazonas e moradores da vila de Santo Antônio de Alcântara [ant. 18 jan. 1727], que apresenta como anexo a Certidão de Justificação do missionário carmelita Frei Timóteo de Santa Bárbara [6 jun. 1726]", AHU, Avulsos do Maranhão, cx. 15, doc. 1551; Termo da Junta das Missões [27 fev. 1726], Códice 10, APEP, s. p. Cf. Termo da Junta das Missões [24 maio 1738] (Wojtalewicz, 1993, p. 96); Termo da Junta das Missões [17 jun. 1739], Códice 23, APEP, s. p.; Termo da Junta das Missões [6 ago. 1739], Códice 1, APEM, f. 4v-5v; "Auto da índia Francisca acerca de um auto de liberdade [11 ago. 1739-23 abr. 1740]", BNP, Coleção Pombalina, Códice 642, f. 99-142; Termos da Junta das Missões [27 ago. 1751; 15 abr. 1752], Códice 1, APEM, f. 22-22v, 26-27v;

Termo da Junta das Missões [11 mar. 1752], Códice 1, APEM, f. 25v-26; Termo da Junta das Missões [15 abr. 1752], Códice 1, APEM, f. 26-27v.

83 Cinco demandas registradas no Termo da Junta das Missões [26 fev. 1751] (Wojtalewicz, 1993, p. 166-7). Duas demandas registradas no Termo da Junta das Missões [20 maio 1752], Códice 1, APEM, f. 28v-29v e em "Auto (treslado) do mameluco Xavier, servo do provedor-mor da Fazenda Real da capitania do Maranhão, Faustino da Fonseca Freire de Melo, acerca de um auto de liberdade [19 fev. 1753]", AHU, Avulsos do Maranhão, cx. 32, doc. 3299. Termo da Junta das Missões [12 out. 1754], Códice 1, APEM, f. 49-50.

84 Três demandas apreciadas em reuniões registradas nos seguintes termos: Termo da Junta das Missões [27 fev. 1726] Códice 10, APEP, s. p.; Termo da Junta das Missões [13 jul. 1726], Códice 10, APEP, s. p.; Termo da Junta das Missões [10 out. 1749] (Wojtalewicz, 1993, p. 160-1).

85 Termo da Junta das Missões [13 jul. 1726], Códice 10, APEP, s. p.

86 A pequena Germana era originária de aldeia nas margens do rio Solimões, como vimos no capítulo 1.

87 Aldeamento jesuítico situado nas "aldeias de cima até a região das ilhas e dos furos" (Vila do Conde), em 1757. Informações contidas no apêndice "Aldeias missionárias existentes no Estado até 1758" (Bombardi, 2014, p. 165). Termo da Junta das Missões [21 jun. 1751] (Wojtalewicz, 1993, p. 168-70).

88 Aldeamento carmelita situado no rio Negro, futura Barcelos. Lá conviveram os povos Manao, Baré, Baniwa, Passé. Informações contidas no apêndice "Aldeias missionárias existentes no Estado até 1758" (Bombardi, 2014, p. 165). Termos da Junta das Missões [5 out. 1754; 12 out. 1754], Códice 1, APEM, f. 48-49, 49-50.

89 Na seção "Referências", especifiquei a documentação manuscrita e impressa, bem como indiquei as fontes que foram transcritas por outros pesquisadores, ainda que, em alguns casos, desconheça a identidade deles.

90 Trata-se de dados muito difíceis de trabalhar. Por isso, procuro atenuar os enganos, pois o erro ou a incongruência poderiam se expressar no fim do nome; por exemplo, "Francisca" poderia ser Francisco. Porém, como geralmente o nome vem acompanhado de indicação de classificação social — a "índia" Francisca — a probabilidade de erro diminui. Dados associados às outras flexões de gênero contidas nas causas, como "declaradas livres", "sentenciadas como forras" e assim por diante, por exemplo, reforçam determinada indicação de gênero, diminuindo a margem de erro. Como veremos na seção "Mulheres", os sujeitos sobre os quais pairou dúvida a respeito do gênero não foram contabilizados nos cálculos de mulheres e de homens.

91 Salvo engano, a única especificação que temos é de Germana, que teria de quatro para cinco anos quando foi retirada do sertão e conduzida para São Luís, onde serviria como escrava. Essa informação advém de cruzamento de documentos, e não da ata das Juntas. "Carta Régia [D. João V] para o Governador do Estado do Maranhão sobre conservar na sua liberdade aos índios Pedro, Ignês e Germano [sic] e Cia. [2 fev. 1729]", ABN, v. 67, 1948, p. 228-30, 250-1; "Despacho do Conselho Ultramarino para o procurador da Coroa, em que informa da resposta à carta do Governador do Maranhão, sobre a conservação da liberdade de Pedro, Inês e Germana, naturais dos sertões do rio das Amazonas e moradores da vila de Santo Antônio de Alcântara [ant. 18/1/1727], que apresenta como anexo a Certidão de Justificação do missionário carmelita Frei Timóteo de Santa Bárbara [6 jun. /1726]", AHU, Avulsos do Maranhão, cx. 15, doc. 1551.

92 Trata-se do "pequeno Pedro", nosso conhecido da "Introdução", irmão da indígena Inês. "Carta Régia [D. João V] para o Governador do Estado do Maranhão sobre conservar na sua liberdade aos índios Pedro, Ignês e Germano [sic] e Cia. [2 fev. 1729]", ABN, v. 67, 1948, p. 228-30, 250-1; "Despacho do Conselho Ultramarino para o procurador da Coroa, em que informa da resposta à carta do Governador do Maranhão, sobre a conservação da liberdade de Pedro, Inês e Germana, naturais dos sertões do rio das Amazonas e moradores da vila de Santo Antônio de Alcântara [ant. 18 jan. 1727], que apresenta como anexo a Certidão de Justificação do missionário carmelita Frei Timóteo de Santa Bárbara [6 jun. 1726]", AHU, Avulsos do Maranhão, cx. 15, doc. 1551.

93 "Provisão Régia (cópia) do rei D. João V, para o governador e capitão-general do Maranhão, Alexandre de Souza Freire, sobre o registro, na Junta das Missões, da liberdade das índias de Manuel Gaspar Neves [22 fev. 1729]", AHU, Avulsos do Maranhão, cx. 17, doc. 1724.

94 Termo da Junta das Missões [17 abr. 1751] (Wojtalewicz, 1993, p. 167-8).

95 Termo da Junta das Missões [28 jun. 1755], Códice 1, APEM, f. 53-54v.

96 Termos da Junta das Missões [27 ago. 1751; 15 abr. 1752], Códice 1, APEM, f. 22-22v, 26-27v.

97 Em pesquisa futura, pretendo investigar esses indígenas citadinos, seus estatutos jurídicos e categorias laborais. Tomo como referência o estudo magistral do historiador Valenzuela Márquez (2014).

98 "Carta de Francisco Xavier de Mendonça Furtado [8 nov. 1752]" (Mendonça, 2005, v. 1, p. 352-8).

99 A importância dessas redes para a elaboração das demandas foi registrada no artigo inaugural de Sweet (1987). Outro capítulo do mesmo livro também revela a importância das redes de apoio — tecidas nos interstícios das sociedades escravistas por trabalhadores que pretendiam melhorar suas condições de vida nas áreas colonizadas —, bem como desenha, por outro lado, as redes dos senhores e os limites de ação dos sujeitos subalternizados na Nova Espanha escravista: Alberro (1987).

100 Há ao menos uma menção explícita às "pessas ladinas", no seguinte documento: Termo da Junta das Missões [17 jun. 1739], Códice 23, APEP, s. p. E anteriormente indiquei a presença nos tribunais de indígenas filhos e netos de nativos dos sertões.

101 A demanda da indígena data de 1714, e ela afirmou que fora trazida para Belém no governo de Pedro César de Meneses (1671-1678). "Carta Régia [D. João V] para o governador geral do Estado do Maranhão [Christóvão da Costa Freire] em que se lhe ordena deffira na forma das ordens de Sua Magestade ao Requerimento da India Angela de Jezus a respeito da liberdade que pede", ABN, v. 67, 1948, p. 120-1.

102 "Auto da índia Francisca acerca de um auto de liberdade [11 ago. 1739-23 abr. 1740]", BNP, Coleção Pombalina, Códice 642, f. 99-142.

103 Conforme demonstrei no capítulo 1, seção "Miseráveis em direito e procurador dos índios: a categoria jurídica dos indígenas e seus representantes nos tribunais".

104 Como veremos no capítulo 3, seção "Despachos e sentenças".

105 Podemos verificar a conta dos gastos de um processo por liberdade no fólio 130 do: "Auto da índia Francisca acerca de um auto de liberdade [11 ago. 1739-23 abr. 1740]", BNP, Coleção Pombalina, Códice 642, f. 99-142.

106 Cf. a seção "Miseráveis em direito e procurador dos índios: a categoria jurídica dos indígenas e seus representantes nos tribunais", no capítulo 1.

107 Em cinco casos, 3,12% das demandas, os documentos estão corroídos ou apresentam dificuldades de leitura justamente no pedido indígena.

108 Termos da Junta das Missões [7 set. 1737; 24 set. 1738] (Wojtalewicz, 1993, p. 85, 104-5); Termo da Junta das Missões [11 mar. 1752], Códice 1, APEM, f. 25v-26; Termo da Junta das Missões [5 fev. 1757], Códice 1, APEM, f. 69.

109 Trata-se de dezesseis casos, dos quais destaco: Termo da Junta das Missões [6 mar. 1745] (Wojtalewicz, 1993, p. 146-7); Termo da Junta das Missões [14 dez. 1753], Códice 1, APEM, f. 47v-48; Termo da Junta das Missões [8 abr. 1758], Códice 1, APEM, f. 86-86v.

110 São três casos: Termos da Junta das Missões [7 set. 1737; 21 jun. 1738] (Wojtalewicz, 1993, p. 85, 100); AHU, Avulsos do Pará, cx. 21, doc. 1979; Termo da Junta das Missões [29 maio 1756], Códice 1, APEM, f. 63v-64; Termos da Junta das Missões [7 ago. 1756; 19 fev. 1757], Códice 1, APEM, f. 64-65, 69v.

111 Dezesseis casos. Destaco: Termo da Junta das Missões [29 jun. 1752] (Wojtalewicz, 1993, p. 173-4); Termos da Junta das Missões [15 abr. 1758; 7 abr. 1759; 30 ago. 1760], Códice 1, APEM, f. 87-87v, 88v-89, 90v-91v.

112 Doze casos. Por exemplo: dois casos no Termo da Junta das Missões [5 fev. 1757], Códice 1, APEM, f. 69; Termos da Junta das Missões [5 fev. 1757; 19 fev. 1757], Códice 1, APEM, f. 69v; Termo da Junta das Missões [23 jun. 1757] (Wojtalewicz, 1993, p. 182-3).

113 Na reunião de 6 de março de 1747, por exemplo, foram apreciadas cinco demandas, relacionadas a pelo menos doze trabalhadores escravizados. Termo de Junta das Missões [6 mar. 1747] (Wojtalewicz, 1993, p. 146-7).

114 Termo da Junta das Missões [27 fev. 1726], Códice 10, APEP, s. p.

115 Termos da Junta das Missões [28 jul. 1753; 22 set. 1753; 14 dez. 1753; 5 out. 1754], Códice 1, APEM, f. 40-41, 46-47, 47v-48, 48-49. Foi o caso também do "índio" Theodósio: Termos da Junta das Missões [4 ago. 1752; 18 ago. 1752; 18 ago. 1753], Códice 1, APEM, f. 41-43v, 44v-45.

116 Termo da Junta das Missões [25 out. 1755], Códice 1, APEM, f. 57v-58v. Explorarei a associação entre moradia e trabalho no próximo capítulo.

117 Termo da Junta das Missões [27 fev. 1726], Códice 10, APEP, s. p.

118 "Carta de Francisco Xavier de Mendonça Furtado [8 nov. 1752]" (Mendonça, 2005, v. 1, p. 352-8).

119 Termos da Junta das Missões [3 out. 1752; 4 ago. 1753], Códice 1, APEM, f. 39v-40, 41-43v.

120 Termos da Junta das Missões [17 maio 1738; 31 maio 1738] (Wojtalewicz, 1993, p. 95-6, 97-9).

121 Termo da Junta das Missões [12 out. 1754], Códice 1, APEM, f. 49-50.

122 Termo da Junta das Missões [10 maio 1738] (Wojtalewicz, 1993, p. 94-5).

123 Termo da Junta das Missões [10 maio 1738] (Wojtalewicz, 1993, p. 94-5).

124 Ainda não há pesquisas que demonstrem a possibilidade de deixar de ser explorado como trabalhador para além da saída do espaço colonial.

125 Termos da Junta das Missões [11 jul. 1726; 13 jul. 1726], Códice 10, APEP, s. p.

126 Destaquei as acepções diretamente relacionadas a cativeiro (Bluteau, 1712-1728, v. 5, p. 112-3).

127 "Auto (treslado) do mameluco Xavier, servo do provedor-mor da Fazenda Real da capitania do Maranhão, Faustino da Fonseca Freire de Melo, acerca de um auto de liberdade [19 fev. 1753]", AHU, Avulsos do Maranhão, cx. 32, doc. 3299.

128 Termos da Junta das Missões [17 maio 1738; 31 maio 1738] (Wojtalewicz, 1993, p. 95-9).

129 Termo da Junta das Missões [24 maio 1738] (Wojtalewicz, 1993, p. 96).

130 Entre outros, Termo da Junta das Missões [15 abr. 1752], Códice 1, APEM, f. 26-27v.

131 Termo da Junta das Missões [11 jul. 1726], Códice 10, APEP, s. p.; Termo da Junta das Missões [26 fev. 1751] (Wojtalewicz, 1993, p. 166-7); Termo da Junta das Missões [27 ago. 1751], Códice 1, APEM, f. 22-22v.

132 Termo da Junta das Missões [16 set. 1748], Códice 1, APEM, f. 17-17v.

133 Termo da Junta das Missões [21 fev. 1752] (Wojtalewicz, 1993, p. 172-3).

134 Termos da Junta das Missões [12 out. 1754; 6 abr. 1758], Códice 1, APEM, f. 49-50, 85v-86.

135 Termo da Junta das Missões [26 fev. 1751] (Wojtalewicz, 1993, p. 166-7).

136 Termos da Junta das Missões [11 ago. 1753; 18 ago. 1753; 1 set. 1753], Códice 1, APEM, f. 44-44v, 44v-45, 45v-46.

137 Termos da Junta das Missões [22 mar. 1755; 28 jun. 1755], Códice 1, APEM, f. 52v-53, 53-54v.

138 "Carta Régia [D. João V] para o Governador do Estado do Maranhão sobre conservar na sua liberdade aos índios Pedro, Ignês e Germano [sic] e Cia. [2 fev. 1729]", ABN, v. 67, 1948, p. 228-30, 250-1.

139 Conforme vimos na seção "'Livres por nascimento' e 'injustamente cativados': legislação indigenista nas demandas indígenas por liberdade", no capítulo 1.

140 Termo da Junta das Missões [11 jul. 1726], Códice 10, APEP, s. p.; Termo da Junta das Missões [28 jul. 1753], Códice 1, APEM, f. 40-41.

141 "Provisão Régia (cópia) do rei D. João V, para o governador e capitão-general do Maranhão, Alexandre de Souza Freire, sobre o registro, na Junta das Missões, da liberdade das índias de Manuel Gaspar Neves [22 fev. 1729]", AHU, Avulsos do Maranhão, cx. 17, doc. 1724.

142 Termo da Junta das Missões [15 abr. 1749] (Wojtalewicz, 1993, p. 157-8).

143 Termo da Junta das Missões [18 dez. 1751], Códice 1, APEM, f. 23v-24; Termos da Junta das Missões [5 fev. 1752; 15 abr. 1752; 17 maio 1752; 20 maio 1752], Códice 1, APEM, f. 24v-25, 26-27v, 28v-29v, 31-32v; Termos da Junta das Missões [11 mar. 1752; 15 abr. 1752], Códice 1, APEM, f. 25v-26, 26-27v.

144 Termo da Junta das Missões [12 out. 1754], Códice 1, APEM, f. 49-50.

145 "Carta Régia [D. João V] para o governador geral do Estado do Maranhão [Christóvão da Costa Freire] em que se lhe ordena deffira na forma das ordens de Sua Magestade ao Requerimento da India Angela de Jezus a respeito da liberdade que pede [22 fev. 1714]", ABN, v. 67, 1948, p. 120-1.

146 Termos da Junta das Missões [11 ago. 1753; 18 ago. 1753; 1 set. 1753], Códice 1, APEM, f. 44-44v, 44v-45, 45v-46.

147 "Carta Régia [D. Pedro II] para o governador geral do Estado do Maranhão [João Velasco de Molina] sobre mandar pôr na sua liberdade a India Hilaria, viúva do Principal Jerônimo Gigaquara. [11 maio 1706]", ABN, v. 66, 1948, p. 278-9.

148 O próximo capítulo é dedicado aos significados da liberdade jurídica e de suas diferenças em relação à liberdade de trabalho.

149 Digo isso pois o número de demandas indígenas por liberdade foi, como vimos, muito pequeno. Esse ponto será mais bem discutido no próximo capítulo.

150 Como concluímos em outra oportunidade (Bombardi & Prado, 2016, p. 196).

151 Seria interessante explorar também os libertos em testamento, o que deixarei para outra oportunidade. Até lá, recomendo a leitura de Ferreira (2017). E para São Paulo colonial, recomendo a leitura do livro clássico de Monteiro (1994b), sobretudo o capítulo 7, "Os anos finais da escravidão indígena".

152 Os dados e parte dos argumentos desta seção foram apresentados no 13th Women's Worlds Congress / Seminário Internacional Fazendo Gênero 11, Florianópolis, jul./ago. 2017.

153 A fazenda de Jaguarari foi estabelecida na margem direita do rio Moju, nas proximidades de sua confluência com o rio Acará, no baixo Tocantins. Os dois seguem juntos com o nome deste último, mais volumoso. O rio Acará, por sua vez, deságua na baía do Guajará, cujas águas banham a cidade de Belém. Trata-se de uma região identificada, sobretudo, com a produção agrícola.

154 Almir Diniz de Carvalho Júnior nos diz que: "Seja qual fosse o núcleo colonial — aldeia missionária, pequena vila ou cidade, a 'farinha de pau', produto da mandioca, era essencial para a manutenção da vida. Por outro lado, os panos de algodão eram também peças fundamentais no circuito das trocas na colônia" (Carvalho Júnior, 2013, p. 91-2).

155 O governador do Estado do Maranhão, Alexandre de Souza Freire, escreveu carta ao rei arrolando as propriedades de diversas ordens — dos jesuítas, dos franciscanos, dos mercedários — com o intuito de demonstrar a produtividade de cada fazenda e, em consequência, apontar para a necessidade de os religiosos pagarem, corretamente, os dízimos à Fazenda Real. A partir desse documento podemos acessar a diversidade de gêneros agrícolas cultivados na fazenda de Jaguarari, bem como extraídos no sertão a partir daquele sítio. Como veremos, a propriedade foi de posse dos jesuítas. "Carta do governador do Estado do Maranhão [Alexandre de Souza Freire] ao rei D. João V [2 fev. 1732]", AHU, Avulsos do Pará, cx. 13, doc. 1223.

156 Bettendorff afirma que a doação fora realizada "em tempo do padre Francisco Veloso", que seria os anos de 1663 até 1668. Raimundo Moreira das Neves Neto consultou os documentos "Doação q fez Bernardo P.ra Serraõ a este Coll.o da faz.da de Sagararí. Autto de posse" e "Cartas de datas e doação de Jagoarî", no cartório jesuítico (no ANTT) e verificou que o instrumento de doação da fazenda data de 1667 (Neves Neto, 2012, p. 48).

157 Designo como "índios", termo amplamente presente na documentação escrita, os nativos de diversos grupos e procedências geográficas introduzidos ou nascidos nas áreas de colonização portuguesa. As fontes permitem-nos dizer que eram denominados dessa forma pelos colonos e religiosos, apesar de não ser possível assegurar que os indígenas se reconhecessem e se identificassem como tais. Porém, sendo parcas as referências a seus grupos de origem — como vimos anteriormente —, podemos dizer que prevaleceu a identificação genérica de "índios" aos colonos e que ela foi mobilizada pelos nativos. Tratei mais desse ponto na "Introdução" do livro.

158 No capítulo 3, veremos que a petição coletiva foi uma das estratégias adotadas pelos litigantes na tentativa de obterem sucesso nos pleitos. Dessa forma, trabalhadores escravizados articulavam-se para mover demandas conjuntas contra um mesmo senhor.

159 Termo da Junta das Missões [10 out. 1749] (Wojtalewicz, 1993, p. 160-1).

160 "Carta do governador do Estado do Maranhão [Alexandre de Souza Freire] ao rei João V [2 fev. 1732]", AHU, Avulsos do Pará, cx. 13, doc. 1223.

161 Termos da Junta das Missões [3 out. 1752; 4 ago. 1753], Códice 1, APEM, f. 38v-40, 41-43v. As ouvidorias atuavam como tribunal de primeira instância das causas de liberdade. Para saber mais a respeito do percurso das petições, cf. o anexo "Percurso das demandas indígenas por liberdade na Amazônia portuguesa, 1706-1759" e a seção "Os tribunais das Juntas das Missões de São Luís do Maranhão e de Belém do Pará: instâncias de acolhimento das demandas indígenas por liberdade", do capítulo 1.

162 Termo da Junta das Missões [25 out. 1755], Códice 1, APEM, f. 57v-58v. Infelizmente, não encontrei menção aos filhos na ata da reunião seguinte, em 31 de janeiro de 1756. Seria preciso investigar se o vácuo temporal entre as reuniões (nos meses de novembro e dezembro) indica falta de regularidade das sessões ou ausência de registro.

163 Conforme as palavras da autora: "Até o presente momento de nossa investigação, de um total de 36 indicações de Processos de Liberdade, 28 envolviam mulheres e apenas 10 citavam homens; e de 29 Petições e Requerimentos dos quais encontramos referências, as mulheres apareciam em 20 deles e os homens em 9" (Mello, 2005, p. 1).

164 "Por oposição ao sexo biológico, o gênero designa as relações dos sexos construídas pela cultura e pela História. Ele designa a 'diferença dos sexos' em sua historicidade [...]" (Hirata *et al.*, 2009, p. 111). No entanto, não considero nesta pesquisa as discussões pós-estruturalistas de gênero. Para uma proposta de historicização tanto dos corpos quanto dos sexos, dissolvendo a dicotomia entre sexo e gênero, cf. Butler (2003). E, para uma genealogia do conceito, cf. o verbete "gênero" em Mazzariello & Ferreira (2015).

165 Ainda que se trate de uma questão sobre as origens, as considerações de Scott (2019, p. 66) orientam a análise: "Em lugar de procurar as origens únicas temos que conceber processos tão ligados entre si que não poderiam ser separados. É evidente que escolhemos problemas concretos para estudar e esses problemas constituem começos ou

tomadas sobre processos complexos, mas são processos que precisamos ter sempre presentes na mente".

166 Para a caracterização da noção de liberdade das mulheres, penso com Cavalcante & Sampaio (2012).

167 Opto por fazer inferências derivadas diretamente dos dados, o que significa que prefiro não tecer considerações a respeito da função social desempenhada pelos homens/pais por julgar que as informações relativas a eles são insuficientes e por não desejar sustentar uma dedução fundada em uma natural oposição dos gêneros. Desse modo, penso que há que se investigar ainda as faculdades desempenhadas pelos homens/pais, a masculinidade e a validade da configuração de uma família nuclear para os indígenas coloniais.

168 O Regimento das Missões determinava que homens indígenas de treze a cinquenta anos fossem matriculados nos livros de repartição, as crianças, os velhos e as mulheres deveriam servir nas lavouras de mandioca e algodão e na produção agrícola das drogas do sertão nos aldeamentos. Às mulheres cabia também atuar como tecelãs, artesãs e servir, eventualmente, como amas de leite e farinheiras aos moradores. "Regimento e Leis das Missões do Estado do Maranhão e Pará" (Naud, 1971. p. 228-31).

169 Refiro-me aqui ao artigo em que Camila Dias (2019) caracteriza a escravidão indígena na Amazônia colonial. Segundo a historiadora, havia um recorte particular de gênero e de geração dos trabalhadores, o que aponta para um quadro complexo e complementar de trabalho na Amazônia lusa. A pesquisadora se pergunta, ainda, se a divisão sexual do trabalho colonial seria de alguma forma uma permanência daquela organização tupi pré-colonial: mulheres e crianças responsáveis pela agricultura; homens e cativos, pela guerra e coleta. Para saber mais a respeito da divisão sexual do trabalho tupi, cf., entre outros, Fernandes (2009).

170 Termos da Junta das Missões [22 mar. 1755; 4 fev. 1756; 29 mar. 1756; 29 maio 1756; 5 mar. 1757; 15 abr. 1758], Códice 1, APEM, f. 52v-53, 60, 61-62, 63v-64, 70-70v, 87-87v.

171 Encontrei uma petição encabeçada pela "índia" Mariana contra Jerônimo de Sousa e Salvador [Baptista] que solicitava que ela e seus filhos, Agostinho e Pedro, os filhos de sua irmã Inácia, Domingas e outros, e mais sobrinhos, filhos de sua irmã Margarida, a saber, Deodata, Francisca e Teresa, fossem declarados "livres" e depositados em poder do procurador dos índios ou de outra pessoa fiável para poderem dar prosseguimento à demanda por liberdade. O despacho determinou que todos deveriam ser postos em poder do procurador dos índios ou de pessoa indicada pelo procurador. Termo da Junta das Missões [11 jul. 1726], Códice 10, APEP, s. p. É bem provável que se trate da mesma Deodata, já que em ambos os casos a mãe tem nome de Margarida e os réus do litígio são Jerônimo de Sousa e Salvador [Baptista]. Embora não tenhamos conhecimento da sentença do tribunal da Relação, a petição de Deodata revela que a "mameluca" vivenciava o cativeiro.

172 A divisão dos grupos é coetânea e está presente na documentação. Nas fontes, encontrei 38 "mamelucas/os", 29 "cafuzas/os", 2 "mulatas/os" e 1 "mestiço" (que também foi chamado de "cafuzo"; vide nota seguinte). Veremos que tal discriminação pode se mostrar menos precisa do que desejaríamos. O total foi obtido pela soma dos diretamente referenciados dessas formas e daqueles que consegui determinar por inferência, nos supracitados pedidos por extensão. Os termos "cafuzas/os" e "mulatas/os" só aparecem a partir da década de 1750.

173 Refiro-me aos sujeitos designados nas fontes como mamelucos, cafuzos e mulatos. Utilizo o termo "mestiço" com cautela, pois aparece apenas uma vez nas fontes, e de uma maneira funcional, para englobar os supracitados grupos. O termo "mestiço" aparece no caso de Bento. Em 1754, ele é registrado como "cafuzo Bento" e, em 1759, como "mestiço Bento", nos seguintes termos: Termos da Junta das Missões [7 dez. 1754; 7 abr. 1759], Códice 1, APEM, f. 50-51v, 88v-89.

174 "Lei porque Vossa Majestade [José I] há por bem restituir aos índios do Grão-Pará e Maranhão a liberdade de suas pessoas, bens e comércio na forma que nela se declara [6 jun. 1755]" (Naud, 1971, p. 256-61).

175 "Lei porque Vossa Majestade [José I] há por bem restituir aos índios do Grão-Pará e Maranhão a liberdade de suas pessoas, bens e comércio na forma que nela se declara [6 jun. 1755]" (Naud, 1971, p. 256-61).

176 Os três casos foram apreciados na mesma reunião de Junta: Termo da Junta das Missões [6 abr. 1758], Códice 1, APEM, f. 85v-86. Vale acrescentar que a contenda de Domingas já durava quatro anos e somente depois do registro da lei de 1755 nas atas da Junta de São Luís ela obteve despacho favorável.

177 Essa observação partilha de considerações presentes em Resende & Langfur (2008. p. 103).

178 Termo da Junta das Missões [24 dez. 1757] (Wojtalewicz, 1993, p. 183). É necessário investigar, em primeiro lugar, se existia uma Olinda no Estado do Grão-Pará e Maranhão ou se era a Olinda da capitania de Pernambuco. Caso a resposta afirme que se tratava da cidade mais a leste, seria interessante entender os caminhos que fizeram com que um trabalhador escravizado daquela localidade procurasse o tribunal de Belém na capitania do Pará.

179 Termos da Junta das Missões [6 abr. 1758; 15 abr. 1758; 7 abr. 1759; 9 out. 1759; 20 set. 1760; 29 ago. 1761], Códice 1, APEM, f. 85v-86, 87-87v, 88v-89, 89v-90, 92-92v, 94-95. O extrapolamento do recorte temporal desta pesquisa justifica-se para podermos acompanhar o fim do processo. Há outros casos nesta seção que extravasam tal recorte, mas foram, ainda assim, utilizados por comporem o mesmo quadro da disputa pela liberdade na Amazônia portuguesa de meados do século XVIII.

180 Termo da Junta das Missões [15 abr. 1752], Códice 1, APEM, f. 26-27v.

181 Termos da Junta das Missões [8 jan. 1762; 25 jan. 1762; 6 set. 1768], Códice 1, APEM, f. 95-96, 96-97, 99-100. Vale dizer que, no capítulo 3, adiante, investigaremos os variados despachos dos tribunais.

182 Termos da Junta das Missões [21 fev. 1752; 11 fev. 1754] (Wojtalewicz, 1993, p. 172-3, 175-6).

183 Termo da Junta das Missões [30 ago. 1760], Códice 1, APEM, f. 90v-91v.

184 Termo da Junta das Missões [23 jun. 1757] (Wojtalewicz, 1993, p. 182-3).

185 Termo da Junta das Missões [29 ago. 1761], Códice 1, APEM, f. 94-95.

186 Designo os indígenas que viviam em aldeamentos por "aldeados", por ser a maneira mais descritiva que se encontra na documentação. As demais são os termos "forro" e "livre". Essas últimas poderiam carregar outros significados, como vimos anteriormente.

187 Não foi possível identificar os ocupantes do cargo de procurador neste momento na capitania do Pará. Investiguei, no capítulo 1, a atuação dos procuradores dos índios no Estado do Maranhão. Vale a pena conferir também uma cronologia desses procuradores no apêndice "Procuradores dos índios na Amazônia portuguesa, 1706-1759".

188 Mortigura (atual Vila do Conde, distrito de Barcarena, no Pará) era uma aldeia assentada no baixo rio Tocantins, a 88 km de distância de Belém. Seus indígenas aldeados encarregavam-se sobretudo da recolha de cacau no rio Madeira, da fabricação de canoas, da extração de "azeite" e do corte de madeira. Tratava-se de um estabelecimento vizinho a outras aldeias administradas pelos jesuítas, como a de Ibirayuba e Sumaúma (atual vila de Beja, distrito de Abaetetuba, no Pará), e próximo das fazendas de Gibirié (atual Barcarena Velha) e Jaguarari. Os dados atinentes às atividades desenvolvidas na aldeia foram inferidos com base na "Carta do governador do Estado do Maranhão [Alexandre de Souza Freire] ao rei João V [2 fev. 1732]", AHU, Avulsos do Pará, cx. 13, doc. 1223. Já as informações de localização foram retiradas de detalhe do mapa "Província Quitensis, 1751" (*Archivum Romanum Societatis Iesu*), reproduzido em Martins (2009, p. 396).

189 A questão dos maus-tratos dispensados aos escravizados foi significativamente discutida a partir do final do século XVII e ao longo do século seguinte. Tanto a Igreja quanto o Estado incumbiram-se de normatizar o tratamento que senhores deveriam dispensar a seus escravos, tocando no âmbito privado das relações escravistas. Cf. Zeron (2011b, p. 323-56). No capítulo 3, investigaremos a utilização e a eficácia do argumento dos maus-tratos especificamente nos pleitos de trabalhadores escravizados indígenas, considerando que a bibliografia concentrou-se na regulamentação do tratamento dispensado aos africanos em cativeiro. Pelo que tudo indica, a denúncia de sevícias e crueldades praticadas pelos senhores contra seus cativos atuava como reforço de argumento dos litigantes.

190 Termo da Junta das Missões [21 jun. 1751] (Wojtalewicz, 1993, p. 168-70).

191 "Regimento e Leis das Missões do Estado do Maranhão e Pará" (Naud, 1971. p. 228-31).

192 Doze casos, ou seja, 7,5% das demandas desta pesquisa, envolvem explicitamente pedidos de indígenas aldeados. Trata-se de ao menos treze sujeitos, o que corresponde a 3,93% dos litigantes. É provável que um número maior de aldeados cativados de maneira ilícita tenha recorrido aos tribunais para reverter sua condição, visto que na grande maioria dos pleitos não temos tantas informações a respeito dos litigantes. Por outro lado, penso que o baixo número de aldeados escravizados, em comparação com os demais grupos, talvez tenha ligação com as penas relativamente sérias para os colonos que escravizassem indígenas das aldeias.

193 O padre Antônio Vieira, em 1658, já demostrara preocupação com o matrimônio de indígenas livres com escravizados. Em suas direções, ele escreveu que "debaixo do nome de matrimônio vêm estes casamentos a ser uma das espécies de cativar, que neste Estado se usa" (Vieira, 1983, p. 201) e aconselhou vigilância sobre esse tipo de concordata. E também de maneira mais descritiva: "E pois tocamos esta matéria dos casamentos, é de saber que um dos modos ou instrumentos de cativar que nestas partes se usam, é o sacramento do matrimónio, casando os Portugueses os índios forros com as escravas e metendo-os por esta via em suas casas, e servindo-se deles como de cativos, sem lhes pagarem" (Vieira, 1951, p. 51).

194 O documento está corroído justamente nessa parte. Contudo é provável que os deputados também tenham se pronunciado em relação ao descumprimento do período de concessão das indígenas. Termo da Junta das Missões [6 ago. 1722], Códice 10, APEP, s. p. A provisão régia mencionada na reunião é a seguinte: "Provisão Régia [para o governador do Maranhão, Bernardo Pereira de Berredo] para informar acerca de se guardar a lei que trata da forma que se há de observar nas índias que chamam de leite [17 jan. 1722]", ABN, v. 67, 1948, p. 184-5. As seguintes provisões régias tratam dessa mesma matéria e apontam o constante desrespeito às normas — em especial ao Regimento das Missões, que determinava como se deveria proceder sobre essa

matéria e que é sempre rememorado na documentação posterior —
e a consequente tentativa de cercear esses desvios: "Provisão Régia
[para o capitão-general do Estado do Maranhão, Christóvão da Costa
Freire] em que se manda observar inviolavelmente a lei que é para se
não tirarem índias das aldeias a título de amas de leite [10 jul. 1716]",
ABN, v. 67, 1948, p. 139-40; "Provisão Régia [para o governador do
Maranhão, Bernardo Pereira de Berredo] sobre o fazer-se observar a
lei acerca das índias de leite [9 out. 1719]", ABN, v. 67, 1948. p. 169-70.
E esta última, posterior ao que trabalhamos, indica a continuidade
da sobredita irregularidade: "Provisão Régia [para o capitão-mor do
Pará, Manoel de Madureira Lobo] em que se lhe diz observe o Regimento na repartição dos índios [5 fev. 1723]", ABN, v. 67, 1948, p. 191.
Por fim, é de notar que, no Regimento das Missões, as "índias de leite"
poderão ser concedidas aos "moradores"; já na provisão régia de 9 de
outubro de 1719 elas podem ser distribuídas entre os "cidadãos, e outra
gente do povo", enquanto essa resolução das Juntas restringe a concessão das amas de leite aos "nobres". "Regimento e Leis das Missões
do Estado do Maranhão e Pará" (Naud, 1971, p. 228-31).

195 Termo da Junta das Missões [6 ago. 1722], Códice 10, APEP, s. p. A
provisão a que se faz menção na reunião parece ter sido esta: "Provisão Régia [para o governador do Maranhão, Bernardo Pereira de
Berredo] para que faça observar a lei de oito de abril de 1688 sobre
o resgate dos índios, e sua repartição, e que tendo sobre ela alguma
dúvida a aponte [11 jan. 1721]", ABN, v. 67, 1948, p. 177.

196 Termo da Junta das Missões [28 set. 1737] (Wojtalewicz, 1993, p. 85-6).

197 "Regimento e Leis das Missões do Estado do Maranhão e Pará"
(Naud, 1971, p. 228-31).

198 Os mercedários estabeleceram Missões nos rios Urubu e Uatumã,
afluentes do Amazonas pela margem esquerda, abaixo do rio Negro.
Não sei ao certo a localização dessa aldeia no rio Urubu. Todavia,
tenho notícia de que o aldeamento de Saracá (futura vila de Sil-
ves, que compõe o atual município de Itacoatiara, Amazonas) era
administrado pela Ordem das Mercês e foi estabelecido entre os
rios Uatumã e Urubu (Sousa, 2012, p. 12). Como também explicita
o apêndice A de Bombardi (2014, p. 157-68).

199 Termos da Junta das Missões [17 maio 1738; 31 maio 1738] (Wojta-lewicz, 1993, p. 95-9).

200 A multiplicidade de categorias e o trânsito entre elas eram bastante comuns também na vila de Curitiba, como verificou Liliam Brighente: "Diante disto, recoloca-se a questão que se propôs nesta dissertação, a saber, qual a condição jurídica do indígena no período colonial, especialmente na primeira metade do século XVIII? Muitas: há escravos, administrados, agregados, bastardos, e até mesmo livres, sem prejuízo dos que transitam por mais de uma condição como os acima mencionados" (Brighente, 2012, p. 125).

3. Livres para "uzar de sua liberdade": índias e índios entre trabalho escravo e trabalho livre compulsório

1 Esse termo não se encontra nas fontes. No entanto, lanço mão dele por seu caráter descritivo.

2 Como veremos adiante, eventualmente as convocações eram acompanhadas de prazos e atreladas a punições.

3 "Carta de Francisco Xavier de Mendonça Furtado [8 nov. 1752]" (Mendonça, 2005, v. 1, p. 352-8). Os colchetes são inclusões de Marcos Mendonça, compilador dos documentos.

4 Como vimos no capítulo anterior, nos pleitos de "mamelucos", "cafuzos" e "mulatos", caso os litigantes tivessem documentos que atestassem ascendência, eles deveriam ser apresentados no tribunal, conformando assim uma exceção ao protocolo de que a prova documental precisaria ser apresentada pelo senhor.

5 Como dito na apresentação deste capítulo, a próxima seção será dedicada aos despachos e às sentenças. E, na seção seguinte, confrontarei as resoluções com as expectativas dos litigantes, as quais conhecemos no capítulo 2.

6 "Carta Régia [D. Pedro II] para o governador geral do Estado do Maranhão [João Velasco de Molina] sobre se mandar pôr na sua liberdade a India Hilaria, viúva do Principal Jerônimo Gigaquara [11 maio 1706]", ABN, v. 66, 1948, p. 278-9.

7 "Carta Régia [D. João V] para o governador geral do Estado do Maranhão [Christóvão da Costa Freire] em que se lhe ordena deffira na forma das ordens de Sua Magestade ao Requerimento da India Angela de Jezus a respeito da liberdade que pede [22 fev. 1714]", ABN, v. 67, 1948, p. 120-1.

8 Tratei disso na seção "Miseráveis em direito e procurador dos índios: a categoria jurídica dos indígenas e seus representantes nos tribunais", do capítulo 1.

9 Como pode ser conferido no capítulo anterior, eles ainda alegaram ser "livres de sua naturesa" e estar há mais de sessenta anos na posse da liberdade. Termo da Junta das Missões [10 out. 1749] (Wojtalewicz, 1993, p. 160-1).

10 Conforme vimos no capítulo 1, no Estado do Maranhão e Grão-Pará não havia tribunal superior. O tribunal da Relação da Bahia não tinha jurisdição sobre a Amazônia portuguesa. Sendo assim, a Casa da Suplicação no reino era a instância de corte para os litigantes desta pesquisa. Diferentemente dos litigantes do Chile colonial, por exemplo, que avocavam suas causas à Real Audiencia em Santiago. Essa diferença administrativa entre as Coroas ibéricas decerto influencia no volume documental que possuímos para as duas áreas coloniais. Para saber mais, cf. Valenzuela Márquez (2017).

11 Cf. seção "Mulheres", do capítulo 2.

12 Tratava-se da verba testamentária de Mathias Lobatto de Oliveira. A propósito, eles foram declarados "forros e isentos de todo cativeiro e que poderiam assistir donde melhor lhes parecesse". Termo da Junta das Missões [15 abr. 1749] (Wojtalewicz, 1993, p. 157-8).

13 Termo da Junta das Missões [11 jul. 1726], Códice 10, APEP, s. p.

14   Termo da Junta das Missões [11 jul. 1726], Códice 10, APEP, s. p.

15   Outras demandas conjuntas foram as de: "mameluca" Francisca
      (filha da "índia" Joana) e seus dois irmãos, Termo da Junta das Mis-
      sões [27 fev. 1726], Códice 10, APEP, s. p.; "mameluca" Ignácia e seu
      irmão José, Termo da Junta das Missões [10 maio 1738] (Wojtale-
      wicz, 1993, p. 94-5); "índia" Teresa com seus quatro filhos e seu
      irmão, o "índio" Jacob, Termo da Junta das Missões [10 maio 1738]
      (Wojtalewicz, 1993, p. 94-5); "mameluca" Maria Ferreira, sua mãe,
      a "índia" Mônica, e seus irmãos, Susana, Camila, Maria, Ignácio, e
      ainda sua sobrinha, Luisana, Termos da Junta das Missões [17 maio
      1738; 31 maio 1738] (Wojtalewicz, 1993, p. 95-6, 97-9).

16   Termo da Junta das Missões [6 mar. 1747] (Wojtalewicz, 1993, p. 146-7).

17   Termo da Junta das Missões [13 mar. 1747] (Wojtalewicz, 1993, p. 147).

18   Termo da Junta das Missões [6 mar. 1747] (Wojtalewicz, 1993, p. 146-7).
      Foi o caso também de Apolinário, Francisco, Feliciano, Amaro,
      Estevão e Maria — nossos conhecidos do capítulo anterior —, que
      moveram demanda contra os padres da Companhia de Jesus, admi-
      nistradores da fazenda de Jaguarari. Termo da Junta das Missões
      [10 out. 1749] (Wojtalewicz, 1993, p. 160-1).

19   "Carta Régia [D. Pedro II] para o governador geral do Estado do
      Maranhão [João Velasco de Molina] sobre se mandar pôr na sua
      liberdade a India Hilaria, viúva do Principal Jerônimo Gigaquara.
      [11 maio 1706]", ABN, v. 66, 1948, p. 278-9. "Carta Régia [D. João V]
      para o governador geral do Estado do Maranhão [Christóvão da
      Costa Freire] em que se lhe ordena deffira na forma das ordens de
      Sua Magestade ao Requerimento da India Angela de Jezus a respeito
      da liberdade que pede", ABN, v. 67, 1948, p. 120-1.

20   Termo da Junta das Missões [2 fev. 1726], Códice 10, APEP, s. p.

21   Termo da Junta das Missões [18 dez. 1751], Códice 1, APEM, f. 23v-24.

22   Tratava-se de reforços de argumento nos pleitos de liberdade indí-
      gena. Diferentemente das demandas de trabalhadores escravizados

negros contra sevícias citadas no *Dicionário da escravidão e liberdade*, onde podemos ler que a "Coroa preocupava-se com os castigos então considerados excessivos, recomendando que fossem vendidos os escravos desumanamente humilhados. Tais castigos exagerados geraram demandas de escravos contra sevícias especialmente cruéis. Não era incomum que, nessas situações, os reclamantes questionassem não o castigo em si, e sim sua severidade, demandando que fossem vendidos mas nem sempre libertados" (Grinberg, 2018, p. 146).

23 Termos da Junta das Missões [11 ago. 1753; 18 ago. 1753; 1 set. 1753], Códice 1, APEM, f. 44-44v, 44v-45, 45v-46.

24 Conforme expus no capítulo 1, seção "Miseráveis em direito e procurador dos índios: a categoria jurídica dos indígenas e seus representantes nos tribunais", particularmente na nota 70.

25 Termo da Junta das Missões [16 set. 1748], Códice 1, APEM, f. 17v.

26 Entre outros, cf. Zeron (2011b, p. 323-56).

27 Nesses casos, contabilizei apenas os sujeitos denunciados e tornados réus, não a ordem como um todo; e, quando a identificação é genérica, como "padres da Companhia do Maranhão", "religiosos mercedários", somei dois como valor mínimo, tal qual fiz com os litigantes (vide capítulo anterior). As expressões citadas estão contidas nos seguintes documentos: "Carta de Francisco Xavier de Mendonça Furtado [8 nov. 1752]" (Mendonça, 2005, v. 1, p. 352-8); Termo da Junta das Missões [28 jun. 1755], Códice 1, APEM, f. 53-54v.

28 É possível estabelecer um paralelo com São Paulo colonial dos sertanistas e das mulheres chefes de foro. Para saber mais, entre outros trabalhos, cf. Holanda (1966).

29 Em outra oportunidade, valeria a pena explorar as similitudes e as diferenças entre a condição dos indígenas e a das mulheres no período colonial.

30 Cf. a seção "Miseráveis em direito e procurador dos índios: a categoria jurídica dos indígenas e seus representantes nos tribunais", do capítulo 1.

31 "Auto da índia Francisca acerca de um auto de liberdade [11 ago. 1739-23 abr. 1740]", BNP, Coleção Pombalina, Códice 642, f. 99-142.

32 Sua rival no tribunal, a indígena Francisca, também se valeu de um representante, o procurador dos índios Antônio de Faria e Quevedo, talvez por ser considerada miserável em direito e provavelmente para que tivesse um intermediador instruído para auxiliá-la na resolução do longo caso. Para saber mais a respeito da condição das mulheres na época moderna, cf. o capítulo 4 de Hespanha (2010, p. 101-40).

33 "Auto da índia Francisca acerca de um auto de liberdade [11 ago. 1739 - 23 abr. 1740]", BNP, Coleção Pombalina, Códice 642, f. 99-142; Termo da Junta das Missões [21 nov. 1742] (Wojtalewicz, 1993, p. 125-6).

34 Termos da Junta das Missões [21 nov. 1742; 17 abr. 1751] (Wojtalewicz, 1993, p. 167-8).

35 Termos da Junta das Missões [28 jul. 1753; 14 dez. 1754; 25 out. 1755], Códice 1, APEM, f. 40-41, 48-49, 57v-58v.

36 Termo da Junta das Missões [8 abr. 1758], Códice 1, APEM, f. 86-86v.

37 Termos da Junta das Missões [6 out. 1759; 30 ago. 1760; 25 jan. 1762; 22 abr. 1762], Códice 1, APEM, f. 89-89v, 90v-91v, 96-97, 97-97v.

38 Como é o caso do reverendo José Caetano de Figueiredo: Termos da Junta das Missões [21 jun. 1751; 21 out. 1751] (Wojtalewicz, 1993, p. 168-70, 171-2). E do padre Joseph Teixeira: Termo da Junta das Missões [13 jul. 1726], Códice 10, APEP, s. p. O padre Antônio de Almeida também é réu: Termos da Junta das Missões [7 set. 1737; 21 jun. 1738; 6 abr. 1743] (Wojtalewicz, 1993, p. 85, 100); AHU, Avulsos do Pará, cx. 21, doc. 1979; Códice 1, APEM, f. 8v-9. Há ainda referência ao padre Lopo Vaz de Siqueira: Termo da Junta das Missões [31 maio 1738] (Wojtalewicz, 1993, p. 97-9). Outro réu que encontrei foi o padre Caetano Eleuthério de Bastos: Termos da Junta das Missões [5 jun. 1756; 21 maio 1757] (Wojtalewicz, 1993, p. 176-7, 181). Gabriel Antônio de Castro Bacelar, administrador da Capela de Olinda, também é réu: Termo da Junta das Missões [24 dez. 1757] (Wojtalewicz, 1993, p. 183). E ainda padre Francisco da Veiga, subprior da Casa de

Residência da vila de Santo Antônio de Alcântara: Termo da Junta das Missões [7 abr. 1759], Códice 1, APEM, f. 88v-89.

39 Os jesuítas levados ao tribunal aparecem referenciados apenas de maneira genérica como "padres da Companhia de Jesus", "padres da Companhia do Maranhão", "superior do Colégio de Tapuitapera", "religiosos da Companhia de Jesus". As referências são as seguintes, sucessivamente: Termo da Junta das Missões [10 out. 1749] (Wojtalewicz, 1993, p. 84-185, 160-1); "Carta de Francisco Xavier de Mendonça Furtado [8 nov. 1752]" (Mendonça, 2005, v. 1, p. 352-8); Termos da Junta das Missões [27 nov. 1756; 5 fev. 1757], Códice 1, APEM, f. 67-8, 69; Termo da Junta das Missões [27 nov. 1756], Códice 1, APEM, f. 67-8; Termos da Junta das Missões [15 abr. 1758; 7 abr. 1759; 30 ago. 1760], Códice 1, APEM, f. 87-87v, 88v-89, 90v-91v.

40 O carmelita frei Timóteo de Santa Bárbara foi acusado de escravizar Inês, Pedro e Germana: "Carta Régia para o Governador do Estado do Maranhão sobre conservar na sua liberdade aos índios Pedro, Ignês e Germano [sic] e Cia. [2 fev. 1729]", ABN, v. 67, 1948, p. 228-9, 229-30, 250-1; "Despacho do Conselho Ultramarino para o procurador da Coroa, em que informa da resposta à carta do Governador do Maranhão, sobre a conservação da liberdade de Pedro, Inês e Germana, naturais dos sertões do rio das Amazonas e moradores da vila de Santo Antônio de Alcântara [ant. 18 jan. 1727], que apresenta como anexo a Certidão de Justificação do missionário carmelita Frei Timóteo de Santa Bárbara [6 jun. 1726]", AHU, Avulsos do Maranhão, cx. 15, doc. 1551. Reverendo padre prior do convento do Carmo de Tapuitapera, frei Mathias de São Boaventura também figura como réu: Termos da Junta das Missões [28 jul. 1753; 14 dez. 1753; 22 mar. 1755; 28 jun. 1755; 27 set. 1755; 4 fev. 1756; 8 maio 1756; 6 out. 1759], Códice 1, APEM, f. 67-68; Termos da Junta das Missões [15 abr. 1758; 7 abr. 1759; 30 ago. 1760], Códice 1, APEM, f. 40-41, 47v-48, 52v-53, 53-54v, 56v-57, 60, 62-63, 89-89v.

41 Os "religiosos mercedários", também eles, aparecem como réus: Termo da Junta das Missões [28 jun. 1755], Códice 1, APEM, f. 53-54v.

42 Frei Silvestre Capuchinho em litígio contra a índia Hilária. "Carta Régia [D. Pedro II] para o governador geral do Estado do Maranhão [João Velasco de Molina] sobre se mandar pôr na sua liberdade a India

Hilaria, viúva do Principal Jerônimo Gigaquara [11 maio 1706]", ABN, v. 66, 1948, p. 278-9.

43 Termo da Junta das Missões [31 maio 1738] (Wojtalewicz, 1993, p. 97-8).

44 Termos da Junta das Missões [7 set. 1737; 21 jun. 1738] (Wojtalewicz, 1993, p. 85, 100); AHU, Avulsos do Pará, cx. 21, doc. 1979.

45 De acordo com Bluteau (1712-1728, v. 6, p. 801-2), o título de provedor era atribuído a diversos magistrados em Portugal. Havia provedor das obras dos poços, provedor da misericórdia, provedor da alfândega, provedor de comarca, provedor das capelas, provedor dos mantimentos de uma armada ou exército, provedor da Casa das Índias. Nas demandas, encontramos como réus o provedor José de Souza de Azevedo e o provedor-mor da Fazenda Real da capitania do Maranhão, Faustino da Fonseca Freire de Melo. As referências documentais são as seguintes, sucessivamente: "Carta Régia [D. João V] para o governador geral do Estado do Maranhão [Christóvão da Costa Freire] em que se lhe ordena deffira na forma das ordens de Sua Magestade ao Requerimento da India Angela de Jezus a respeito da liberdade que pede", ABN, v. 67, 1948, p. 120-1; "Auto (treslado) do mameluco Xavier, servo do provedor-mor da Fazenda Real da capitania do Maranhão, Faustino da Fonseca Freire de Melo, acerca de um auto de liberdade [19 fev. 1753]", AHU, Avulsos do Maranhão, cx. 32, doc. 3299.

46 É o caso do capitão Manoel Gomes, réu em demanda de 1747: Termo da Junta das Missões [6 mar. 1747] (Wojtalewicz, 1993, p. 146-7); do capitão Manuel Afonso: Termos da Junta das Missões [20 maio 1752; 17 jun. 1752], Códice 1, APEM, f. 28v-29v, 31-32v; e também do capitão-mor José Garcês do Amaral: Termo da Junta das Missões [6 abr. 1758], Códice 1, APEM, f. 85v-86. Ainda segundo Bluteau (1712-1728, v. 2, p. 126-7; v. 2, p. 557; v. 7, p. 501-2), capitão deveria ser título das pessoas principais da terra que deveria ter a todo o tempo sua gente preparada para serviço do rei e defesa da cidade. O capitão-mor, especificamente, cuidaria de um corpo pequeno de pessoas (em comparação com uma armada grande, que deveria ser comandada por um capitão-general). Há ainda um coronel, um capitão e dois sargentos-mores. De acordo com o mesmo dicionário, coronel era um oficial de guerra, e sargento também correspon-

dia a um ofício militar. O coronel mencionado era Luís de Moraes Aguiar: Termo da Junta das Missões [6 mar. 1747] (Wojtalewicz, 1993, p. 146-7). Sargento-mor José da Mota Verdade: Termos da Junta das Missões [6 out. 1759; 30 ago. 1760; 25 jan. 1762; 22 abr. 1762], Códice 1, APEM, f. 89-89v, 90v-91v, 96-97, 97-97v. Sargento-mor João Furtado de Vasconcelos: Termo da Junta das Missões [11 fev. 1754] (Wojtalewicz, 1993, p. 175-6).

47 Tratei de escravo por condição na seção "'Livres por nascimento' e 'injustamente cativados': legislação indigenista nas demandas indígenas por liberdade", do capítulo 1, e explorarei um pouco mais esse regime de trabalho na última seção deste capítulo.

48 Segundo Graça Salgado (1985, p. 155-6), os provedores-mores das capitanias deveriam: informar-se sobre a arrecadação das rendas e direitos régios, dando conta de tudo ao rei; despachar todas as apelações e agravos oriundos dos provedores de capitanias relacionados aos feitos da Fazenda; organizar as alfândegas das capitanias; fazer devassa sobre os oficiais da Fazenda, entre outras atribuições. E, no *Dicionário da administração pública brasileira*, encontram-se mais algumas atribuições para o provedor-mor da capitania do Maranhão: "Segundo o regimento, sem data, do governador do Maranhão, Francisco Coelho de Carvalho, o provedor-mor deveria também aconselhar, junto com o ouvidor geral, o governador nas matérias não dispostas no seu regimento. Já de acordo com o regimento de André Vidal de Negreiros, de 14 de abril de 1655, ao provedor-mor caberia ainda realizar o pagamento dos oficiais de guerra da capitania do Ceará; informar ao governador sobre a gente de guerra, armas, artilharia, pólvora e munições; auxiliar o governador, junto com o ouvidor e outros oficiais, a promover a boa ordem no comércio; fazer o pagamento dos ordenados dos ministros eclesiásticos, oficiais de Justiça e Fazenda, e soldos das gentes de guerra, e estar presente, na ausência do governador, nos treinamentos dos bombardeiros. Como o provedor-mor do Estado do Brasil, o do Maranhão também contava com um escrivão" (*Dicionário da administração pública brasileira*, Memória da Administração Pública Brasileira, 2011).

49 "Auto (treslado) do mameluco Xavier, servo do provedor-mor da Fazenda Real da capitania do Maranhão, Faustino da Fonseca Freire

de Melo, acerca de um auto de liberdade [19 fev. 1753]", AHU, Avulsos do Maranhão, cx. 32, doc. 3299. A citação encontra-se nos fólios 3-4v.

50 "Auto (treslado) do mameluco Xavier, servo do provedor-mor da Fazenda Real da capitania do Maranhão, Faustino da Fonseca Freire de Melo, acerca de um auto de liberdade [19 fev. 1753]", AHU, Avulsos do Maranhão, cx. 32, doc. 3299.

51 É preciso avaliar ainda quais teriam sido os motivos que levaram o provedor a conceder tal licença. Caso a liberdade do cativo fosse o objetivo principal do documento, não seria mais fácil e rápido conceder-lhe carta de alforria? Talvez a licença tenha sido concedida, então, por despeito ou para desafiar o trabalhador escravizado que questionava seu cativeiro.

52 Termo da Junta das Missões [10 maio 1738] (Wojtalewicz, 1993, p. 94-5).

53 Termos da Junta das Missões [7 set. 1737; 24 jul. 1738; 28 jun. 1755; 29 fev. 1756; 27 nov. 1756; 28 jun. 1755; 24 set. 1738; 28 jun. 1755; 8 dez. 1755; 29 mar. 1756; 8 maio 1756] (Wojtalewicz, 1993, p. 85, 104-5); Códice 1, APEM, f. 53-54v, 58v-59, 61-62, 62-63, 67-68.

54 Termos da Junta das Missões [17 maio 1738; 31 maio 1738; 22 jun. 1739] (Wojtalewicz, 1993, p. 95-9); Códice 1, APEM, f. 5v-6.

55 Como é o caso de Miguel Rabello Mendez e André Fernandes Gavinho, respectivamente: Termos da Junta das Missões [4 ago. 1752; 18 ago 1753; 3 out. 1752; 4 ago. 1753], Códice 1, APEM, f. 41-43v, 44v-45, 39v-40, 44-44v; Termos da Junta das Missões [13 mar. 1747; 5 jun. 1756; 21 maio 1757] (Wojtalewicz, 1993, p. 147, 176-7, 181).

56 Para adensar o perfil dos senhores, seria pertinente cruzar as informações contidas nos pleitos de liberdade com outras fontes, tais como inventários, testamentos, documentação notarial e livros paroquiais. Nos limites de um mestrado, foi impossível realizar esse cruzamento de fontes. Deixarei, portanto, tal exercício para pesquisas futuras.

57 Termo da Junta das Missões [10 out. 1749] (Wojtalewicz, 1993, p. 160-1).

58 Termos da Junta das Missões [11 ago. 1753; 18 ago. 1753; 1 set. 1753],
    Códice 1, APEM, f. 44-44v, 44v-45, 45v-46.

59 Termo da Junta das Missões [1 jul. 1752], Códice 1, APEM, f. 33-33v.

60 Termo da Junta das Missões [26 fev. 1751] (Wojtalewicz, 1993, p. 166-7).

61 Termo da Junta das Missões [20 maio 1752], Códice 1, APEM, f. 28v-29v.
    Trabalharemos com essa e outras sentenças mais à frente.

62 A "índia" Catharina moveu demanda no tribunal, acusando a "índia"
    Helena de mantê-la em cativeiro apesar de não possuir registro
    de escravidão. O "índio" Severino, filho de Helena, confessou
    que realmente não tinha certificado de escravidão, e Catharina
    foi considerada livre. Termo da Junta das Missões [21 fev. 1752]
    (Wojtalewicz, 1993, p. 172-3).

63 Segundo a documentação, a índia Catharina era "livre de sua natu-
    reza" e havia sido "trazida do Certão por Manoel de Moraes Vassallo,
    este a dera a índia Helena já deffunta, e depois ficara injustamente ao
    Indio Severino sendo forra". Termo da Junta das Missões [21 fev. 1752]
    (Wojtalewicz, 1993, p. 172-3). Iríamos por um caminho analítico
    perigoso e francamente anacrônico se apontássemos incoerência
    no fato de uma família indígena escravizar uma pessoa originária,
    posto que, lembremos, "índio" é categoria generalizadora e reducio-
    nista, associada, entre outras coisas, à introdução de sujeitos nativos
    no mundo do trabalho. A "índia" Helena não teria de se identificar
    "etnicamente" com a "índia" Catharina. Ambas tinham elementos
    biográficos parecidos: eram chamadas de "índias", é provável que
    tivessem parentes no sertão ou que elas mesmas tivessem chegado
    ao espaço colonial havia pouco tempo — em especial Catharina.
    Mas suas trajetórias se separaram a ponto de uma ser dona da outra.
    Portanto, antes de qualquer coisa, como dito, trata-se de um regis-
    tro de mobilidade social indígena.

64 Embora os indígenas tenham sido considerados miseráveis em direito
    (cf. capítulo 1), não descarto a possibilidade de terem tido gastos
    com os processos. Tratei um pouco desse ponto na seção "Cativas
    litigantes: condições para o acesso indígena aos tribunais e expec-

tativas na adesão da via institucional como forma de resistência à exploração do trabalho", do capítulo 2.

65 "Auto da índia Francisca acerca de um auto de liberdade [11 ago. 1739-23 abr. 1740]", BNP, Coleção Pombalina, Códice 642, f. 99-142.

66 Termos da Junta das Missões [29 mar. 1756; 8 maio 1756; 29 maio 1756, ago. 1756, 29 jan. 1757], Códice 1, APEM, f. 61-62, 62-63, 63v-64, 65-65v, 68v.

67 A "índia" Águida Vermelho foi outra que reclamou da demora na resolução de seu caso. Termo da Junta das Missões [14 dez. 1754], Códice 1, APEM, f. 52-52v.

68 Termos da Junta das Missões [29 mar. 1756; 8 maio 1756; ? ago. 1756; 23 set. 1756], Códice 1, APEM, f. 61-62, 62-63, 65-65v, 66-67. Segundo Bluteau (1712-1728, v. 2, p. 513), contumaz, "na prática do Direyto, he aquelle, que citado trez vezes, ou huma só vez peremptoriamente, naõ apparece perante o Juiz".

69 Termos da Junta das Missões [8 jul. 1755; 27 set. 1755; 8 maio 1756], Códice 1, APEM, f. 55-56v, 56v-57, 57v-58v, 62-63.

70 Termo da Junta das Missões [20 maio 1752], Códice 1, APEM, f. 28v-29v.

71 Vide a "Introdução" e a seção "Os tribunais das Juntas das Missões de São Luís do Maranhão e de Belém do Pará: instâncias de acolhimento das demandas indígenas por liberdade", do capítulo 1.

72 Vide o anexo "Percurso das demandas indígenas por liberdade na Amazônia portuguesa, 1706-1759".

73 Como nos seguintes casos: Termos da Junta das Missões [11 mar. 1752; 15 abr. 1752], Códice 1, APEM, f. 25v-26, 26-27v; Termos da Junta das Missões [6 maio 1752; 20 maio 1752; 17 jun. 1752], Códice 1, APEM, f. 27v-28, 28v-29, 31-32v; Termos da Junta das Missões [28 jun. 1755; 8 jul. 1755], Códice 1, APEM, f. 53-54v, 55-56v.

74 Para evitar equívocos por conta de homonímia, confrontei os nomes dos indígenas com os nomes de seus senhores e o tribunal em que os casos foram apreciados, de modo a evitar a conformação de autos com sujeitos diferentes. É possível assegurar que esse processo durou 32 anos, pois ele remete a um despacho da década de 1720. Trata-se do processo da "mameluca" Deodata e seus descendentes, mais de uma vez mencionado nesta pesquisa. Na década de 1750, a sentença favorável foi garantida fazendo remissão à causa da avó da "mameluca", a "índia" Margarida. A irmã de Margarida, Mariana, havia encabeçado um pedido coletivo por liberdade em 1726; naquele momento, obteve despacho favorável. Termos da Junta das Missões [11 jul. 1726; 22 mar. 1755; 29 mar. 1755; 31 jan. 1756; 29 maio 1756; 15 abr. 1758], Códice 10, APEP, s. p.; Códice 1, APEM, f. 60, 61-62, 63v-64, 70-70v, 87-87v.

75 Ou, eventualmente, para o procurador dos senhores a quem cabia o depósito. Como conferimos em um dos despachos do caso da "mameluca" Maria Ferreira e seus parentes contra João Teófilo de Barros, trabalhado no capítulo anterior: "O Procurador do Supplicado deve abrigá-los e os índios trabalhar para ele, dando os dias livres costumeiros, por conta da distância da fazenda de Teófilo de Barros e do tribunal das Juntas, onde não poderiam as suplicantes requerer o seu direito". Termos da Junta das Missões [31 maio 1738; 21 fev. 1752] (Wojtalewicz, 1993, p. 97-9).

76 Termos da Junta das Missões [28 jun. 1755; 8 jul. 1755], Códice 1, APEM, f. 53-54v, 55-56v.

77 Termos da Junta das Missões [28 jun. 1755; 8 jul. 1755], Códice 1, APEM, f. 53-54v, 55-56v.

78 Termos da Junta das Missões [5 out. 1754; 12 out. 1754], Códice 1, APEM, f. 48-49, 49-50.

79 "Carta Régia [D. Pedro II] para o governador geral do Estado do Maranhão [João Velasco de Molina] sobre se mandar pôr na sua liberdade a India Hilaria, viúva do Principal Jerônimo Gigaquara [11 maio 1706]", ABN, v. 66, 1948 p. 278-9.

80 "Carta Régia [D. João V] para o governador geral do Estado do Maranhão [Christóvão da Costa Freire] em que se lhe ordena deffira na

forma das ordens de Sua Magestade ao Requerimento da India Angela de Jezus a respeito da liberdade que pede", ABN, v. 67, 1948, p. 120-1.

81 Termo da Junta das Missões [2 fev. 1726], Códice 10, APEP, s. p.

82 Termos da Junta das Missões [6 maio 1752; 20 maio 1752; 17 jun. 1752], Códice 1, APEM, f. 27v-28, 28v-29, 31-32v.

83 Termo da Junta das Missões [18 dez. 1751], Códice 1, APEM, f. 23v-24.

84 Termo da Junta das Missões [18 dez. 1751], Códice 1, APEM, f. 23v-24.

85 Termos da Junta das Missões [6 maio 1752; 20 maio 1752; 17 jun. 1752], Códice 1, APEM, f. 27v-28, 28v-29, 31-32v.

86 Termo da Junta das Missões [27 fev. 1726], Códice 10, APEP, s. p. e "Requerimento de Martinho Lopes da Fonseca e Damásio Pereira ao rei D. João V, solicitando que se mandasse proteger os índios e se conservassem as suas liberdades naquele Estado [ant. 28 jan. 1737]", AHU, Avulsos do Maranhão, cx. 23, doc. 2333. Caso tratado na abertura da seção "Miseráveis em direito e procurador dos índios: a categoria jurídica dos indígenas e seus representantes nos tribunais", no capítulo 1.

87 Termos da Junta das Missões [28 jun. 1755; 8 jul. 1755], Códice 1, APEM, f. 53-54v, 55-56v.

88 Termo da Junta das Missões [25 out. 1755], Códice 1, APEM, f. 57v-58v.

89 Termos da Junta das Missões [28 jun. 1755; 8 jul. 1755], Códice 1, APEM, f. 53-54v, 55-56v.

90 Termos da Junta das Missões [8 maio 1756; 29 maio 1756], Códice 1, APEM, f. 62-63, 63v-64.

91 É preciso ponderar essa afirmação. Mais à frente, avançarei nessa consideração; por enquanto, basta indicar que o prejuízo do senhor poderia advir mais de projeção de futuro do que de investimento passado, uma vez que, se de fato o proprietário havia adquirido de maneira ilícita o trabalhador escravizado, teria gastado pouco com

a compra ou o apresamento, quantia que rapidamente seria reavida com a exploração do trabalho do cativo. Prejuízo maior seria se o trabalhador houvesse denunciado a irregularidade do cativeiro tão logo tivesse sido escravizado, o que não se verificou em muitos casos, por ser a ambientação colonial um fator de favorecimento das causas por liberdade indígena (cf. capítulo 2).

92 Utilizo as categorias de Velloso (2020). Cf. nota 41 do capítulo 1. No caso, a administração particular seria uma modalidade de trabalho, pois se tratou de uma experiência concreta de trabalho, local e específica, e alheia às normativas — que também foi registrada na São Paulo colonial. Escravidão por condição foi um regime de trabalho regulamentado por lei; pelo que se sabe, com vigência restrita à Amazônia portuguesa (cf. a seção "'Livres por nascimento' e 'injustamente cativados': legislação indigenista nas demandas indígenas por liberdade", do capítulo 1). Por fim, o trabalho livre, mais precisamente, trabalho livre compulsório, era regulamentado inicialmente pelo Regimento das Missões e, depois de 1757, pelo Diretório dos Índios; mas há muito para avançar nas pesquisas sobre as condições de trabalho dos indígenas libertos do cativeiro pelas ações jurídicas de liberdade.

93 Termo da Junta das Missões [29 jul. 1752] (Wojtalewicz, 1993, p. 173-4).

94 Termo da Junta das Missões [27 fev. 1726], Códice 10, APEP, s. p.

95 A sentença foi a seguinte: "Pratique a Supplicante os filhos da Supplicada e querendo lhes voluntariamente servilla a sirvão fazendo termo de pagarlhe os sellarios costumados, e de dar contas delles a todo o tempo o que se entende sendo elles mayores de vinte e sinco annos que sendo menores deve ser ouvida a May dos Supplicantes". Termo da Junta das Missões [20 maio 1752], Códice 1, APEM, f. 28v-29v.

96 Termo da Junta das Missões [17 abr. 1751] (Wojtalewicz, 1993, p. 167-8).

97 Cf. a seção "'Livres por nascimento' e 'injustamente cativados': legislação indigenista nas demandas indígenas por liberdade", do capítulo 1.

98 A título de exemplo, cf. o seguinte despacho: "E porque hum dos Reverendíssimos Deputados o Padre Carlos Pereira da Companhia se queria

instruir neste requerimento para poder dar o seu votto, conveyo a Junta em que este Reverendíssimo Deputado Levasse os papeis, para depois por elle examinados, se vottar afinal na Junta seguinte". Termo da Junta das Missões [31 maio 1738] (Wojtalewicz, 1993, p. 97-9). E na Junta seguinte não há registro de que o caso tenha sido apreciado, de maneira que ficamos sem saber a avaliação do tribunal.

99 Por certo, despacho pode ser seguido por sentença. Porém, os despachos que foram registrados no gráfico não foram recobertos por sentenças, isto é, permaneceram inconclusos na documentação disponível.

100 Como sabemos, caso não o apresentasse, as suplicantes seriam consideradas forras. Termo da Junta das Missões [15 abr. 1752], Códice 1, APEM, f. 26-27v.

101 Termo da Junta das Missões [11 jul. 1726], Códice 10, APEP, s. p.

102 Termos da Junta das Missões [7 set. 1737; 21 jun. 1738; 6 abr. 1743] (Wojtalewicz, 1993, p. 85, 100); AHU, Avulsos do Pará, cx. 21, doc. 1979.

103 Termos da Junta das Missões [6 maio 1752; 20 maio 1752; 17 jun. 1752], Códice 1, APEM, f. 27v-28, 28v-29, 31-32v.

104 Termo da Junta das Missões [26 ago. 1758] (Wojtalewicz, 1993, p. 170); Termo da Junta das Missões [24 dez. 1757] (Wojtalewicz, 1993, p. 183). Explorei as disputas dos "mamelucos", dos "mulatos" e dos "cafuzos" no capítulo 2.

105 Termo da Junta das Missões [10 out. 1749] (Wojtalewicz, 1993, p. 160-1).

106 Termos da Junta das Missões [27 ago. 1751; 15 abr. 1752], Códice 1, APEM, f. 22-22v, 26-27v.

107 Termo da Junta das Missões [27 set. 1755], Códice 1, APEM, f. 56v-57.

108 Receberam também sentenças negativas, a "índia" Francisca: Termo da Junta das Missões [21 nov. 1742] (Wojtalewicz, 1993, p. 125-6) e "Auto da índia Francisca acerca de um auto de liberdade [11 ago. 1739- -23 abr. 1740]", BNP, Coleção Pombalina, Códice 642, f. 99-142; a

"mameluca" Perpétua: Termo da Junta das Missões [6 mar. 1747] (Wojtalewicz, 1993, p. 146-7); também "índios" Apolinário, Francisco, Feliciano, Amaro, Estevão e Maria, que conhecemos no capítulo anterior: Termo da Junta das Missões [10 out. 1749] (Wojtalewicz, 1993, p. 160-1); Termos da Junta das Missões [28 jun. 1755; 29 fev. 1756; 27 nov. 1756], Códice 1, APEM, f. 53-54v, 61-62, 67-68.

109 O conteúdo dessas sentenças é variado e será explorado na próxima seção deste capítulo.

110 "Carta Régia [D. João V] para o Governador do Maranhão [Alexandre de Sousa Freire] sobre os Indios que os Missionários tirão das Aldeas para o trabalho das suas fazendas [12 jan. 1731]", ABN, v. 67, 1948, p. 250-1.

111 Termo da Junta das Missões [28 jun. 1755], Códice 1, APEM, f. 53-54v.

112 Cf. nota 16 do capítulo 1.

113 Se tais documentos foram de fato produzidos, cabe levar em conta ao menos dois fatores que podem ter contribuído para o seu sumiço. Em primeiro lugar, devem-se considerar as dificuldades de preservação dos arquivos brasileiros. Cf. nota 135 do capítulo 1, em que o historiador David Sweet comenta a respeito desses desafios de salvaguarda documental. Em segundo lugar, é provável que as "cartas de liberdade" fossem feitas em duas vias — uma para registro-padrão do tribunal e outra que ficaria de posse dos ex-escravizados. Já ponderamos as questões de conservação documental das primeiras; quanto às últimas, devemos considerar que sua preservação conta ainda com uma série de dificuldades relacionadas ao valor do documento e à sua utilização prática. Assim, possivelmente os libertos carregavam-nos junto ao corpo para todo lugar, a fim de afastar o perigo da reescravização. Esse manejo documental deve ter contribuído para o desgaste dos papéis, dificultando a preservação dos certificados.

114 Termo da Junta das Missões [6 ago. 1739], Códice 1, APEM, f. 4v-5v.

115 Termo da Junta das Missões [29 mar. 1756], Códice 1, APEM, f. 61-62.

116 Termo da Junta das Missões [21 nov. 1742] (Wojtalewicz, 1993, p. 125-6).

117 Termo da Junta das Missões [6 maio 1752], Códice 1, APEM, f. 27v-28.

118 As condições de acesso aos tribunais foram exploradas no capítulo 2.

119 "Alvará porque V. Mag. pelos respeitos neles declarados, há por bem derrogar a lei feita no 1º abr. 1680, etc. [28 abr. 1688]", *Regimento e leis sobre as Missões do Estado do Maranhão, e Pará, e sobre a liberdade dos índios*, cit., p. 20-6; "Lei porque Vossa Majestade [José I] há por bem restituir aos índios do Grão-Pará e Maranhão a liberdade de suas pessoas, bens e comércio na forma que nela se declara [6 jun. 1755]" (Naud, 1971, p. 256-61). Tratei da regulação do cativeiro indígena na primeira seção do capítulo 1.

120 Não é possível afirmar que isso sempre ocorria, pois apenas em algumas sentenças essa determinação está explícita, como nas seguintes: "os quais forão sentenciados, que fora bem julgado pello Doutor ouvidor Geral desta Capitania, e q pagassem os Appelantes as custas", Termo da Junta das Missões [21 out. 1751] (Wojtalewicz, 1993, p. 171-2); "recebião os embargos, e os julgavam provados, reformando as setencas embargadas, e mandando cumprir as do Desembargador Juis das Liberdades, condemnando os embargados nas custas", Termo da Junta das Missões [21 maio 1757] (Wojtalewicz, 1993, p. 181); "condenandos e nas custas o mesmo reverendo prior", Códice 1, APEM, f. 89-89v.

121 Foram 129.592 entre 1701 e 1750, segundo Dias, Bombardi & Costa (2020).

122 Tratei dos pedidos indígenas com mais detalhes no capítulo 2.

123 Termo da Junta das Missões [26 fev. 1751] (Wojtalewicz, 1993, p. 166-7); Termos da Junta das Missões [27 ago. 1751; 15 abr. 1752], Códice 1, APEM, f. 22-22v, 26-27v; Termos da Junta das Missões [21 fev. 1752; 11 fev. 1754] (Wojtalewicz, 1993, p. 172, 175-6); Termo da Junta das Missões [21 fev. 1752] (Wojtalewicz, 1993, p. 172).

124 Expressão que aparece em três resoluções da reunião de 13 de março de 1747: Termo da Junta das Missões [13 mar. 1747] (Wojtalewicz,

1993, p. 147); Termo da Junta das Missões [17 abr. 1751] (Wojtalewicz, 1993, p. 167-8); Termo da Junta das Missões [5 jun. 1756] (Wojtalewicz, 1993, p. 176-7). Cabe destacar que todas essas formulações foram redigidas pelo oficial da secretaria do Estado Mathias Paes de Albuquerque na Junta de Belém e, por se tratar de um enunciado particular, podem partilhar também de sua concepção de liberdade.

125 "Carta Régia para o Governador do Estado do Maranhão sobre conservar na sua liberdade aos índios Pedro, Ignês e Germano [sic] e Cia. [2 fev. 1729]", ABN, v. 67, 1948, p. 228-30; Termo da Junta das Missões [15 abr. 1749] (Wojtalewicz, 1993, p. 167-8); Termo da Junta das Missões [5 jun. 1756] (Wojtalewicz, 1993, p. 157).

126 Termos da Junta das Missões [28 jul. 1753; 22 set. 1753; 5 out. 1754; 14 dez. 1754], Códice 1, APEM, f. 40-41, 46-47, 49-50, 52-52v.

127 Destaquei as acepções diretamente relacionadas a cativeiro.

128 Três das sentenças efetuadas também por Mathias Paes de Albuquerque na reunião de 6 de março de 1747: Termo da Junta das Missões [6 mar. 1747] (Wojtalewicz, 1993, p. 146-7).

129 Termo da Junta das Missões [21 jun. 1751] (Wojtalewicz, 1993, p. 168-70); Termo da Junta das Missões [23 out. 1751] (Wojtalewicz, 1993, p. 171-2). Essa última ata foi redigida pelo secretário do Estado João Antonio Pinto da Sylva.

130 Duas das sentenças da reunião de 21 de fevereiro de 1752: Termo da Junta das Missões [21 fev. 1752] (Wojtalewicz, 1993, p. 172-3).

131 Termos da Junta das Missões [28 jul. 1753; 6 out. 1753; 7 fev. 1756], Códice 1, APEM, f. 40-41, 47, 60v-61.

132 Termos da Junta das Missões [4 abr. 1758; 26 ago. 1758] (Wojtalewicz, 1993, p. 183-4).

133 Termo da Junta das Missões [26 fev. 1751] (Wojtalewicz, 1993, p. 166-7).

134 Termo da Junta das Missões [6 ago. 1739], Códice 1, APEM, f. 4v-5v.

135 Essa determinação coloca lado a lado os termos "forra" e "livre". Mais uma vez deparamos com a dificuldade em apreender o significado da palavra "forra". A conjunção "e" poderia indicar adição ou ter valor enfático. Assim, poderia tratar-se apenas de um reforço, a "índia" Antônia tornou-se forra e livre. Ou "forra" poderia remeter à decisão do tribunal de conceder liberdade, aproximando-se de seu sentido corrente, que queria dizer "alforriado". Além disso, no capítulo anterior, deparamos com a "índia forra Ignácia Maria", que era aldeada. Dessa maneira, é possível afirmar que o termo "forro" carregava mais de um sentido na Amazônia portuguesa, ainda que não os consigamos definir todos por completo.

136 Termo da Junta das Missões [27 fev. 1726], Códice 10, APEP, s. p.

137 Termos da Junta das Missões [20 maio 1752; 27 nov. 1756], Códice 1, APEM, f. 28v-29v, 30-30v.

138 Termo da Junta das Missões [29 jul. 1752] (Wojtalewicz, 1993, p. 173-4). Há também o registro de um senhor chamado Gabriel que solicitou que o "índio" Manuel retornasse à sua casa. Pelo que tudo indica, o litigante estava em casa do procurador dos índios. Termos da Junta das Missões [8 dez. 1755; 29 mar. 1755], Códice 1, APEM, f. 59v, 61-62.

139 O uso do pronome possessivo não é fortuito, mas se relaciona à persistência do domínio senhorial.

140 Em realidade, a condição jurídica do "índio" Ventura poderia ser alterada, caso seu suposto proprietário apresentasse o título de cativeiro findos os quatro anos de instrução. Trata-se da chamada "administração particular", espécie de cativeiro disfarçado. Toquei nessa modalidade de trabalho na primeira seção deste capítulo e no capítulo 1.

141 Cabe considerar que os obstáculos de sustento não eram poucos; prova disso foi a "índia" Joanna Baptista, que, em tempos de liberdade indígena, alegou impossibilidade de se sustentar e se vendeu como escrava. Para saber mais, cf. Cunha (1985) e Sommer (2013).

142 Termos da Junta das Missões [27 set. 1755; 25 out. 1755], Códice 1, APEM, f. 56v-57, 57v-58v.

143 Termo da Junta das Missões [14 dez. 1754], Códice 1, APEM, f. 52-52v.

144 Explorei mais dessas preocupações na seção "Mulheres", do capítulo 2. Para desenvolver a reflexão deste capítulo em específico, considerei as ponderações de Cavalcante & Sampaio (2012).

145 Termo da Junta das Missões [25 out. 1755], Códice 1, APEM, f. 57v-58v.

146 Termos da Junta das Missões [11 ago. 1753; 18 ago. 1753; 1 set. 1753], Códice 1, APEM, f. 44-44v, 44v-45, 45v-46.

147 Cf. "Regimento e Leis das Missões do Estado do Maranhão e Pará" (Naud, 1971, p. 228-31).

148 Termo da Junta das Missões [10 maio 1738] (Wojtalewicz, 1993, p. 94-5).

149 Termo da Junta das Missões [15 abr. 1749] (Wojtalewicz, 1993, p. 157-8).

150 "Auto (treslado) do mameluco Xavier, servo do provedor-mor da Fazenda Real da capitania do Maranhão, Faustino da Fonseca Freire de Melo, acerca de um auto de liberdade [19 fev. 1753]", AHU, Avulsos do Maranhão, cx. 32, doc. 3299.

151 "Carta Régia [D. Pedro II] para o governador geral do Estado do Maranhão [João Velasco de Molina] sobre se mandar pôr na sua liberdade a India Hilaria, viúva do Principal Jerônimo Gigaquara. [11 maio 1706]", ABN, v. 66, 1948, p. 278-9.

152 Termos da Junta das Missões [8 jul. 1755; 27 set. 1755; 11 out. 1755], Códice 1, APEM, f. 55-56v, 56v-57, 57v.

153 Investiguei esse regime de escravidão na seção "'Livres por nascimento' e 'injustamente cativados': legislação indigenista nas demandas indígenas por liberdade", do capítulo 1.

154 Termo da Junta das Missões [17 abr. 1751] (Wojtalewicz, 1993, p. 167-8).

155 Termo da Junta das Missões [17 abr. 1751] (Wojtalewicz, 1993, p. 167-8).

156 Termos da Junta das Missões [18 dez. 1751; 5 fev. 1752; 11 mar. 1752; 15 abr. 1752; 6 maio 1752; 3 jun. 1752; 17 jun. 1752; 1 jul. 1752; 12 ago. 1752; 19 ago. 1752; 11 set. 1752; 3 out. 1752], Códice 1, APEM, f. 23v-24, 24v-25, 25v-26, 26-27v, 27v-28, 30-30v, 31-32v, 33-33v, 36-37, 37-38, 38-39, 39v-40. A sentença citada foi assentada na reunião de 17 de junho de 1752, f. 31-32v do Códice 1.

157 Termos da Junta das Missões [27 nov. 1756; 5 fev. 1757], Códice 1, APEM, f. 66-67, 69.

158 Neste capítulo, cf. nota 127.

159 Tratei dos pedidos indígenas no capítulo anterior.

160 Não é demais lembrar que extrapolam o escopo desta pesquisa as fugas e as revoltas, as quais também consistiram em formas de resistência ao cativeiro.

Apêndice

Procuradores dos índios na
Amazônia portuguesa, 1706-1759[1]

Pará

1705; 1715 — Manuel da Silva de Castro

1726 — Manuel da Silva de Andrade

[11 ago. 1739 – 23 abr. 1740] — Antônio de Faria e Quevedo

3 fev. 1744 — Mateus Alvares Martins / Mateus Munhos Martins

3 nov. 1747 — João Pinheiro de Amorim

7 fev. 1748 – 25 ago. 1748 — Licenciado José Monteiro de Noronha

25 ago. 1748; 1751 — Manoel Machado

Maranhão

1726 — Manoel da Silva de Andrade

1737 — Antônio de Faria e Quevedo

1739; 1743 — Manoel de Cairos

1751 — Armindo Lúcio Duarte

1751; 12 ago. 1752 — Francisco de Azevedo Teixeira

3 out. 1752 — Capitão Silvestre da Silva Baldez

1753; 28 jun. 1755 — Capitão Ignácio Gomes Leitão

14 out. 1754 – 28 jun. 1755 — Balthazar Fernandes Neves

---

1 Este levantamento foi realizado nas fontes desta pesquisa. As datas, quando pareadas, indicam o período de ocupação do cargo ou de atuação em um processo (assinalado entre colchetes) e, quando sozinhas ou separadas por ponto e vírgula, apontam para momentos em que a atuação dos procuradores foi registrada. Organizei os procuradores entre as capitanias do Pará e do Maranhão, porque o Regimento das Missões determinou que dois deveriam ser os procuradores da primeira capitania e somente um da segunda, não dizendo nada a respeito das demais partes do Estado do Maranhão. "Regimento e Leis das Missões do Estado do Maranhão e Pará" (Naud, 1971, p. 228-31).

Anexo

Percurso das demandas indígenas por liberdade na Amazônia portuguesa, 1706-1759[1]

[1] Mello (2006, p. 48-72).

[2] Em especial, após a Lei de Liberdade de 1755, que indica explicitamente a Casa da Suplicação como última instância para casos dessa natureza, diferenciando-se do momento anterior. Apresento essa informação apenas em nota de rodapé, pois valeria a pena investigar nos arquivos portugueses sua pertinência. Além disso, é preciso considerar a possibilidade de ações de liberdade terem sido apreciadas na Mesa de Consciência e Ordens, pois era responsável pela orientação, pela assistência e pela redenção dos cativos. Cf. Zeron (2011a, p. 328, nota 25).

Referências

Documentos manuscritos

Arquivo Histórico Ultramarino (AHU)
Avulsos do Maranhão
Avulsos do Pará

Biblioteca Nacional de Portugal (BNP)
Coleção Pombalina

Arquivo Público do Estado do Maranhão (APEM)
Códice 1 — "Livros de assentos, despachos e sentenças que se determinaram em cada Junta de Missões na cidade de São Luís do Maranhão — 1738-1777"

Arquivo Público do Estado do Pará (APEP)
Códice 10 — "Alvarás, regimentos e termos da Junta das Missões" (1720--1740). Transcrição de autoria desconhecida, sem paginação.
Códice 23 — "Termos da Junta das Missões (1736-1740)". Transcrição de autoria desconhecida, sem paginação.

Documentos impressos

ACOSTA, José de. "Proêmio". *In*: ACOSTA, José de. *De procuranda indorum salute*. Madri: CSIC, 1984-1987, v. 1, p. 55-71.
Anais da Biblioteca Nacional (ABN), v. 66, 67, 1948.
ANCHIETA, José de. *Cartas: informações, fragmentos históricos e sermões (1554-1594)*. Belo Horizonte/São Paulo: Itatiaia/Edusp, 1988.
ARISTÓTELES. *Política*. Trad., intr. e notas de Mário da Gama Kury. Brasília: Ed. da UnB, 1985, p. 1252a-1255b; 1278a-1281a; 1285a-1286b.
BERREDO, Bernardo Pereira de. *Annaes historicos do Estado do Maranhão, em que se dá noticia de seu descobrimento e tudo o mais que nelle tem*

sucedido desde o ano em que foy descoberto até o de 1718. Lisboa: Oficina de Francisco Luiz Ameno, 1749.

BETTENDORFF, João Felipe. *Crônica da missão dos padres da Companhia de Jesus no Estado do Maranhão*. 2ª ed. Belém: Fundação Cultural do Pará Tancredo Neves/Secretaria do Estado da Cultura, 1990.

BLUTEAU, Raphael. *Vocabulario portuguez & latino: aulico, anatomico, architectonico* [...]. Coimbra: Collegio das Artes da Companhia de Jesus, 1712-1728, 8 v.

CENTRO DE PESQUISA EM HISTÓRIA SOCIAL DA CULTURA (CECULT). "Legislação: trabalhadores e trabalho em Portugal, Brasil e África colonial portuguesa". Banco de dados desenvolvido sob orientação de Silvia Hunold Lara. Universidade Estadual de Campinas.

DANIEL, João. *Tesouro descoberto no Maximo rio Amazonas*. Rio de Janeiro: Contraponto, 2004 (1776), 2 v.

"Livro dos termos das Juntas das Missões que se dariam nesta capitania do Pará em que se julgavam as liberdades dos índios, cujas Juntas foram extintas com a Lei de Liberdade que se publicou nesta cidade aos 29 de maio de 1756". In: WOJTALEWICZ, Paul. *The "Junta de Missões": The Missions in the Portuguese Amazon*. Dissertação (Mestrado em Artes). University of Minnesota, 1993.

MENDONÇA, Marcos. *A Amazônia na era pombalina: correspondência do governador e capitão-general do Estado do Grão-Pará e Maranhão Francisco Xavier de Mendonça Furtado 1751-1759*. 2. ed., 3 v. Brasília: Senado Federal, 2005.

MOTA, Antonia da Silva; SILVA, Kelcilene Rose & MANTOVANI, José Dervil. *Cripto maranhenses e seu legado*. São Paulo: Siciliano, 2001.

NAUD, Leda M. C. "Documentos sobre o índio brasileiro (1500-1822) — 1ª parte", *Revista de Informação Legislativa*, v. 7, n. 28, out./dez. 1970, p. 437-520.

NAUD, Leda M. C. "Documentos sobre o índio brasileiro (1500-1822) — 2ª parte", *Revista de Informação Legislativa*, v. 8, n. 29, jan./mar. 1971, p. 227-336.

Ordenações filipinas ou Ordenações e leis do Reino de Portugal. Livros I a v. Reprodução "fac-símile" da edição feita por Cândido Mendes de Almeida, Rio de Janeiro, 1870. Lisboa: Fundação Calouste Gulbenkian, 1985.

PEREIRA, Solórzano Juan de. "Que los indios son, y deben ser contados entre las personas, que el derecho llama miserables: y de qué privilegios temporales gozen por esta causa, y de sus Protectores". *In*: PEREIRA,

Solórzano Juan de. *Política indiana*, t. 1. Madri: Imprenta Real de la Gazeta, 1776, p. 206-13.

Regimento e leis sobre as Missões do Estado do Maranhão, e Pará, e sobre a liberdade dos índios. Lisboa: Oficina de Antonio Menescal, 1724.

"Trabalhos dos primeiros jesuítas no Brasil". *Revista do Instituto Histórico e Geográfico Brasileiro*, t. LVII, parte I, p. 213-47, 1894.

VIEIRA, Antônio S. J. "Informação do modo com que foram tomados e sentenciados por cativos os índios do ano de 1655". *In*: VIEIRA, Antônio S. J. *Obras escolhidas*, v. V, *Obras várias em defesa dos índios*. Lisboa: Sá da Costa, 1951, p. 33-71.

VIEIRA, Antônio S. J. "Direção do que se deve observar nas Missões do Maranhão ordenada pelo venerável padre Antônio Vieira" [1658]. *In*: BEOZZO, José Oscar. *Leis e regimentos das Missões: política indigenista no Brasil*. São Paulo: Loyola, 1983, p. 190-208.

VITORIA, Francisco de. *Relectio de indis*. Brasília: Ed. da UnB, 2016.

Obras gerais

ACIOLI, Vera Lúcia Costa. *A escrita no Brasil Colônia: um guia para leitura de documentos manuscritos*. Recife: Fundação Joaquim Nabuco/Massangana, 1994.

ALBERRO, Solange. "Juan de Morga y Gertrudis de Escobar: esclavos rebeldes (Nueva España, siglo XVII)". *In*: SWEET, David & NASH, Gary (org.). *Lucha por la supervivencia en la América colonial*. México: Fondo de Cultura Económica, 1987, p. 198-214.

ALMEIDA, Maria Regina Celestino de. "'De Araribóia a Martim Afonso': lideranças indígenas, mestiçagens étnico-culturais e hierarquias sociais na colônia". *In*: VAINFAS, Ronaldo; SANTOS, Georgina S. & SANTOS, Guilherme (org.). *Retratos do Império: trajetórias individuais no mundo português nos séculos XVI a XIX*. Niterói: Eduff, 2006, p. 13-27.

ALMEIDA, Maria Regina Celestino de. *Os índios na história do Brasil*. Rio de Janeiro: Ed. FGV, 2010.

AMOROSO, Marta Rosa. "Corsários no caminho fluvial: os Mura do rio Madeira". In: cunha, Manuela Carneiro da (org.). História dos índios no Brasil. São Paulo: Companhia das Letras/ Secretaria Municipal de Cultura/Fapesp, 1992, p. 297-310.

AZEVEDO, João L. de. *Os jesuítas no Grão-Pará: suas Missões e a colonização.* Lisboa: Livraria Editora Tavares Cardoso & Irmão, 1901.

BACELLAR, Carlos de Almeida Prado; SCOTT, Ana Silva Volpi & BASSANEZI, Maria Silvia Casagrande Beozzo. "Quarenta anos de demografia histórica", *Revista Brasileira de Estudos de População*, v. 22, n. 2, jul./ dez. 2005, p. 339-50.

BARROSO, Daniel S. "Por uma história da família e da população na Amazônia brasileira: percursos historiográficos". *In*: CICERCHIA, Ricardo *et al.* (org.). *Estruturas, conjunturas e representações: perspectivas de estudos das formas familiares*. Múrcia: Editum, 2014, p. 51-66.

BELLOTTO, Heloísa Liberalli. "Política indigenista no Brasil colonial (1570-1757)". *Revista do Instituto de Estudos Brasileiros*, n. 29, 1988, p. 49-60.

BELLOTTO, Heloísa Liberalli. *Como fazer análise diplomática e análise tipológica de documento de arquivo*. São Paulo: Arquivo do Estado/Imprensa Oficial, 2002.

BEOZZO, José Oscar. *Leis e regimentos das Missões: política indigenista no Brasil*. São Paulo: Loyola, 1983.

BERWANGER, Ana Regina & LEAL, João Eurípedes Franklin. *Noções de paleografia e diplomática*. 5ª ed. Santa Maria: Ed. da UFSM, 2012.

BOMBARDI, Fernanda. *Pelos interstícios do olhar do colonizador: descimentos no Grão-Pará e Maranhão (1680-1735)*. Dissertação (Mestrado em História Social), Faculdade de Filosofia, Letras e Ciências Humanas. Universidade de São Paulo, 2014.

BOMBARDI, Fernanda. "Jogos de alianças e inimizades: guerras justas, descimentos e políticas indígenas no Piauí colonial". *In*: CARDOSO, Nilsângela (org.). *Páginas da história do Piauí colonial e provincial*. Teresina: Edufpi, 2020, p. 41-70.

BOMBARDI, Fernanda & PRADO, Luma Ribeiro. "Ações de liberdade de índias e índios escravizados no Estado do Maranhão e Grão-Pará, primeira metade do século XVIII", *Brasiliana: Journal for Brazilian Studies*, v. 5, n. 1, nov. 2016, p. 174-99.

BRAUDEL, Fernand. "História e Ciências Sociais: a longa duração", *Revista de História*, v. 30, n. 62, 1965, p. 261-94.

BRIGHENTE, Liliam F. *Entre a liberdade e a administração particular: a condição jurídica do indígena na vila de Curitiba (1700-1750)*. Dissertação (Mestrado em Direito), Setor de Ciências Jurídicas. Universidade Federal do Paraná, 2012.

BUTLER, Judith. *Problemas de gênero: feminismo e subversão da identidade*. Trad. Renato Aguiar. Rio de Janeiro: Civilização Brasileira, 2003.

CARDOSO, Alírio & CHAMBOULEYRON, Rafael. "Cidades e vilas da Amazônia colonial", *Revista Estudos Amazônicos*, v. IV, n. 2, 2009, p. 37-51.

CARVALHO, Maria Rosário Gonçalves de. "As revoltas indígenas na aldeia da Pedra Branca no século XIX". *In*: REIS, Elisa; ALMEIDA, Maria Hermínia Tavares de & FRY, Peter. *Pluralismo, espaço social e pesquisa*. São Paulo: Anpocs/Hucitec, 1995, p. 272-90.

CARVALHO JÚNIOR, Almir Diniz de. "Índios hereges". *In*: CARVALHO JÚNIOR, Almir Diniz de. *Índios cristãos: a conversão dos gentios da Amazônia portuguesa (1653-1769)*. Tese (Doutorado em História Social), Instituto de Filosofia e Ciências Humanas. Universidade Estadual de Campinas, 2005, p. 321-67.

CARVALHO JÚNIOR, Almir Diniz de. "Índios cristãos no cotidiano das colônias do norte (séculos XVII e XVIII)", *Revista de História*, n. 168, jan./jun. 2013, p. 69-99.

CAVALCANTE, Ygor Olinto Rocha & SAMPAIO, Patrícia Melo. "Histórias de joaquinas: mulheres, escravidão e liberdade (Brasil, Amazonas: séc. XIX)", *Afro-Ásia*, n. 46, jul./dez. 2012, p. 97-120.

CHAMBOULEYRON, Rafael. "Escravos do Atlântico equatorial: tráfico negreiro para o Estado do Maranhão e Pará (século XVII e início do século XVIII)", *Revista Brasileira de História*, v. 26, n. 52, 2006, p. 79-114.

CHAMBOULEYRON, Rafael *et al*. "'Formidável contágio': epidemias, trabalho e recrutamento na Amazônia colonial (1660-1750)", *História, Ciências, Saúde — Manguinhos*, v. 18, n. 4, 2011, p. 987-1.004.

CHAMBOULEYRON, Rafael; BONIFÁCIO, Monique da Silva & MELO, Vanice Siqueira de. "Pelos sertões 'estão todas as utilidades': trocas e conflitos no sertão amazônico (século XVII)", *Revista de História*, n. 162, jan./jun. 2010, p. 13-49.

CHUECAS, Ignacio. "India salvaje, letrada y litigante. Una mujer indígena de la 'tierra adentro' ante la justicia colonial. Chile, 1760", *Revista Historia y Justicia*, n. 6, 2016, p. 258-73.

CUNHA, Manuela Carneiro da "Sobre os silêncios da lei: lei costumeira e positiva nas alforrias de escravos no Brasil do século XIX", *Dados*, v. 28, n. 1, 1985, p. 45-60.

CUNHA, Manuela Carneiro da (org.). *História dos índios no Brasil*. São Paulo: Companhia das Letras/Secretaria Municipal de Cultura/Fapesp, 1992.

CUNILL, Caroline. "El indio miserable: nacimiento de la teoría legal en la América colonial del siglo XVI", *Cuadernos Intercambio sobre Centroamérica y el Caribe*, v. 8, n. 9, 2011, p. 229-48.

DAVIS, Angela. *Mulheres, raça e classe*. Trad. Heci Regina Candiani. São Paulo: Boitempo, 2016.

DIAS, Camila. "Jesuit Maps and Political Discourse: The Amazon River of Father Samuel Fritz", *The Americas*, v. 69, n. 1, 2012a, p. 95-116.

DIAS, Camila. "O Livro das Canoas: uma descrição". *In*: Anais do Encontro Internacional de História Colonial (EIHC). Belém: UFPA, 2012b.

DIAS, Camila. *Forros e cativos: normas, práticas e concepções do trabalho livre e escravo no Maranhão e Grão-Pará (1680-1798)*. Projeto de pós-doutorado, Centro de Pesquisa em História Social e da Cultura, Instituto de Filosofia e Ciências Humanas da Unicamp, 2016.

DIAS, Camila. "A gênese militante da história indígena no contexto da constituinte". *In*: SEMINÁRIO ABERTO DE FORMAÇÃO DA CÉLULA ISTVÁN MÉSZÁROS, 24. São Paulo, 2018. (Comunicação oral).

DIAS, Camila. "Os índios, a Amazônia e os conceitos de escravidão e liberdade", *Estudos Avançados*, v. 33, n. 97, set./dez. 2019, p. 235-52.

DIAS, Camila & BOMBARDI, Fernanda A. "O que dizem as licenças? Flexibilização da legislação e recrutamento particular de trabalhadores indígenas no Estado do Maranhão (1680-1755)", *Revista de História*, n. 175, jul./dez. 2016, p. 249-80.

DIAS, Camila; BOMBARDI, Fernanda A. & COSTA, Eliardo. "Dimensão da população indígena incorporada ao Estado do Maranhão e Grão-Pará entre 1680-1750: uma ordem de grandeza", *Revista de História*, n. 179, 2020, p. 1-40.

DIAS, Camila & CAPIBERIBE, Artionka (orgs.). *Os índios na Constituição*. Cotia: Ateliê Editorial, 2019.

DIAS, Camila & PRADO, Luma Ribeiro. "Mulheres indígenas no mundo colonial: papel social e agência histórica". São Paulo: Universidade de São Paulo, 2016 (Comunicação oral).

DIAS, Maria Odila L. da S. "Mulheres sem História", *Revista de História*, n. 114, jan./jun. 1983, p. 31-45.

FACHIN, Phablo Roberto Marchis. *Descaminhos e dificuldades: leitura de manuscritos do século XVIII*. Goiânia: Trilhas Urbanas/Fapesp, 2008.

FARAGE, Nádia. *As muralhas dos sertões: os povos indígenas no Rio Branco e a colonização*. Rio de Janeiro: Paz e Terra/Anpocs, 1991.

FERNANDES, Florestan. "Os Tupi e a reação tribal à conquista". *In*: FERNANDES, Florestan. *A investigação etnológica no Brasil e outros ensaios*. 2ª ed. rev. São Paulo: Global, 2009, p. 22-43.

FERREIRA, André Luís. *Nas malhas das liberdades: o Tribunal da Junta das Missões e o governo dos índios na Capitania do Maranhão (1720-1757)*.

Dissertação (Mestrado em História Social da Amazônia), Instituto de Filosofia e Ciências Humanas. Universidade Federal do Pará, 2017.

FLEXOR, Maria Helena Ochi. *Abreviaturas: manuscritos dos séculos XVI ao XIX*. 3. ed. rev. aum. Rio de Janeiro: Arquivo Nacional, 2008.

FUNARO, Vânia Martins Bueno de Oliveira et al. Diretrizes para apresentação de dissertações e teses da USP: parte I (ABNT). 3ª ed. São Paulo: SIBIUSP, 2016.

GRINBERG, Keila. *Liberata: a lei da ambiguidade da Corte de Apelação do Rio de Janeiro, século XIX*. Rio de Janeiro: Relume-Dumará, 1994.

GRINBERG, Keila. "Castigos físicos e legislação". *In*: SCHWARCZ, Lilia & GOMES, Flávio dos Santos (org.). *Dicionário da escravidão e liberdade: 50 textos críticos*. São Paulo: Companhia das Letras, 2018, p. 144-8.

HESPANHA, António Manuel. *Imbecillitas: as bem-aventuranças da inferioridade nas sociedades de Antigo Regime*. São Paulo: Annablume, 2010. (Coleção Olhares).

HESPANHA, António Manuel. "Direito comum e direito colonial: porque é que existe e em que consiste o direito colonial brasileiro", *Panóptica*, ano 1, n. 3, nov. 2016, p. 95-116.

HIRATA, Helena *et al.* (org.). *Dicionário crítico do feminismo*. São Paulo: Ed. Unesp, 2009.

HOLANDA, Sérgio Buarque de. "Movimentos da população em São Paulo no século XVIII", *Revista do Instituto de Estudos Brasileiros*, n. 1, 1966, p. 55-111.

KORZILIUS, Sven. "Property vs. Liberty: Procedural Law and Practice of Freedom Trials in Portugal and Brazil", *Fronteiras e Debates*, v. 4, n. 1, jan./jun. 2017, p. 55-85.

LARA, Silvia Hunold. "Depois da batalha de Pungo Andongo (1671): o destino atlântico dos príncipes do Ndongo", *Revista de História*, n. 175, jul./dez. 2016, p. 205-25.

LARA, Silvia Hunold & MENDONÇA, Joseli Maria Nunes. "Apresentação". *In*: LARA, Silvia & MENDONÇA, Joseli Maria Nunes. *Direitos e justiças no Brasil: ensaios de história social*. Campinas: Ed. da Unicamp, 2006, p. 9-22.

LEONARDI, Victor. *Entre árvores e esquecimentos: história social nos sertões do Brasil*. Brasília: Paralelo 15, 1996.

MALHEIRO, Agostinho Marques Perdigão. *A escravidão no Brasil: ensaio histórico, jurídico, social*, v. 1. Rio de Janeiro: Tipografia Nacional, 1867.

MARIN, Rosa E. A. & GOMES, Flávio. "Reconfigurações coloniais: tráfico de indígenas, fugitivos e fronteiras no Grão-Pará e Guiana Francesa (séculos XVII e XVIII)", *Revista de História*, n. 149, dez. 2003, p. 69-107.

MARQUESE, Rafael de Bivar. "Estrutura e agência na historiografia da escravidão: a obra de Emília Viotti da Costa". *In*: FERREIRA, Antônio Celso; BEZERRA, Holien Gonçalves & LUCCA, Tânia Regina (org.). *O historiador e seu tempo*. São Paulo: Ed. Unesp, 2008, p. 67-81.

MARTINS, Renata M. de Almeida. *Tintas da terra, tintas do reino: arquitetura e arte nas Missões jesuíticas do Grão-Pará (1653-1759)*. Tese (Doutorado em História e Fundamentos da Arquitetura e do Urbanismo), Faculdade de Arquitetura e Urbanismo. Universidade de São Paulo, 2009.

MAZZARIELLO, Carolina Cordeiro & ferreira, Lucas Bulgarelli. "Gênero". In: PEIXOTO, Fernanda Arêas & BAILÃO, André S. (org.). *Enciclopédia de Antropologia*. São Paulo: Universidade de São Paulo, Departamento de Antropologia, 2015.

MAZZOLENI, Gilberto. "O selvagem entre natureza e cultura". *In*: MAZZOLENI, Gilberto. *O planeta cultural: para uma antropologia histórica*. Trad. Liliana Laganà & Hylio Laganà Fernandes. São Paulo: Istituto Italiano di Cultura di San Paolo e Instituto Cultural Ítalo-Brasileiro-São Paulo, 1992, p. 39-58. (Ensaios de Cultura 2).

MELLO, Marcia Eliane A. de S. e. *Pela propagação da fé e conservação das conquistas portuguesas nos séculos XVII-XVIII*. Tese (Doutorado em História Moderna), Faculdade de Letras. Universidade do Porto, 2002.

MELLO, Marcia Eliane A. de S. e. "Desvendando outras Franciscas: mulheres cativas e as ações de liberdade na Amazônia colonial portuguesa", *Portuguese Studies Review*, n. 13, 2005, p. 1-16.

MELLO, Marcia Eliane A. de S. e. "'Para servir a quem quizer': apelações de liberdade dos índios na Amazônia portuguesa". *In*: SAMPAIO, Patrícia M. & ERTHAL, Regina de C. (orgs.). *Rastros da memória: histórias e trajetórias das populações indígenas na Amazônia*. Manaus: Edua, 2006, p. 48-72.

MELLO, Marcia Eliane A. de S. e. *Fé e Império: as Juntas das Missões nas conquistas portuguesas*. Manaus: Edua, 2007.

MELLO, Marcia Eliane A. de S. e. "O Regimento das Missões: poder e negociação na Amazônia portuguesa", *Clio*, n. 27, 2009, p. 43-75.

MELLO, Marcia Eliane A. de S. e. "O Regimento do Procurador dos Índios do Estado do Maranhão, *Outros Tempos*, v. 9, n. 14, 2012, p. 222-31.

MELLO, Marcia Eliane A. de S. e. "Contribuição para uma demografia do Estado do Grão-Pará e Maranhão, 1774-1821", *Anais de História de Além-mar*, n. XVI, 2015, p. 227-53.

MELLO, Marcia Eliane A. de S. e & BARROSO, Daniel S. "Não somente indígenas como também africanos: uma introdução à demografia do Estado do Grão-Pará e Rio Negro (1778-1823)", *Revista Maracanan*, n. 15, jul./ dez. 2016, p. 141-160.

MONTEIRO, John Manuel. "Alforrias, litígios e a desagregação da escravidão indígena em São Paulo", *Revista de História*, v. 120, jan./jul. 1989, p. 45-57.

MONTEIRO, John Manuel. "Escravidão indígena e despovoamento na América portuguesa: São Paulo e Maranhão". *In*: DIAS, Jill R. (org.). *Nas vésperas do mundo moderno*. Brasil / Lisboa: Comissão dos Descobrimentos Portugueses, 1991, p. 137-67.

MONTEIRO, John Manuel (org.). *Guia de fontes para a história indígena e do indigenismo em arquivos brasileiros: acervos das capitais*. São Paulo: NHII-USP/Fapesp, 1994a.

MONTEIRO, John Manuel. *Negros da terra: índios e bandeirantes nas origens de São Paulo*. São Paulo: Companhia das Letras, 1994b.

MONTEIRO, John Manuel. *Tupis, tapuias e historiadores: estudos de história indígena e do indigenismo*. Tese (Livre Docência), Instituto de Filosofia e Ciências Humanas. Universidade Estadual de Campinas, 2001.

MONTEIRO, John Manuel. "Labor Systems". *In*: BULMER-THOMAS, Victor; COASTWORTH, John H. & CORTÉS CONDE, Roberto (orgs.). *The Cambridge Economic History of Latin America*, v. 1, *The Colonial Era and the Short Nineteenth Century*. Cambridge: Cambridge University Press, 2008.

MONTERO, Paula (org.). *Deus na aldeia: missionários, índios e mediação cultural*. São Paulo: Globo, 2006.

MOTA, Lúcio Tadeu. "Outras formas de resistência além das ações armadas". *In*: MOTA, Lúcio Tadeu. *As guerras dos índios Kaingang: a história épica dos índios Kaingang no Paraná, 1769-1924*. Maringá: Eduem, 2009, p. 197-229.

MOURA, Chico & MOURA, Wilma. Tirando de letra: orientações simples e práticas para escrever bem. São Paulo: Companhia das Letras, 2017.

MUNDURUKU, Daniel. "Índio e indígena". *Mekukradjá — Círculo de Saberes*, 2018, São Paulo, Itaú Cultural. (Comunicação oral).

MUYPURÁ, Lucca. "Povo Anapuru Muypurá: processo histórico e retomada no Maranhão". Zagaia, 12 dez. 2021.

NAVARRO, Eduardo de Almeida. *Dicionário de tupi antigo: a língua indígena clássica do Brasil*. São Paulo: Global, 2013.

NEVES, Tamyris Monteiro. "O lícito e o ilícito: a prática dos resgates no Estado do Maranhão na primeira metade do século XVIII", *Revista Estudos Amazônicos*, v. VII, n. 1, 2012, p. 253-73.

NEVES NETO, Raimundo Moreira das. "A fazenda de Jaguarari". *In*: NEVES NETO, Raimundo Moreira das. *Um patrimônio em contendas: os bens jesuíticos e a magna questão dos dízimos no Estado do Maranhão e Grão-Pará (1650-1750)*. Dissertação (Mestrado em História Social da Amazônia), Instituto de Filosofia e Ciências Humanas. Universidade Federal do Pará, 2012, p. 48-56.

PAGDEN, Anthony. "La teoría de la esclavitud natural". *In*: PAGDEN, Anthony. *La caída del hombre natural: el indio americano y los orígenes de la etnología comparativa*. Madri: Alianza América, 1988, p. 51-89.

PAPAVERO, Nelson & PORRO, Antonio (orgs.). "As localidades visitadas ou citadas por Eckart nos 'Aditamentos'". *In*: PAPAVERO, Nelson & PORRO, Antonio (orgs.). *Anselm Eckart, S. J. e o Estado do Grão-Pará e Maranhão setecentista (1785)*. Belém: Museu Paraense Emílio Goeldi, 2013, p. 40-50.

PERRONE-MOISÉS, Beatriz. *Legislação indigenista colonial: inventário e índice*. Dissertação (Mestrado em Antropologia Social), Instituto de Filosofia e Ciências Humanas. Universidade Estadual de Campinas, 1990.

PERRONE-MOISÉS, Beatriz. "Índios livres e índios escravos: os princípios da legislação indigenista no período colonial (séculos XVI a XVIII)". *In*: CUNHA, Manuela Carneiro da (org.). *História dos índios no Brasil*. São Paulo: Companhia das Letras/Secretaria Municipal de Cultura/Fapesp, 1992a, p. 115-32.

PERRONE-MOISÉS, Beatriz. "Inventário da legislação indigenista 1500-1800". *In*: CUNHA, Manuela Carneiro da (org.). *História dos índios no Brasil*. São Paulo: Companhia das Letras/Secretaria Municipal de Cultura/Fapesp, 1992b, p. 529-66.

POMPA, Cristina. *Religião como tradução: missionários, Tupi e "Tapuia" no Brasil colonial*. Bauru: Edusc, 2003. (Coleção Ciências Sociais).

PORRO, Antonio. *Dicionário etno-histórico da Amazônia colonial*. São Paulo: Instituto de Estudos Brasileiros da Universidade de São Paulo, 2007. (Cadernos do IEB, 5).

RESENDE, Maria L. C. de & LANGFUR, Hal. "Minas Gerais indígena: a resistência dos índios nos sertões e nas vilas de El-Rei", *Tempo*, n. 23, 2007, p. 5-22.

RESENDE, Maria L. C. de & LANGFUR, Hal. "Minas expansionista, Minas mestiça: a resistência dos índios em Minas Gerais do século do ouro", *Anais de História de Além-mar*, v. 9, 2008, p. 79-103.

RIBEIRO, Núbia B. "Violência administrada e liberdade usurpada dos índios nos sertões do ouro", *Temporalidades*, v. 1, n. 2, ago./dez. 2009, p. 10-36.

ROLLER, Heather F. "Expedições coloniais de coleta e a busca por oportunidades no sertão amazônico, c. 1750-1800", *Revista de História*, n. 168, jan./jun. 2013, p. 201-43.

SAHLINS, Marshall. "'Cosmologias do capitalismo': o setor transpacífico do 'sistema mundial'". *In*: SAHLINS, Marshall. *Cultura na prática*. 2. ed. Rio de Janeiro: Ed. UFRJ, 2007, p. 443-99.

SALGADO, Graça (org.). *Fiscais e meirinhos: a administração no Brasil colonial*. Rio de Janeiro: Nova Fronteira, 1985.

SAMPAIO, Patrícia M. "'Viver em aldeamentos': encontros e confrontos nas povoações da Amazônia portuguesa, século XVIII". *In*: LARA, Silvia H. & MENDONÇA, Joseli Maria Nunes (org.). *Direitos e justiças no Brasil: ensaios de história social*. Campinas: Ed. da Unicamp, 2006, p. 23-57.

SCHWARCZ, Lilia & GOMES, Flávio dos Santos (org.). *Dicionário da escravidão e liberdade: 50 textos críticos*. São Paulo: Companhia das Letras, 2018.

SCHWARTZ, Stuart B. *Burocracia e sociedade no Brasil colonial: o Tribunal Superior da Bahia e seus desembargadores, 1609-1751*. Trad. Berilo Vargas. São Paulo: Companhia das Letras, 2011.

SCOTT, Joan. "Gênero: uma categoria útil para análise histórica". Trad. Christiane Rufino Dabat e Maria Betânia Ávila. *In*: BUARQUE DE HOLLANDA, Heloisa (org.). *Pensamento feminista: conceitos fundamentais*. Rio de Janeiro: Bazar do Tempo, 2019, p. 49-76.

SERRÃO, Joel (org.). *Dicionário de História de Portugal*. Lisboa: Iniciativas Editoriais, 1964.

SERRÃO, José Vicente; MOTTA, Márcia & MIRANDA, Susana (org.). *e-Dicionário da terra e do território no Império português*. Lisboa: CEHC-IUL, 2013-.

SLEMIAN, Andrea *et al. Cronologia de história do Brasil colonial (1500--1831)*. São Paulo: FFLCH-USP, 1994. (Série Iniciação, 1).

SOMMER, Barbara A. "Colony of the Sertão: Amazonian Expeditions and the Indian Slave Trade", *The Americas*, v. 61, n. 3, jan. 2005, p. 401-28.

SOMMER, Barbara A. "Why Joanna Baptista Sold Herself into Slavery: Indian Women in Portuguese Amazonia, 1755-1798", *Slavery & Abolition*, v. 34, n. 1, 2013, p. 77-97.

SOUSA, James O. "Mão de obra indígena na Amazônia colonial", *Em Tempo de Histórias*, n. 6, 2012, p. 1-18.

"Sumário de Livro 01 (1738-1777). Registro dos assentos, despachos e sentenças que se determinarem em cada Junta de Missões na cidade de São Luís do Maranhão". *In*: *Repertório de documentos para a história indígena no Maranhão*. São Luís: SECMA, 1997, p. 15-54. (Série Instrumentos de pesquisa).

SWEET, David. *A Rich Realm of Nature Destroyed: The Middle Amazon Valley, 1640-1750*. Tese (Doutorado em Filosofia). University of Wisconsin, 1974.

SWEET, David. "Francisca: Indian Slave". *In*: SWEET, David & NASH, Gary. *Struggle and Survival in Colonial America*. Berkeley: University of California Press, 1981, p. 274-91.

SWEET, David. "Francisca: esclava india (Gran Pará, siglo XVIII)". *In*: SWEET, David & NASH, Gary (org.). *Lucha por la supervivencia en la América colonial*. México: Fondo de Cultura Económica, 1987, p. 316- 28.

SZTUTMAN, Renato (org.). *Encontros Eduardo Viveiros de Castro*. Rio de Janeiro: Beco do Azougue, 2008.

THOMAS, Georg. *Política indigenista dos portugueses no Brasil, 1500-1640*. São Paulo: Loyola, 1982.

THOMPSON, Edward P. *A miséria da teoria ou um planetário de erros: uma crítica ao pensamento de Althusser*. 4ª ed. Trad. Waltensir Dutra. Rio de Janeiro: Zahar, 1981.

VALENZUELA MÁRQUEZ, Jaime. "Indios urbanos: inmigraciones, alteridad y ladinización en Santiago de Chile (siglos XVI-XVII)", *Historia Crítica*, n. 53, maio/ago. 2014, p. 13-34.

VALENZUELA MÁRQUEZ, Jaime. "Indias esclavas ante la Real Audiencia de Chile (1650-1680): los caminos del amparo judicial para mujeres capturadas en la guerra de Arauco". *In*: VALENZUELA MÁRQUEZ, Jaime. (ed.). *América en diásporas: esclavitudes y migraciones forzadas en Chile y otras regiones americanas (siglos XVI-XIX)*. Santiago: RIL Editores/Instituto de Historia, Pontificia Universidad Católica de Chile, 2017, p. 319-80.

VELLOSO, Gustavo. *Ociosos e sediciónarios. Populações indígenas e os tempos do trabalho nos Campos de Piratininga (século XVII)*. São Paulo: Intermeios/USP Capes, 2018.

VELLOSO, Gustavo. "História e historiografia do trabalho indígena em São Paulo colonial: balanço, categorias e novos horizontes", *Revista de Historia de América*, n. 159, jul./dez. 2020, p. 13-49.

VIEIRA JÚNIOR, Antonio Otaviano & MARTINS, Roberta Sauaia. "Epidemia de sarampo e trabalho escravo no Grão-Pará (1748-1750)", *Revista Brasileira de Estudos de População*, v. 32, n. 2, maio/ago. 2015, p. 293-311.

VIVEIROS DE CASTRO, Eduardo. "O mármore e a murta: sobre a inconstância da alma selvagem". *In*: VIVEIROS DE CASTRO, Eduardo. *A inconstância da alma selvagem: e outros ensaios de Antropologia*. São Paulo: Cosac Naify, 2002, p.181-264.

WOJTALEWICZ, Paul. *The "Junta de Missões": The Missions in the Portuguese Amazon*. Dissertação (Mestrado em Artes). University of Minnesota, 1993.

ZERON, Carlos. *Linha de fé: a Companhia de Jesus e a escravidão no processo de formação da sociedade colonial (Brasil, séculos XVI, XVII)*. São Paulo: Edusp, 2011a.

ZERON, Carlos. "O governo dos escravos nas Constituições Primeiras do Arcebispado da Bahia e na legislação portuguesa: separação e complementaridade entre pecado e delito". *In*: FEITLER, Bruno & SOUZA, Evergton. *A Igreja no Brasil: normas e práticas durante a vigência das Constituições Primeiras do Arcebispado da Bahia*. São Paulo: Ed. Unifesp, 2011b, p. 323-56.

ZERON, Carlos. "A Ocidente do Ocidente: linhas e perspectivas em confronto", *Revista de História*, n. 170, jan./jun. 2014, p. 77-106.

ZERON, Carlos. "Prefácio". *In*: GALERA, Beatriz Nowicki *et al. Exercícios de metodologia da pesquisa histórica*. São Paulo: Casa & Palavras, 2015. p. 7-15.

ZERON, Carlos. "Antônio Vieira e os 'escravos de condição': os aldeamentos jesuíticos no contexto das sociedades coloniais". *In*: FERNANDES, Eunícia Barros Barcelos (org.). *A Companhia de Jesus e os índios*, v. 1. Curitiba: Primas, 2016, p. 235-62.

LUMA RIBEIRO PRADO é de Itanhandu, na Serra da Mantiqueira. Aos dezessete anos, deixou Minas Gerais para estudar na Universidade de São Paulo (USP), onde se formou historiadora, professora e mestra. Venceu o Prêmio História Social da USP (2020) com a dissertação que deu origem a este livro. Trabalhou com história pública no *De Olho nos Ruralistas — Observatório do Agronegócio no Brasil*. Contribui para a implementação da Lei 11.645/2008 (que determina o ensino de história e cultura afro-brasileira e indígena na educação básica) produzindo e avaliando materiais didáticos, e oferecendo consultorias. Atualmente, compõe a equipe do Programa Povos Indígenas no Brasil do Instituto Socioambiental (ISA). Em sua trajetória acadêmica e profissional, busca atuar como aliada dos povos indígenas.

A publicação deste livro
contou com o apoio de:

[cc] Editora Elefante, 2024

Esta obra pode ser livremente compartilhada, copiada, distribuída e transmitida, desde que as autorias sejam citadas e não se faça qualquer uso comercial ou institucional não autorizado de seu conteúdo.

Primeira edição, março de 2024
São Paulo, Brasil

Dados Internacionais de Catalogação na Publicação (CIP)
Angélica Ilacqua CRB-8/7057

Prado, Luma Ribeiro
Cativas litigantes: demandas indígenas por liberdade
    na Amazônia portuguesa, 1706–1759 / Luma Ribeiro
    Prado. — São Paulo: Elefante, 2024.
    336 p.

ISBN 978-65-87235-73-8

1. Indígenas da América do Sul — Brasil — Relações com
o governo — História 2. Ciências sociais I. Título

21-5201   CDD 981.00498

Índices para catálogo sistemático:
1. Indígenas da América do Sul — Brasil — Relações com
o governo — História

---

elefante

editoraelefante.com.br
contato@editoraelefante.com.br
fb.com/editoraelefante
@editoraelefante

Aline Tieme [comercial]
Samanta Marinho [financeiro]
Sidney Schunck [mídia]
Teresa Cristina [redes]

FONTES Antwerp & Neue Haas Grotesk
PAPÉIS Cartão 250 g/m² & Lux Cream 60 g/m²
IMPRESSÃO BMF Gráfica